全国优秀畅销书

21世纪高职高专会计专业主干课程教材

Management Accounting

管理会计 （第六版）

于树彬 刘萍 张晶 主编

东北财经大学出版社

Dongbei University of Finance & Economics Press

大连

图书在版编目（CIP）数据

管理会计 / 于树彬，刘萍，张晶主编. —6版. —大连：东北财经大学出版社，2017.8

（21世纪高职高专会计专业主干课程教材）

ISBN 978-7-5654-2845-6

Ⅰ．管… Ⅱ．①于… ②刘… ③张… Ⅲ．管理会计-高等职业教育-教材 Ⅳ．F234.3

中国版本图书馆CIP数据核字（2017）第174494号

东北财经大学出版社出版

（大连市黑石礁尖山街217号 邮政编码 116025）

网 址：http://www.dufep.cn

读者信箱：dufep@dufe.edu.cn

大连图腾彩色印刷有限公司印刷 东北财经大学出版社发行

幅面尺寸：185mm×260mm 字数：294千字 印张：12.5 插页：1

2017年8月第6版 2017年8月第31次印刷

责任编辑：包利华 责任校对：惠恩乐

封面设计：张智波 版式设计：钟福建

定价：26.00元

第六版前言

20世纪初到20世纪50年代，随着科学技术的迅速发展和现代管理方法的逐步改进与应用，管理会计从传统的会计学科体系中分离出来，成为财会专业的主干课程。现代管理科学的发展对管理会计的形成和发展起到了奠基和指导作用，赋予了它现代化的管理方法和技术，从而使它可以比传统的会计履行更加广泛的职能，即它不仅能详细地分析过去、控制现在，更重要的是能科学地筹划未来，使之按既定的目标运行。管理会计广泛吸收了管理经济学、预测学、经济决策分析等的研究成果，形成了一个新的、相对独立的理论和方法体系。这个体系表现为多种学科的相互渗透和结合，成为一门综合性的边缘学科。20世纪70年代以后，管理会计日趋成熟，并得到快速发展。

如今是"互联网+"时代，全球竞争日益加剧，管理的理念、模式、工具和方法发生了革命性改变。互联网时代对精细管理提出了更高要求。财会类专业人才培养目标由核算型转变为管理型，训练内容由实操型转变为实战型。管理会计作为专门为管理者规划、控制企业未来生产经营活动提供服务的学科，不断完善理论方法体系，对更好适应新形势发展需要具有非常重要的意义。

本书全面、系统地介绍了当代管理会计的基本原理和方法，使读者对它的基本内容和主要特点有一个较全面的了解。同时，在编写过程中，尽量符合经济建设的基本要求，强化管理会计的应用价值。为便于读者阅读和学习，书中还运用了大量的图表和例解，使复杂的问题简单化，同时，根据财政部印发的《企业产品成本核算制度（试行）》对相关内容进行了更新。本书的主要特点是由浅入深、循序渐进、注重实战，适合高职高专教学使用。

为方便教学，配套辅导书《管理会计习题与解答》也进行了同步修订。同时，本书配有电子课件，任课教师可通过东北财经大学出版社网站（www.dufep.cn）免费下载。

本书由哈尔滨商业大学于树彬、刘萍、张晶主编，魏占坤、郑天白参与编写。其具体分工如下：于树彬教授执笔第一、六、八章，刘萍教授执笔第三、九、十章，张晶执笔第二、五章，魏占坤执笔第四章，郑天白执笔第七章，王盼、赵伟、金畅等参与了本书资料的收集、整理和计算工作，最后由于树彬教授对全书进行总纂。

本书参考和引用了国内许多作者的观点和有关资料，在此谨向各位作者表示深深的谢意。因作者水平有限，书中疏漏之处在所难免，望广大读者，特别是使用本书作为教材的师生，通过东北财经大学出版社反映本书的不足和缺陷或提出使用中遇到的疑问，具体联系方式如下：

电话：0411-84711800

邮件：dufep6@163.com

或者QQ扫描下方二维码，与我们取得联系。

教师扫一扫　　学生扫一扫

编　者

2017年8月

目　录

第一章

绪 论

✎ **内容提要**

　　管理会计是一门新兴学科，是以会计学和现代管理科学为基础，以加强企业内部管理为目的，对企业经营过程进行规划、控制和考评的决策支持系统。本章主要介绍管理会计的由来与发展，管理会计和财务会计的联系与区别以及管理会计的基本内容等。

第一节　管理会计的形成过程

一、管理会计的形成过程

　　管理会计是社会化大生产和科学管理的必然产物，它的产生经历了一个由简单到复杂且不断完善的过程。

　　20世纪初，自由资本主义经济向垄断资本主义经济过渡，手工业作坊发展为较大的企业，生产规模不断扩大，生产过程越来越复杂，竞争愈演愈烈。在这种情况下，单凭业主个人的主观经验很难适应现代化企业发展，需要有一些专门的经理人员按照股东的意志采取科学的方法进行管理。科学管理的代表人物——美国的泰罗根据自己多年对劳动过程和作业成果的研究提出，在工厂（企业）管理中，单凭个人的直接经验和传统的管理方法不行，必须在对劳动过程进行具体记录、计算的基础上，科学地安排各道工序，制定严格的作业效率标准，确定标准工时定额，推行计件工资制，实行科学管理。这些内容集中体现在他的专著《科学管理原理》一书中。科学管理大大缩短了劳动过程，节约了劳动时间，增强了工作责任，提高了工作效率，促进了生产的发展。与此相适应，会计也要从价值方面进行记录、计算、分析、计划，科学地考核和评价经营成果、劳动效率和生产消耗，于是，"标准成本制度"、"预算控制制度"和"差异分析制度"等随之产生，这些内容在以后成为管理会计体系中的重要部分。

　　第二次世界大战以后，资本主义经济进入战后发展阶段，生产规模越来越大，机械化程度越来越高，资本不断集中，市场竞争更加激烈，失业率提高，经济危机频繁发生。企业的兴衰，在很大程度上取决于企业应变能力的强弱。决策正确，企业就兴旺；对市场形势预测不准，不能及时调整产业结构，企业就会衰败。如果仍然恪守泰罗科学管理阶段只注重效率的办法，不注重对整个企业的未来进行规划，忽视调动人的能动性、积极性，就很难维持企业的生存与发展。这种形势迫使企业管理者逐渐把工作重心转向企业内部经营管理，广泛推行职能管理和行为管理，调动各方面的积极因素，充分发挥人力、物力、财力的作用，特别是注重对未来和经营目标的决策。因此，企业管理者采用各种数学和技术方法，对企业的未来进行预测分析，对各种方案进行比较筛选，并应用在会计领域，对决策目标进行科学筹划和全面预算，并通过责任预算、标准成本控制加以执行。许多成本、利润预测分析方法，如"成本—业务量—利润分析""责任会计"就是在推行职能管理过程中形成和发展起来的。

20世纪50年代以后，科学技术发展突飞猛进，新兴产业大量涌现，资本高度集中，通货膨胀，银根紧缩，股份公司应运而生。在股份公司内部，股东和债权人一般不直接从事生产经营活动，而是委托专门的管理人员、经理进行管理，财产所有权与经营权逐渐分开。经理人员为了获得更多的利润，千方百计地对企业进行运筹规划，使企业增强活力，使之在市场竞争中立于不败之地。股东考虑的是股利，债权人考虑的是利息及本金的安全，因此，他们需要事前了解投资环境、资本回收和资本利润率的高低。企业管理者不仅需要对企业的生产经营活动进行科学的决策和控制，而且需要充分利用投资，加速资金周转，以便获得更多的利润，并向与外部发生利害关系的部门报告。企业管理者的这些活动，使得会计的职能向两个方向发展：一是正确、及时地核算资本周转，并按照一定的准则提供可靠的会计信息资料，以满足企业外部有关部门的需要；二是进行预测、决策活动，准确地预测未来，科学地规划现在，严格地控制目标执行。

为了科学地预测和决策企业的经济活动，各种数学的、技术的数理统计方法逐渐与会计科学结合起来，使会计的管理职能不断扩大和延伸，逐渐形成侧重于企业内部管理的会计方法体系。这就是管理会计从会计中分离出来的经济基础和历史原因。1922年，美国学者魁因斯坦所著的《管理会计：财务管理入门》一书，首先提出"管理会计"这个名词，以后管理会计专著相继问世，内容不断丰富。1952年，世界会计年会正式通过了"管理会计"这个专有名词，传统的会计部分被称为财务会计。20世纪70年代以后，管理会计师协会在美国成立，出版了专门的管理会计刊物，教科书开始走上讲台，管理会计与财务会计的区别开始明朗化、规范化。1980年，在巴黎召开了世界各国管理会计人员联会，专门研究管理会计的应用和推广问题。此时，管理会计得到广泛发展并传入我国。首先将"管理会计"引入我国的是厦门大学余绪缨教授，并使"管理会计"在我国广泛传播，如今已正式成为财务会计专业的核心课程。

二、管理会计的概念

关于管理会计的概念，正如美国人约瑟夫·G.路德巴克等人所说："管理会计可以从很多方面来下定义，但是没有一个合理、简明的表述可以概括它所有的方面。"

结合管理会计的形成过程，综合各种观点，我们认为：管理会计是以现代管理科学和会计学为基础，以加强企业内部管理为目的，运用科学的方法，通过对企业经营活动过程进行规划、决策、控制和考核评价，为企业内部管理人员提供有用信息的一种决策支持系统。

通过这样一个概念描述，我们可以清楚地认识到，管理会计是适应管理理论的发展，从会计学科体系中分离出来的，并且利用大量的会计资料和其他有关资料，结合现代技术方法，为企业内部管理人员服务。其目的是加强企业内部管理，为内部管理服务；其分析考核的内容是企业的生产经营活动。可以说，管理会计是比较年轻的学科，还有发展的潜力，对管理会计的定义，也会随着管理会计的进一步发展而有所发展和完善。

第二节　　管理会计的特点

管理会计适应科学管理理论的发展，从会计学科体系中分离出来，主要为企业内部管理人员服务，并形成了与财务会计不同的方法体系，但它与财务会计还有一定的联系。本节主要介绍管理会计与财务会计的联系与区别，并从与财务会计的区别中，反映出管理会计的主要特点。

一、管理会计与财务会计的联系

1.管理会计与财务会计信息同源

管理会计与财务会计都是以生产经营活动过程或资金运动过程为核算对象。财务会计以资产、权益变动为原始资料，按照经济业务发生的先后顺序，进行全面的记录、计算、记账和报账，形成比较系统的核算资料。管理会计则直接对这些核算资料进行加工、改制、调整并延伸，一般不需要单独编制记账凭证。管理会计依据对这些资料的分析，预测发展趋势；依据这些资料进行决策分析、确定目标、编制预算，并进行成本控制。

2.管理会计和财务会计报表内容相互渗透

管理会计工作和财务会计工作双方都需要向企业内部管理部门报告情况，一般都是采取报表的形式，只是一个侧重于管理方面，一个侧重于财务方面。管理会计的内部报表有时也列入对外报告的内容；财务会计又时常将实际成本、实际利润和标准成本、目标利润进行比较，列入对外报表内说明财务状况。

综上所述，管理会计与财务会计依据的资料是同源的，而核算和控制的内容、方法又是从两个不同渠道进行的。从最终反映的结果来看，二者又是合流的，形成有机的结合体。

二、管理会计与财务会计的区别

1.目的不同

财务会计是对外报告会计，其目的是提供信息，反映情况；管理会计则是内部会计，其目的是加强管理，参与决策。

2.主体不同

财务会计着重于整体，以整个经济核算制企业或财务收支单位等作为主体；管理会计则着重于部分，个别产品、个别部门、个别责任中心均可作为会计主体。

3.计算依据不同

财务会计的计算，必须依据公认的会计准则和法定的会计制度；管理会计的计算依据，则是经济决策理论和管理的需要。

4.资料时效不同

财务会计反映已发生的经济活动；管理会计则评价预计将要发生或者应当发生的经济活动。

5.计量单位不同

财务会计以货币为主要计量单位；管理会计除了货币单位外，还包括实物量、比例数、指数等。

6.信息特征不同

财务会计提供的经济信息是全面的、系统的、连续的和综合的；管理会计提供的经济信息则是特定的、部分的和有选择性的。

7.数据特征不同

财务会计的报表数据是实际的资金运用的结果；管理会计的报告则往往是可供选择的多种可能的预测、若干决策方案或弹性计划。

8.精确程度不同

财务会计的各项指标都要力求精确；管理会计只需计算近似的数值。

9.核算程序不同

财务会计的核算程序固定，带有强制性，它所使用的账、证、表都有规定的格式；管理会计的核算程序不固定，可自由选择，它所使用的账、证、表均可根据需要自行设计。

10.方法体系不同

财务会计具有填制凭证、货币计价、会计科目、复式记账、成本计算、登记账簿、财产清查、编制报表等一整套处理经济信息的方法体系；管理会计则大量采用数学方法（如连环替代法、回归分析法、线性规划法、函数极值、矩阵代数、决策分析和网络计划技术等）进行预测、决策。

11.编表时间不同

财务会计的报表一般都是定期编制的；而管理会计的报表是视管理需要不定期编制的。

12.成本结构和计算方法不同

财务会计根据生产费用计入产品成本的程序不同，将其划分为直接成本和间接成本，采用全部成本法计算产品成本；管理会计根据成本与产量的关系，将生产费用划分为固定成本和变动成本，并采用变动成本法计算产品成本。

三、管理会计的主要特点

通过管理会计与财务会计的对比，我们可以总结出管理会计的如下特点：

（1）侧重于为企业内部的经营管理服务；

（2）方式、方法更为灵活多样；

（3）同时兼顾企业生产经营的全局与局部两个方面；

（4）面向未来；

（5）广泛应用数学方法。

四、管理会计的目标

管理会计的目标是指管理会计活动应达到的境地或标准，它是管理会计职能的具体化。在确立管理会计目标的研究过程中，必须解决三个问题：第一，管理会计为谁提供信息；第二，管理会计提供何种信息；第三，管理会计如何提供信息。

管理会计的目标在管理会计理论与方法体系中处于最高层次，它是管理会计的本质、对象、假设、原则、要素和方法的基础。管理会计的目标可以分为两个层次：第一层次为管理会计的基本目标，即提高企业的经营管理水平和经济效益；第二层次为管理会计的具体目标，即采用各种专门方法向企业内部各级管理人员提供有利于实现管理会计基本目标的各种有用信息，并参与企业的经营管理过程。

管理会计的具体目标主要包括以下几个方面：

1. 正确规划未来

在科学的经营预测基础上进行正确决策，并通过方案优选来实现企业资源的合理配置。将选定的最优方案进行分工落实，形成企业的全面预算；全面预算的落实和具体化又形成了责任预算，从而使各部门明确各自的目标和任务，共同努力，保证企业总目标和任务的实现和完成。

2. 有效控制现在

根据企业总体目标制定各责任中心的控制目标和标准，记录各责任中心的执行情况，并将实际执行情况与具体目标相对比，分析产生差异的原因，通过信息反馈及时纠正偏差或防止偏差的发生，这是实现基本目标的重要保障。

3. 合理考核评价业绩

依据责、权、利相统一的原则，合理划分各部门的责任，形成不同的责任中心，并给予相应的权利，正确制定各中心考核指标，定期考核各责任中心的业绩与效果，进行合理的奖惩，以使各部门挖掘潜力，不断改善经营管理，促进企业整体效益的提高。

第三节　　管理会计的基本内容

现代管理会计从 20 世纪初到 50 年代正式产生以来，内容上变化比较大，具有不确定性和不断发展变化的特征。这是因为：第一，作为一门科学，它总是随着科学技术和科学管理方法的不断变化而有所变化。第二，外界或企业内部管理人员对企业内部有关信息状况的了解和要求不断变化。第三，管理会计作为一种方法，也有其自身需要完善的一面。但到目前，管理会计的基本内容主要包括如下几个方面：

第一是在成本方面，着重介绍标准成本制度，这是管理会计最基本的方法。它既是计划目标，又是成本控制、分析的依据。其他各种管理会计方法几乎都跟成本有关。因为管理会计是建立在成本按性态划分的基础之上的，所以成本性态和变动成本法也是管理会计的基本内容之一。

第二是在决策方面，主要介绍预测方法、经营决策方法以及投资决策方法。决策也是管理会计的重要内容，主要包括决策基本因素预测、短期经营决策和长期投资决策等。

第三是在预算控制方面，主要介绍经过决策确定目标的全面预算和存货控制。

第四是在责任会计方面，主要介绍责任中心、内部转移价格、责任报告与业绩考核。

总之，本书所研究的内容是在借鉴西方管理会计内容的基础上，结合我国具体情况而定的，主要安排了下列章节：

第一章绪论，主要介绍管理会计的产生与发展、主要特点、目标和基本内容。

第二章成本性态分析与变动成本计算，主要介绍管理会计对成本的特殊认识——成本性态问题以及结合成本性态而产生的成本计算方法——变动成本计算法。

第三章成本—业务量—利润依存关系分析，主要介绍成本、业务量、利润三者间的变量关系以及结合三者间变量关系而产生的有关指标和分析方法。

第四章预测分析，主要介绍预测分析的原理、原则、基本方法、基本内容及一般程序。

第五章到第七章为决策分析，主要介绍决策分析的相关指标、短期经营决策和长期投资决策的基本原理及应用。

第八章全面预算，主要介绍根据决策所确定目标的具体实施计划及各项目计划之间的关系。

第九章标准成本法，主要介绍标准成本的制定以及实际成本与标准成本的差异分析和处理。

第十章责任会计，主要介绍责任中心的建立、考核与评价，内部转移价格的种类及应用以及责任报告的内容和形式。

第二章

成本性态分析与变动成本计算

内容提要

　　企业为了实现其经营目标，在预测、决策、规划和控制等各个环节，都必须对成本进行认真分析和研究。财务会计认为，成本是在一定条件下企业为生产一定产品所发生的各种耗费的货币表现。现代管理会计则认为，成本是指企业在生产经营过程中对象化的、以货币表现的、为达到一定目的而应当或可能发生的各种经济资源的价值牺牲或代价。显然，在管理会计中，将对成本进行更广泛的研究，以发挥管理会计的预测、决策、规划、控制和责任考核评价等职能。本章主要介绍成本分类、成本性态分析及应用、变动成本法及其与全部成本法的区别。

第一节　　　　　　　　　成本的分类

　　在实际工作中，为了适应经营管理上的不同需要，成本可从不同的角度按不同的标准进行分类。

一、成本按其经济职能分类

　　在西方会计学的传统分类方法中，通常把产品总成本按其经济职能划分为两大类：制造成本和非制造成本。

（一）制造成本

　　制造成本是在产品制造过程中发生的，由四种基本要素所组成，即直接材料、燃料和动力、直接人工和制造费用。

　　（1）直接材料：是指构成产品实体的原材料以及有助于产品形成的主要材料和辅助材料。

　　（2）燃料和动力：是指直接用于产品生产的燃料和动力。

　　（3）直接人工：是指直接从事产品生产的工人的职工薪酬。

　　（4）制造费用（又称间接费用）：是指企业为生产产品和提供劳务而发生的各项间接费用，包括企业生产部门（如生产车间）发生的水电费、固定资产折旧、无形资产摊销、管理人员的职工薪酬、劳动保护费、国家规定的有关环保费用、季节性和修理期间的停工损失等。

对制造成本中的上述四个主要项目，若再按照不同的方式进行组合，可以得到如下不同的成本概念：将直接材料和直接人工两者合在一起，称为主要成本；将直接人工、燃料和动力、制造费用加在一起，则称为加工成本。

（二）非制造成本

非制造成本（又称期间成本或期间费用）是指销售与行政管理方面发生的费用，一般可以细分为行销或销售成本、管理成本两类。

行销或销售成本，是指企业在产品销售过程中发生的费用，具体包括广告费、展销费、保险费，以及为销售本企业产品而专设的销售机构的职工工资、福利费、业务费等经常性费用。

管理成本，是指企业行政管理部门为组织和管理生产经营活动而发生的各项费用支出，具体包括工资和福利费、折旧费、办公费、邮电费和保险费等。

在我国财务会计中，非制造成本通常包括销售费用、管理费用和财务费用。

二、成本按其性态分类

成本性态是指成本总额与特定业务量之间的依存关系。这种关系是客观存在的，又称成本习性。成本按其性态分类可以避免成本按经济职能分类的缺陷，将成本同企业的生产能力联系起来，便于事前控制成本并进一步挖掘企业的内部潜力，以达到增产节约、增收节支的目的。因此，在管理会计中，为了企业实行优化管理，提高经济效益，对成本进行的最重要的分类就是将其按性态进行分类。这也是管理会计其他内容的重要前提。

成本按其性态分类可分为固定成本、变动成本和混合成本三大类。

（一）固定成本

固定成本是指在一定时期、一定业务量范围内，其总额保持不变的有关成本，如厂房、建筑物按直线法计提的折旧，机器设备租金，管理人员工资等。其主要特点是：

（1）在一定时期、一定业务量范围内，固定成本总额不受业务量变动的影响，固定不变。

（2）在一定时期、一定业务量范围内，随着业务量的变动，单位固定成本反比例变动。

【例2-1】某企业生产过程中所用的A设备是租用的，其月租金为1 000元，该设备每月的最大生产能力为500件。当该企业每月的产量在500件以内时，其租金总成本不随产量的变动而变动，固定为1 000元。但当企业每月的产量分别为100件、200件、500件时，其单位固定成本将随产量的增加而反比例下降，分别为10元、5元、2元。

固定成本的特点如图2-1所示。

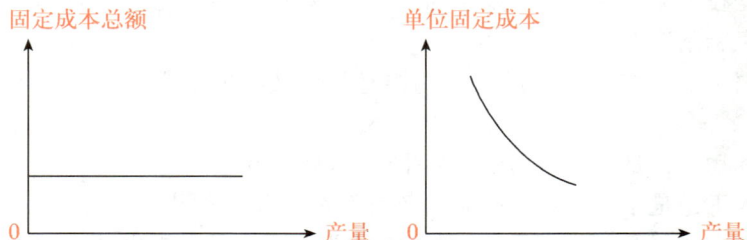

图2-1 固定成本性态

在西方会计中，固定成本一般包括以下内容：房屋设备租赁费、保险费、广告费、不动产税、管理人员薪金、按使用年限法计提的固定资产折旧费等。在我国企业制造成本中的固定成本则主要指制造费用中不随产量变动的办公费、折旧费等；销售费用中不受产量影响的销售人员工资、广告费和折旧费等；管理费用中不受产量或销量影响的企业管理人员工资、折旧费、租赁费、财产保险费、城镇土地使用税等。

固定成本还可进一步划分为约束性固定成本和酌量性固定成本。（1）约束性固定成本也称经营能力成本，是指企业根据生产能力确定的一定期间的固定成本总额，一般不受管理当局短期决策的影响。由于企业的经营能力一旦形成，短期内一般不轻易改变，由此确定的固定成本也具有很大的约束性，在管理中往往不能采取降低这部分成本总额的措施，因为降低这类固定成本总额等于降低生产能力，所以对这类固定成本只能通过充分利用生产能力，提高产品的产量，降低其单位固定成本。例如，厂房、机器设备的折旧费，不动产税，财产保险费，管理人员工资等就属于约束性固定成本。（2）酌量性固定成本也称可调整固定成本，是指受管理当局短期决策行为影响，可以在不同时期改变其数额的那部分固定成本。这类成本是企业管理当局根据经营方针确定的固定成本预算额，在预算额编制时可根据实际需要和财务负担能力进行调整。对这类固定成本，在不影响生产经营的前提下，可以酌量减少其预算总额。例如，广告费、职工培训费、新产品开发费和经营性租赁费等就属于酌量性固定成本。

（二）变动成本

变动成本是指在一定时期、一定业务量范围内，随着业务量的变动，其总额成正比例变动的有关成本，如直接材料成本、直接人工成本等。其主要特点是：

（1）变动成本总额随产量变动成正比例变动。

（2）单位变动成本不受产量变动影响，固定不变。

【例2-2】某企业生产甲产品，单位产品直接材料为10元，当产量分别为100件、200件、500件时，直接材料总成本分别为1 000元、2 000元、5 000元，与产量成正比例变动，而单位变动成本保持10元不变。

变动成本的特点如图2-2所示。

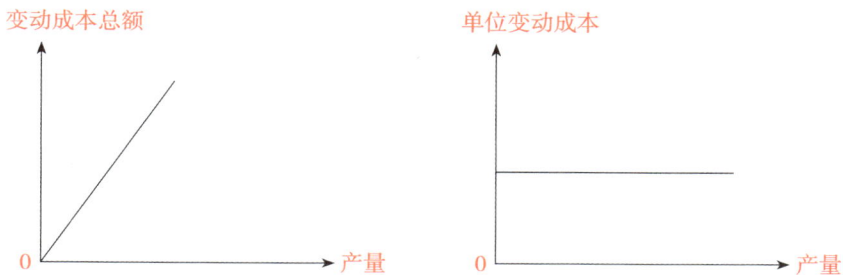

图2-2　变动成本性态

在西方会计学中，变动成本的内容一般包括：直接材料、直接人工和随产量成正比例变动的物料用品费、燃料费、动力费，以及按销售量支付的销售佣金、装运费、包装费等。我国企业通常将那些直接用于产品制造的、与产量成正比例变动的原材料费、燃料及动力费、外部加工费、外购半成品费用、按产量法计提的折旧费和计件工资形式下的生产工人工资以及与销售量成正比例变动的销售费用等列入变动成本。

　　变动成本可进一步划分为技术性变动成本和酌量性变动成本。(1) 技术性变动成本是指单位成本受客观因素决定、数额由技术因素决定的那部分变动成本。例如，生产某种数控机床必须配套用外购的某种自动控制系统，在外购价格一定的情况下，其成本就是由设计技术决定的、与机床产量成正比例变动的技术性变动成本。这类成本只能通过技术革新或提高劳动生产率等来降低。(2) 酌量性变动成本是指单位成本不受客观因素决定、企业管理者可以改变其数额的那部分变动成本。例如，在达到质量要求的情况下，企业可以采购价格水平不同的原材料，其原材料成本就属于酌量性变动成本。降低这类成本可以通过合理决策、控制开支、降低材料采购成本、优化劳动组合来实现。

(三) 混合成本

　　混合成本是指随业务量的变动而变动，但又不成正比例变动的那部分成本，如设备维修费、机械动力费、检验人员工资、行政管理费等。

　　混合成本可以进一步划分为半固定成本、半变动成本、延期变动成本和曲线式成本四类。

　　(1) 半固定成本。半固定成本是指在一定业务量范围内，其发生额是固定的，当业务量增长到一定程度时，其发生额跳跃式增加，并在新的业务量范围内保持不变，如设备修理费、化验员及检验人员的工资等。半固定成本的特点如图2-3所示。

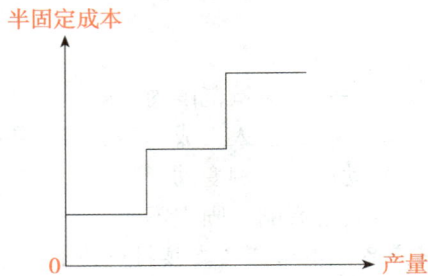

图2-3　半固定成本性态

　　(2) 半变动成本。半变动成本是指在没有业务量的情况下仍发生一定的初始量，当有业务量发生时，其发生额随业务量成正比例变化，如电费、水费、煤气费、电话费等公共事业费用。半变动成本的特点如图2-4所示。

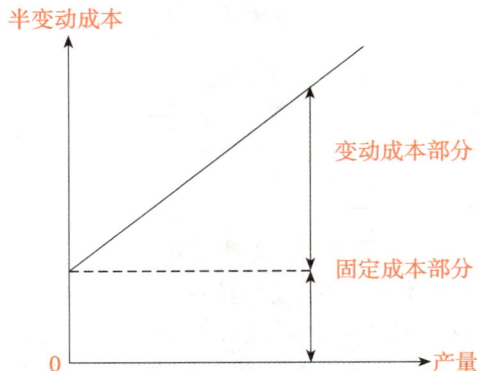

图2-4　半变动成本性态

　　(3) 延期变动成本。延期变动成本是指在一定业务量范围内，其总额保持固定不变，但若突破该业务量限度，其超额部分则随业务量的增加而成正比例增长的成本。例如，在超定额计奖的工资制度下，职工在完成正常工作定额之前，只能取得基础工资，若超过定额，则除领取基础工资之外，还可取得按超产数额计算的超额工资。延期变动的成本的特点如图2-5所示。

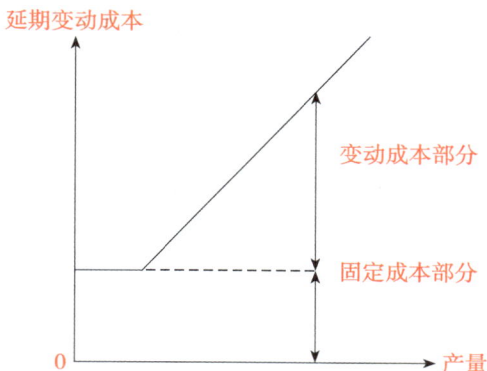

图2-5　延期变动成本性态

（4）曲线式成本。曲线式成本是指在没有业务量的情况下有一个初始量，当有业务量发生时，成本总额随业务量的变化而变化，但不成直线关系，而是成曲线关系。例如，热处理使用的电炉设备，每班需要预热，因预热而耗用的成本（初始量）属于固定成本性质；而预热后进行热处理的耗电成本，则随业务量的增加呈现出抛物线上升的趋势。曲线式成本的特点如图2-6所示。

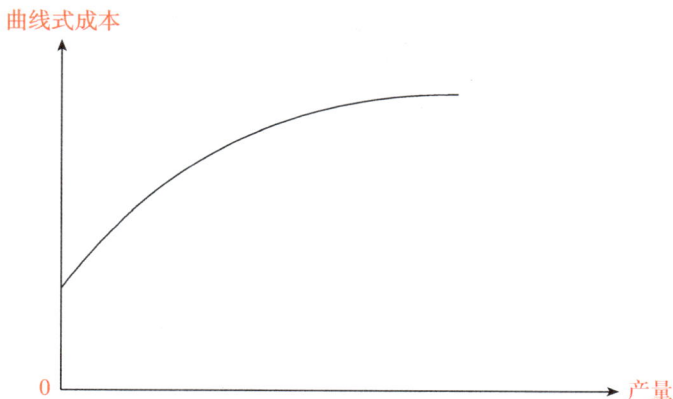

图2-6　曲线式成本性态

第二节　成本性态分析

成本性态分析是指在成本性态分类的基础上，按照一定的程序和方法，将全部成本区分为固定成本和变动成本两大类，并建立成本函数模型的过程。成本函数模型通常用 $Y = a + bX$ 来模拟，其中：Y 表示成本总额；a 表示固定成本总额；b 表示单位变动成本；X 表示业务量。通过成本性态分析，可以揭示成本与业务量之间的依存关系，从而为应用变动成本法进行本量利分析、预测分析、决策分析、全面预算等奠定基础。成本性态分析的方法主要有高低点法、散布图法和直线回归法。

一、高低点法

高低点法是根据过去一定期间的成本与相应业务量资料，通过最高点业务量和最低点业务量资料，推算出成本中固定成本和变动成本的一种简便方法。由于成本性态可用直线 $Y=a+bX$ 来模拟总成本，所以通过业务量高点、低点两组资料，就可以求出直线方程，从而将成本分解成固定成本部分和变动成本部分。这种方法主要适用于生产经营活动比较正常，混合成本增减变动趋势平缓的企业。

高低点法的具体步骤如下：

（1）在各期业务量与相关成本坐标点中，以业务量为准，找出最高点和最低点，即（$X_高$，$Y_高$）和（$X_低$，$Y_低$）。

（2）计算单位变动成本 b：

$$b = \frac{Y_高 - Y_低}{X_高 - X_低}$$

（3）将高点或低点坐标值和 b 值代入直线方程 $Y=a+bX$，计算固定成本 a：

$$a = Y_高 - bX_高$$

或 $a = Y_低 - bX_低$

（4）将求得的 a、b 代入直线方程 $Y=a+bX$，便得到成本性态分析模型。

【例 2-3】 已知某企业 2017 年上半年某项混合成本资料见表 2-1，要求用高低点法进行成本性态分析。

表 2-1
某企业 2017 年上半年某项混合成本资料表

月份	业务量 X（件）	混合成本 Y（元）
1	6	110
2	8	115
3	4	85
4	7	105
5	9	120
6	5	110

（1）根据已知资料找出最高点（$X_高$，$Y_高$）和最低点（$X_低$，$Y_低$），即高点（9，120）和低点（4，85）。

（2）单位变动成本 $b = \dfrac{Y_高 - Y_低}{X_高 - X_低} = \dfrac{120 - 85}{9 - 4} = 7$（元）

（3）固定成本 $a = Y_高 - bX_高 = 120 - 7 \times 9 = 57$（元）

或 固定成本 $a = Y_低 - bX_低 = 85 - 7 \times 4 = 57$（元）

（4）该项混合成本性态模型为：

$$Y = 57 + 7X$$

二、散布图法

散布图法是在坐标图上分别标明一定期间内业务量（X）以及与之相应的混合成本

（Y）的坐标点，通过目测画出一条尽可能反映所有坐标点的直线，据此推算出固定成本和单位变动成本的一种方法。该种方法能够考虑所提供的全部资料，比较形象直观，但由于靠目测决定直线，容易造成误差，运用时可根据需要与其他方法结合使用。

散布图法的具体步骤如下：

（1）将各期业务量与相应混合成本的历史资料作为点的坐标标注在平面直角坐标图上。

（2）目测画一条直线，使其尽可能通过或接近所有坐标点。

（3）在纵坐标上读出该直线的截距值，即固定成本总额a。

（4）在直线上任取一点P，假设其坐标值为（X，Y），将它们代入下式计算单位变动成本b：

$$b=\frac{Y-a}{X}$$

（5）将a、b值代入下式，便得出一般成本性态模型：

$$Y=a+bX$$

【例2-4】依【例2-3】所示资料，要求用散布图法进行成本性态分析。

（1）将6期资料的相应坐标点分别标在坐标图上，形成散布图如图2-7所示。

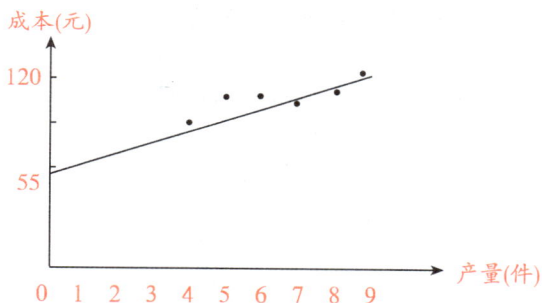

图2-7　散布图

（2）通过目测画一条直线，尽可能反映各坐标点。

（3）读出直线截距固定成本总额a为55元。

（4）在直线上任取一点（7，105），则：

单位变动成本$b=\frac{105-55}{7}=7.14$（元）

（5）该项混合成本性态模型为：

$$Y=55+7.14X$$

三、直线回归法

直线回归法是根据一定期间业务量与相应混合成本之间的历史资料，利用微分极值原理计算出最能反映业务量与成本之间关系的回归直线，从而确定成本性态的一种方法。它是在反映业务量与成本之间关系的直线中，确定一条所有已知观测点到直线距离平方和最小的直线——回归线，故又称最小平方法。直线回归法较为精确，可适用于成本增减变动趋势较大的企业。

直线回归法的具体步骤如下：

（1）对已知资料进行加工，计算$\sum X$、$\sum Y$、$\sum XY$、$\sum X^2$、$\sum Y^2$。

（2）计算相关系数 r，判断业务量 X 与成本 Y 之间的线性关系。

相关系数 r 的取值范围一般在 −1 至 +1 之间。当 r=−1 时，说明 X 与 Y 之间完全负相关；当 r=0 时，说明 X 与 Y 之间不存在线性关系；当 r=+1 时，说明 X 与 Y 之间完全正相关。一般来说，只要 r 接近 1，就说明 X 与 Y 基本正相关，可以运用直线回归法。

$$r=\frac{n\sum XY-\sum X\sum Y}{\sqrt{[n\sum X^2-(\sum X)^2][n\sum Y^2-(\sum Y)^2]}}$$

（3）通过微分极值法（过程略），得出回归直线方程中的 a、b 值公式：

$$b=\frac{n\sum XY-\sum X\sum Y}{n\sum X^2-(\sum X)^2}$$

$$a=\frac{\sum Y-b\sum X}{n}$$

或运用简算方法得出 a、b 值，即解线性方程组：

$$\sum Y=na+b\sum X$$

$$\sum XY=a\sum X+b\sum X^2$$

得 a、b 值同上。

（4）将 a、b 值代入下式，得到成本性态分析模型：

$$Y=a+bX$$

【例 2−5】依【例 2−3】所示资料，要求用直线回归法进行成本性态分析。

（1）对已知资料进行加工，计算列表见表 2−2。

表 2−2　　　　　　　　　　　　　计算表

月份	业务量X（件）	混合成本Y（元）	XY	X²	Y²
1	6	110	660	36	12 100
2	8	115	920	64	13 225
3	4	85	340	16	7 225
4	7	105	735	49	11 025
5	9	120	1 080	81	14 400
6	5	100	500	25	10 000
n=6	$\sum X=39$	$\sum Y=635$	$\sum XY=4\,235$	$\sum X^2=271$	$\sum Y^2=67\,975$

（2）相关系数 $r=\dfrac{6\times 4\,235-39\times 635}{\sqrt{(6\times 271-39^2)\times(6\times 67\,975-635^2)}}=\dfrac{25\,410-24\,765}{\sqrt{105\times 4\,625}}=0.93$

r 接近于 1，X、Y 具有线性关系。

（3）将加工的资料代入公式得：

$$b=\frac{6\times 4\,235-39\times 635}{6\times 271-39^2}=\frac{645}{105}=6.14\text{（元）}$$

$$a=\frac{635-6.14\times 39}{6}=65.92\text{（元）}$$

（4）得到成本性态分析模型：

$$Y=65.92+6.14X$$

以上是在已知历史资料基础上常采用的成本性态分析方法。除此以外，还有技术测定法和个别确认法等。技术测定法又称工程技术法，是指利用经济工程项目技术资料测定的企业正常生产过程中投入与产出的关系，确定在实际业务量基础上其固定成本和变动成本的水平，揭示其变动规律的一种方法。个别确认法是指在成本发生的当时，对每项成本的具体内容进行直接分析，使其分别归属于固定成本或变动成本部分的一种方法。如公用事业费——煤气费、电话费等，人为地直接确定某一期间固定成本和变动成本的数额。这些方法的优点是在缺乏历史资料的情况下也可采用。总之，在实际运用中，可根据具体情况和需要，灵活采用各种成本性态分析方法。

第三节　成本性态分析的应用

一、成本性态的相关范围

运用成本性态分析，我们最终把成本分为固定成本、变动成本。在固定成本、变动成本定义前都强调"在一定时期、一定业务量范围内"这样一个条件，这个条件就是指成本性态的"相关范围"。在管理会计中，把不会改变固定成本和变动成本性态的有关期间、业务量的特定变动范围称为相关范围。在相关范围内，固定成本总额的不变性和变动成本总额的正比例变动性不变；超过相关范围，成本的性态将会发生变化。也就是说，原本是固定成本项目，成本总额改变了；原本是变动成本项目，成本总额随业务量变动不再成正比例了。

（一）固定成本的相关范围

如【例2-1】，某企业为生产甲产品租入A设备，月租金为1 000元，最大生产量是500件。在一个月内，产量在0~500件这个相关范围内，租金这一成本便是固定成本。业务量在0~500件之间不管如何变化，这一个月的租金成本是固定不变的，但超过相关范围一个月或500件业务量，租金就不再固定不变了。比如，该企业拟增加甲产品的产量，计划生产1 000件，则企业必须租入2台A设备，租金提高到2 000元。再比如，一个月租期满后，由于某些因素，需要再续租，租金可能提高或降低，不再是1 000元。固定成本的相关范围如图2-8所示。

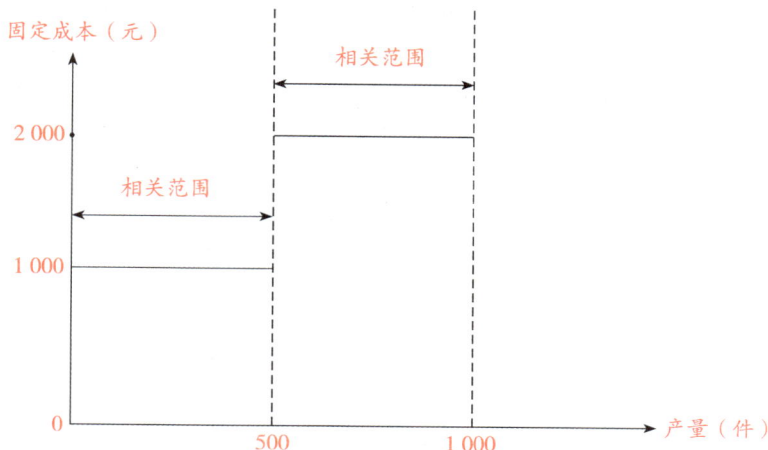

图2-8　固定成本的相关范围

（二）变动成本的相关范围

变动成本与固定成本一样也存在相关范围问题。例如，某企业生产甲产品，在生产的最初阶段，由于工人技术不够熟练，单位直接人工成本较高；随着时间推移，直接人工成本降低至正常水平；若产量继续增加，可能需要工人加班加点，这时直接人工成本又随产量的增加而增加。这样，在不同时期、不同业务量下，变动成本与业务量之间有时成正比例变动，有时成非正比例变动，变动成本的相关范围就是指成本总额与业务量之间成正比例关系的时间和业务量范围。变动成本的相关范围如图2-9所示。

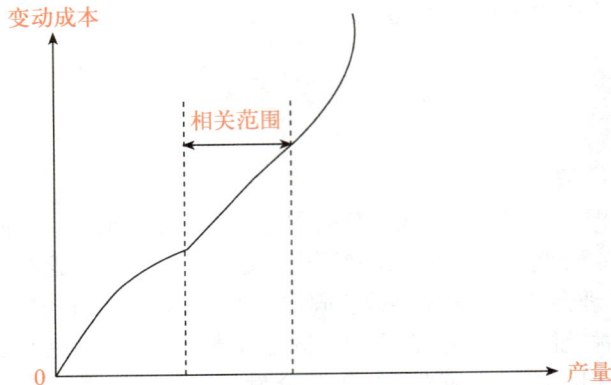

图2-9　变动成本的相关范围

总之，成本性态存在相关范围。变动成本和固定成本不是绝对的、一成不变的，在实际进行成本性态分析时应予以注意。

二、成本性态分析的程序

成本性态分析的程序是指进行成本性态分析的步骤，通常有两种程序：一是单步骤分析程序；二是多步骤分析程序。高低点法、散布图法、直接回归法等成本性态分析的方法分别适用于单步骤分析程序和多步骤分析程序。

（一）单步骤分析程序

单步骤分析程序是指在进行成本性态分析时，将总成本一次直接分解为固定成本部分和变动成本部分，建立成本模型。在单步骤分析程序下，无需将总成本按成本性态分为固定成本、变动成本和混合成本，而是将总成本视为混合成本，直接进行分解。另外，在实际工作中，如果企业某项混合成本数额较少，可以将其视为固定成本，这样就简化了成本性态分析程序。第一节中的成本性态分析方法的举例都采用了单步骤分析程序。

（二）多步骤分析程序

多步骤分析程序是指将总成本按成本性态分为固定成本、变动成本和混合成本，然后再将混合成本分解为固定成本、变动成本，分别汇集于原固定成本和变动成本，建立总成本性态模型。

多步骤分析程序大致经过以下几个步骤：

（1）将总成本分为固定成本、变动成本和混合成本三个部分，分别用a、bX、Y_1表示。

（2）对总成本中的混合成本进行分解，建立混合成本性态模型：

$$Y_1 = a_1 + b_1 X$$

（3）将混合成本分解出来的固定成本、变动成本汇集于原固定成本部分和变动成本部分，建立总成本性态模型：

$$Y=（a+a_1）+（b+b_1）X=A+BX$$

【例2-6】某企业2016年12个月中最高产量与最低产量的生产总成本资料见表2-3。

表2-3　　　某企业2016年最高产量和最低产量的生产总成本资料表

	最高点（10月份）	最低点（3月份）
产量（件）	75 000	50 000
生产总成本（元）	176 250	142 500

该企业的生产总成本包括变动成本、固定成本和混合成本三类，会计部门对最低点产量为50 000件的生产总成本进行了分析，其各类成本组成情况如下：

变动成本总额　　　50 000元

固定成本总额　　　60 000元

混合成本总额　　　32 500元

生产总成本　　　142 500元

要求：采用高低点法对该企业的生产总成本进行性态分析。

采用多步骤分析程序进行成本性态分析如下：

（1）根据3月份生产总成本的构成，计算10月份生产总成本的构成。

依据固定成本、变动成本的性质，计算如下：

$$10月份变动成本总额=bX=\frac{3月份变动成本总额}{3月份业务量}×10月份业务量$$

$$=\frac{50\ 000}{50\ 000}×75\ 000=75\ 000（元）$$

10月份固定成本总额=a=3月份固定成本总额

$$=60\ 000（元）$$

则：10月份混合成本总额=176 250-75 000-60 000=41 250（元）

由此得到相关资料见表2-4。

表2-4　　　　　　　　　相关资料表　　　　　　　　　金额单位：元

	最高点（10月份）	最低点（3月份）
产量（件）	75 000	50 000
生产总成本	176 250	142 500
其中：变动成本总额	75 000	50 000
固定成本总额	60 000	60 000
混合成本总额	41 250	32 500

（2）运用高低点法对生产总成本中的混合成本进行性态分析。

$$b_1=\frac{41\ 250-32\ 500}{75\ 000-50\ 000}=0.35（元）$$

代入低点：

$a_1=32\ 500-0.35\times50\ 000=15\ 000$（元）

则：$Y_1=15\ 000+0.35X$

（3）建立生产总成本性态模型 $Y=A+BX$。

$A=60\ 000+15\ 000=75\ 000$（元）

$B=1+0.35=1.35$（元）

则：$Y=75\ 000+1.35X$

成本性态分析的其他方法同样适用于多步骤分析程序，即按单步骤分析程序将总成本中的混合成本分解，将其中的固定成本和变动成本再分别与原固定成本和变动成本汇集，建立总成本性态模型。其他方法同理，故举例略。总之，在实际进行成本性态分析时，可根据总体需要采用单步骤分析程序或多步骤分析程序。

三、成本性态分析的应用

成本性态分析是管理会计实现预测、决策、规划、控制职能的一个基础，在实践中得到广泛的运用。

（一）通过成本性态分析对计划期总成本进行预测

【例 2-7】依【例 2-6】相关资料，若该企业 2017 年 1 月份的产量为 65 000 件，请预测其混合成本及生产总成本。

根据【例 2-6】计算所得的生产总成本性态分析模型，将 $X=65\ 000$ 代入得：

混合成本 $=a_1+b_1X=15\ 000+0.35\times65\ 000=37\ 750$（元）

生产总成本 $=A+BX=75\ 000+1.35\times65\ 000=162\ 750$（元）

即当 2017 年 1 月份产量达到 65 000 件时，生产总成本将达到 162 750 元，其中，混合成本将达到 37 750 元。

（二）成本性态分析是运用变动成本法的基础

变动成本法是区别于传统会计中全部成本法的一种成本计算方法，在此方法下，产品成本只包含变动生产成本。运用变动成本法，同样也必须对成本进行性态分析，有关变动成本法的相关内容将在第四节中详细介绍。

（三）成本性态分析是本量利分析的前提

本量利分析即总成本、业务量、利润三者之间的关系分析，它的基本公式是：

利润 = 总收入 - 总成本

　　　= 总收入 - 变动成本总额 - 固定成本总额

　　　= 业务量 × 单价 - 业务量 × 单位变动成本 - 固定成本总额

要进行本量利分析，必须对成本进行性态分析。本量利分析的内容将在第三章中介绍。

（四）成本性态分析能够简化预算编制

管理会计的规划职能主要是通过全面预算来完成的，实施预算的方法如弹性预算法，是以成本性态分类列示，按照预算期内可能发生的各种业务量水平编制的预算系列。由于固定成本不变，变动成本与业务量成正比例变动，这就使弹性预算编制工作简化成为可能，有关预算内容将在第八章中介绍。

（五）通过成本性态分析进行成本控制

成本性态分析可用于对某项混合成本预算的实际情况进行考核分析。

【例2-8】根据某企业一项混合成本的历史资料确定出该项混合成本中的固定成本 a_1 为500元，单位变动成本 b_1 为0.6元/人工小时。若计划期预计耗用5 000人工小时，则该项混合成本预算数应为3 500元（500+0.6×5 000）。若实际该项成本耗用了4 000元、5 200人工小时，按照预计混合成本中固定成本和变动成本所占比例，可以确定混合成本实际发生额中的固定部分和变动部分，计算如下：

$$固定成本=实际混合成本×\frac{预计固定成本}{预计混合成本}=4\ 000×\frac{500}{500+0.6×5\ 200}=552（元）$$

$$变动成本=实际混合成本×\frac{预计变动成本}{预计混合成本}=4\ 000×\frac{0.6×5\ 200}{500+0.6×5\ 200}=3\ 448（元）$$

从而得知该项混合成本中固定成本约超支52元（552-500），变动成本约超支328元（3 448-0.6×5 200），实际数比预算数共超支380元（52+328），即4 000-（500+0.6×5 200）=380（元）。进行混合成本的分解，便于落实成本控制的责任，一般来说，固定成本应由管理部门负责，变动成本应由生产部门负责。在此基础上可进一步进行差异分析。

第四节　　　　变动成本法

一、变动成本法的意义及其理论根据

变动成本法（也称变动成本计算法）在20世纪30年代起源于美国，第二次世界大战以后，随着资本主义经济矛盾的日趋尖锐，市场竞争的日益激化，企业管理者要求会计能提供更广泛、更有用的管理信息，以便对经济活动加强事前的规划和日常的控制。于是，变动成本法就不胫而走，广泛应用于美国、日本、加拿大、澳大利亚和西欧各国的企业内部管理，并成为管理会计的一项重要内容。

变动成本法就是在计算产品的生产成本和存货成本时，只包括产品在生产过程中所消耗的直接材料、燃料和动力、直接人工和变动制造费用，而把固定制造费用全数一笔列入利润表内，并用"期间费用"的名称表述，作为边际贡献销售收入总额扣除变动成本总额的减除项目。

变动成本法的理论根据是，固定制造费用是为企业提供一定的生产经营条件，以便保持生产能力，并使其处于准备状态而发生的成本。它们同产品的实际产量没有直接联系，既不会由于产量的提高而增加，也不会因产量的下降而减少。它们实质上是与会计期间相联系所发生的费用，并随着时间的消逝而逐渐丧失，故其效益不应递延到下一个会计期间，而应在费用发生的当期全额列入利润表内，作为本期边际贡献销售收入总额扣除变动成本总额的减除项目。

正因为变动成本法不包括固定制造费用，故亦称"直接成本计算法"，在英国则习惯称为"边际成本计算法"。

变动成本法产生以后，人们就把财务会计中的传统做法，即在计算产品成本和存货成本时，把一定期间所发生的直接材料、直接人工、变动制造费用和固定制造费用的全部成本都包括在内的方法称为"全部成本法"或"全部成本计算法"（在我国称为"制造成本法"）。正因为它的特点是把变动成本和固定成本都归纳到产品的生产成本和存货成本中去，故亦称"归纳（或吸收）成本计算法"。

二、变动成本法的特点

"变动成本计算法"的特点可以通过与"全部成本计算法"的对比充分体现出来。我们从以下三个方面进行比较：

（一）从成本划分的标准与类别，以及产品成本所包含的内容来看

变动成本法是根据成本习性把企业全部成本划分为变动成本与固定成本两大类，其产品成本的内容只包括变动生产成本中的直接材料、燃料和动力、直接人工与变动制造费用四大成本项目。至于全部成本法则根据成本的经济职能把企业的全部成本划分为生产领域的成本、销售领域的成本和管理领域的成本三大类，其产品成本的内容则是指生产领域的直接材料、燃料和动力、直接人工和全部制造费用四大项目。两种成本计算法在成本划分的标准、划分的类别及包括的内容等方面的区别见表2-5。

表2-5　　　　　　　　　　　　　**两种成本计算法的区别**

区别的标志	变动成本法	全部成本法
成本划分的标准	按成本性态划分	按经济职能划分
成本划分的类别	变动成本 { 变动生产成本 { 直接材料 / 燃料和动力 / 直接人工 / 变动制造费用 } / 变动销售费用 / 变动管理费用 }　固定成本 { 固定制造费用 / 固定销售费用 / 固定管理费用 } 期间成本	生产领域成本 { 直接材料 / 燃料和动力 / 直接人工 / 全部制造费用 }　销售领域成本——销售费用 / 管理领域成本——管理费用 } 期间成本
产品成本包含的内容	变动生产成本 { 直接材料 / 燃料和动力 / 直接人工 / 变动制造费用 }	全部生产成本 { 直接材料 / 燃料和动力 / 直接人工 / 全部制造费用 }

【例2-9】假定某公司2016年全年只产销一种产品，其销售量及有关成本资料如下：

基本资料 {
全年产量　　　2 000件
期初存货　　　0件
本期销售量　　1 800件
期末存货　　　200件
销售单价　　　100元/件
}

成本资料 {
直接材料　　70 000元
直接人工　　40 000元
制造费用　　40 000元 { 变动制造费用　10 000元 / 固定制造费用　30 000元 }
销售费用　　30 000元 { 变动销售费用　10 000元 / 固定销售费用　20 000元 }
管理费用　　10 000元 { 变动管理费用　1 000元 / 固定管理费用　9 000元 }
}

要求：根据上述资料，分别计算两种成本计算法下的产品成本。

按照上述资料分别进行产品成本计算，见表2-6。

表2-6　　　　　　　　　**两种成本法下的产品成本计算表**　　　　　金额单位：元

成本项目	变动成本法		全部成本法	
	总成本	单位成本（元/件）	总成本	单位成本（元/件）
直接材料	70 000	35	70 000	35
直接人工	40 000	20	40 000	20
变动制造费用	10 000	5	10 000	5
变动生产成本	120 000	60	120 000	—
固定制造费用	—	—	30 000	15
全部生产成本			150 000	75

从表2-6的计算结果可以看出，该公司如采用变动成本法，单位产品成本为60元；若采用全部成本法，单位产品成本则为75元。

（二）从期末产成品和在产品的存货计价来看

采用变动成本法，只应包括变动生产成本，而不包括固定制造费用。若采用全部成本法，则由于在已销售的产成品、库存的产成品和在产品之间都分配了全部生产成本，因此，它的期末产成品和在产品的存货计价，也应以全部生产成本为准，其金额必然大于采用变动成本法的计价。

【例2-10】依【例2-9】所列数据，要求按两种成本计算法分别对期末产成品存货进行计价。

（1）变动成本法下：

期末存货成本=单位产品成本×期末存货量=60×200=12 000（元）

（2）全部成本法下：

期末存货成本=单位产品成本×期末存货量=75×200=15 000（元）

（三）从计算盈亏的公式来看

由于采用变动成本法计算盈亏时，需要确定和取得边际贡献数据，因此，它的计算公式与全部成本法的程序不同，现分述如下：

变动成本法：

（1）销售收入总额-变动成本总额=边际贡献总额

公式中的变动成本总额包括变动生产成本和变动销售及管理费用。至于变动生产成本的计算只需以单位变动生产成本乘以销售量，无需考虑期初、期末存货的增减变动。

（2）边际贡献总额-期间成本总额=税前利润

公式中的期间成本总额包括全部固定成本，即固定制造费用和固定销售及管理费用。

全部成本法：

（1）销售收入总额-已销售的生产成本总额=销售毛利总额

已销售的生产成本总额=期初存货成本+本期生产成本-期末存货成本

（2）销售毛利总额−营业费用总额＝税前利润

公式中的营业费用总额包括变动的与固定的全部销售及管理费用。

【例2-11】依【例2-9】相关资料，要求分别按变动成本法与全部成本法计算该公司的税前利润。

（1）变动成本法下：

①边际贡献总额＝销售收入总额−变动成本总额

　　　　　　　　＝100×1 800−（60×1 800+10 000+1 000）＝61 000（元）

②税前利润＝边际贡献总额−期间成本总额

　　　　　　＝61 000−（30 000+20 000+9 000）＝2 000（元）

（2）全部成本法下：

①销售毛利总额＝销售收入总额−已销售的生产成本总额

　　　　　　　　＝100×1 800−（0+75×2 000−75×200）＝45 000（元）

②税前利润＝销售毛利总额−营业费用总额

　　　　　　＝45 000−（30 000+10 000）＝5 000（元）

从以上计算结果可以看出，两种成本计算法下的税前利润不同，其原因就是这两种方法对期末存货的计价不同。

三、两种成本计算法在编制利润表方面的差别

为了说明问题，我们可以通过下列实例来进行比较。

【例2-12】依【例2-9】相关资料，要求分别按变动成本法与全部成本法编制利润表，见表2-7。

表2-7　　　　　　　　　　　　　　　利润表　　　　　　　　　　　　　　单位：元

按全部成本法（职能式）			按变动成本法（贡献式）		
摘　要	金　额		摘　要	金　额	
销售收入（100×1 800）		180 000	销售收入（100×1 800）		180 000
已销售的生产成本：			变动成本：		
期初存货成本	0		变动生产成本（60×1 800）	108 000	
本期生产成本（75×2 000）	150 000		变动销售成本	10 000	
可供销售的生产成本	150 000		变动管理成本	1 000	
减：期末存货成本（75×200）	15 000		变动成本总额		119 000
已销售的生产成本		135 000	边际贡献总额		61 000
销售毛利总额		45 000	减：期间费用		
减：财务费用	0		固定制造费用	30 000	
销售费用	30 000		固定销售费用	20 000	
管理费用	10 000		固定管理费用	9 000	
费用总额		40 000	期间成本总额		59 000
税前利润		5 000	税前利润		2 000

通过对两张利润表进行对比分析，可以看出两种成本计算法在编制利润表方面有以下三个显著差别：

（一）排列的方式不同

按全部成本法编制的利润表是把所有成本项目按生产、销售、管理等经济职能进行排列，主要是适应企业外界有经济利害关系的团体或个人的需要而编制的，故亦称"职能式"利润表。而按变动成本法编制的利润表则是把所有成本项目按成本性态排列，主要是为了便于取得边际贡献信息，是适应企业内部管理者规划与控制经济活动的需要而编制的，故亦称"贡献式"利润表。

（二）对固定成本的处理不同

全部成本计算法把固定制造费用视为产品成本的一部分，即把它全部吸收到产品的生产成本中去，每售出一批产品（本例是1 800件），其固定制造费用就构成销售成本；至于尚未售出的期末存货（本例是200件），与产品生产成本一样，每件存货成本内也包含固定制造费用（本例是15元），它们必须结转至下一个会计年度，在本例中需结转下年度的是3 000元（15×200）。而变动成本法把本期所发生的所有固定成本，全部作为期间成本在边际贡献总额项下减除。这样一来，它的销售成本只要根据单位变动生产成本总额，再加上变动的销售及管理费用后乘以实际销售量，即构成全部变动成本总额。这里必须注意，由于固定生产成本与期末存货的有无或多少毫无关系，因而也就无需转入下一个会计年度。

（三）计算出来的税前利润不同

在本例中，全部成本法求得的税前利润，比变动成本法算出的结果要多3 000元（5 000-2 000）。这是因为全部成本法把期末存货200件中每件所包含的固定制造费用15元，从销售成本内转至下一个会计年度，共计转出3 000元（15×200）。正是由于销售成本少了3 000元，于是销售毛利多了3 000元。而变动成本法因为已把全部固定成本列入了期间成本，作为当期的费用开支了，故其期末存货只包含有变动生产成本，不存在固定制造费用转入下一会计年度的问题。两者对比，变动成本法算出的税前利润当然就比全部成本法少3 000元。总之，两种成本计算法所算出的税前利润之所以有差别，是因为它们从销售收入中所扣除的固定成本的金额不同。变动成本法不管产销量怎样，总是把本期的固定成本总额全部扣除；而全部成本法所扣除的固定成本，则是"期初存货中的固定成本+本期固定成本总额-期末存货中的固定成本"。

应该注意的是，前面所举的实例是假定期初存货为0的情况，如果在实际工作中，期初、期末均有存货，那么这两种方法计算税前利润的差别又将如何呢？我们认为，可根据期初与期末存货中所包含的固定成本的金额变动及其对比关系，归纳为如下三条规律：

（1）若期末存货中的固定成本等于期初存货中的固定成本，则两种方法所扣除的固定成本总额相等，因此，它们算出的税前利润也必然相等。

（2）若期末存货中的固定成本大于期初存货中的固定成本，则计算当期损益时，全部成本法所扣除的固定成本总额小于变动成本法所扣除的固定成本总额，因此，按全部成本法算出的税前利润大于按变动成本法算出的税前利润。其差额为：期末存货的单位固定生产成本×期末存货量-期初存货的单位固定生产成本×期初存货量。

（3）若期末存货中的固定成本小于期初存货中的固定成本，则计算当期损益时，全部成本法所扣除的固定成本总额大于变动成本法所扣除的固定成本总额，因此，全部成本法算出的税前利润小于变动成本法算出的税前利润。其差额为：期初存货的单位固定生产成本×期初存货量−期末存货的单位固定生产成本×期末存货量。

四、变动成本法的优点及局限性

（一）变动成本法的优点

变动成本法的诞生，突破了传统的、狭隘的成本观念，为强化企业内部的经营管理、提高经济效益开创了新路。这种方法的优点，可扼要归纳为如下五点：

1.从理论上来说，这种方法最符合"费用与收益相配比"这一公认会计原则的要求

所谓"费用与收益相配比"的原则就是要求会计所记录的在一定期间内发生的收益和费用，必须属于这一会计期间，也就是在一定的会计期间，应当以产生的收益为根据，把有关的费用同所产生的收益配比起来。这项原则与我国的"权责发生制"记账基础的要求是完全吻合的。变动成本法的基本原理就是把转作本期费用的成本，按照成本性态分为两大部分：（1）直接与产品制造有联系的成本，即变动成本，如直接材料、直接人工以及随着产量变动的那部分制造费用。它们需要按产品销售量的比例，将其中已销售的部分转作销售成本（当期费用），同销售收入（当期收益）相配比，另外将未销售的产品成本转作存货，以便与未来预期获得的收益相配比。（2）同产品制造没有直接联系的成本，即固定成本，它们是为了保持生产能力并使其处于准备状态而发生的各种费用。这类成本与生产能力的利用程度无关，既不会因产量的提高而增加，也不会因产量的下降而减少。它们只与期间有关，并随着时间的流逝而逐渐消失，故应当全部列作期间成本，同本期的收益相配比，由当期的净利来负担。

2.能提供最有用的管理信息，为预测前景、参与决策和规划未来服务

利用变动成本法求得的单位变动成本、边际贡献总额及其有关的信息（如变动成本率、边际贡献率、经营杠杆系数等，将在第三章中介绍），对管理者最为有用，因为它们揭示了业务量与成本变动的内在规律，找出了生产、销售、成本和利润之间的依存关系，提供了各种产品的盈利能力等重要信息。所有这些能帮助管理者深入地进行本量利分析和边际贡献分析，用来预测前景、规划未来（如预测保本点，规划目标利润、目标销售量或销售额、目标成本，编制弹性预算等），有利于正确地进行短期经营决策（如接受追加订货的决策、最优生产批量的决策、产品最优组合的决策等）。

3.便于分清各部门的责任，有利于进行成本控制与业绩评价

一般来说，变动生产成本的高低最能反映生产部门和供应部门的工作实绩。例如，在直接材料、直接人工和变动制造费用方面如有所节约或超支，就会立即从产品的变动生产成本指标上反映出来，它们可以通过事前制定标准成本和建立弹性预算进行日常控制。至于固定生产成本的高低，责任一般不在生产部门，通常应由管理部门负责，可以通过制定费用预算的办法进行控制。另外，变动成本法所提供的信息还能把由于产量变动所引起的成本超降同由于成本控制工作的好坏而造成的成本超降，清楚地区别开来。这不仅有利于我们在事后进行科学的成本分析以及采用正确的方法进行成本控制，还能对各责任单位的工作实绩做出恰当的、实事求是的评价与考核。

4.促进管理当局重视销售环节，防止盲目生产

采用变动成本法后，产量的高低与存货的增减对净利都没有影响。在销售单价、单位变动成本、销售组合不变的情况下，净利将随销售量同方向变动（尽管不成比例）。这样

一来，就会促进管理者十分重视销售环节，加强促销工作，并把注意力集中在研究市场动态、搞好销售预测和以销定产方面，力求做到薄利多销，适销对路，防止盲目生产。否则，如采用全部成本计算法，就可能出现一方面销售量下降，另一方面生产量大幅度增长，反而造成净利增加的虚假现象，其结果必然是盲目生产，仓库积压。

5.简化成本计算，便于加强日常管理

采用变动成本法，把固定制造费用列作期间成本，从边际贡献总额中一笔减除，可以省掉许多间接费用分摊的手续。这不仅大大简化了产品成本的计算工作，避免了间接费用分摊中的主观随意性（特别是在生产多品种商品的企业内），而且可以使会计人员从繁重的核算工作中解脱出来，集中精力加强日常管理的深度和广度。

正是由于变动成本法具有上述种种优点，因而美国会计学会、全美会计人员联合会等组织的许多会员，以及一些大中型企业的经理和会计人员都认为变动成本法不仅适用于企业的内部管理，也适用于对外报告。

（二）变动成本法的局限性

1.不符合传统成本概念的要求

美国会计学会的成本概念和准则委员会认为："成本是为了达到一个特定目的而已经发生或可能发生的、以货币计量的代价。"按照这种传统观念，产品成本就应该既包括变动成本，也包括固定成本，而根据变动成本法计算出的产品成本，显然不能满足这个要求。何况变动成本与固定成本的划分，在很大程度上是假设的结果，不是一种非常精确的计算。

2.不能适应长期决策和定价决策的需要

尽管变动成本法能对短期经营决策提供最优方案的有关根据，但不能解决诸如增加或减少生产能力以及扩大和缩小经营规模的长期经济决策问题。因为从长期来看，由于技术进步和通货膨胀等因素的影响，单位变动成本和固定成本总额很难固定不变。另外，在定价决策中，变动成本和固定成本都应得到补偿。而变动成本法所提供的产品成本资料，一般不能适应这两方面的需要。

3.改用变动成本法计算时，会影响有关方面的利益

在实际工作中，如由原来的全部成本法过渡到变动成本法，一般要降低期末存货的计价（存货成本中要去掉固定成本），因而就会减少企业的当期税前利润，从而暂时影响税务机关的所得税收入和投资者的股利收益。

第三章

成本—业务量—利润依存关系分析

内容提要

本量利分析是研究企业在一定期间内的成本、业务量和利润三者之间关系的一种分析方法。本量利分析可以用于企业的预测、决策、利润规划和成本控制等。本量利分析涉及保本点、安全边际、安全边际率、经营杠杆系数等用于预测和决策的重要概念。本章主要介绍本量利分析的基本模式、本量利分析的具体应用及影响因素。

第一节　本量利依存关系分析的基本模式

本量利依存关系的分析也称CVP分析，是在变动成本计算法的基础上发展起来的，所研究的内容是产品的成本、销售量、价格和利润之间的依存关系。成本、业务量和利润的关系可以用以下几种数学模型来表示：

一、损益方程式

（一）基本的损益方程式

用损益方程式计算利润，就是确定一定期间的收入，然后计算与这些收入相匹配的成本，两者之差即为当期利润。

利润=销售收入−总成本

其中：

总成本=变动成本+固定成本=单位变动成本×销售量+固定成本

销售收入=单价×销售量

假设产量和销售量相同，则有：

利润=单价×销售量−单位变动成本×销售量−固定成本

该方程式明确表达了本量利之间的数量关系。它含有相互联系的5个变量，给定其中4个变量便可求出另一个变量的值。

【例3-1】某企业生产一种产品，单价18元/件，单位变动成本12元，本月计划销售2 000件，每月固定成本3 000元，预期利润是多少？

利润=单价×销售量−单位变动成本×销售量−固定成本

　　　=18×1 000−12×1 000−3 000=3 000（元）

（二）损益方程式的变换形式

根据基本的损益方程式进行恒等变换，可得出四个损益方程式的变换形式。

1.计算销售量的方程式

$$销售量=\frac{固定成本+利润}{单价−单位变动成本}$$

假设前例企业拟实现目标利润3 600元，则应销售多少产品？

$$销售量=\frac{3\,000+3\,600}{18−12}=1\,100（件）$$

2.计算单价的方程式

$$单价=\frac{固定成本+利润}{销售量}+单位变动成本$$

假设前例企业计划销售1 200件，欲实现利润3 600元，则单价应定为多少？

$$单价=\frac{3\,000+3\,600}{1\,200}+12=17.5（元/件）$$

3.计算单位变动成本的方程式

$$单位变动成本=单价−\frac{固定成本+利润}{销售量}$$

假设前例企业每月固定成本3 000元，单价18元/件，计划销售1 200件，欲实现利润3 600元，则单位变动成本应控制在什么水平？

$$单位变动成本=18−\frac{3\,000+3\,600}{1\,200}=12.5（元）$$

4.计算固定成本的方程式

固定成本=单价×销售量−单位变动成本×销售量−利润

假设前例企业单位变动成本12元，单价18元/件，计划销售1 200件，欲实现利润4 000元，固定成本应控制在什么水平？

固定成本=18×1 200−12×1 200−4 000=3 200（元）

（三）计算净利的损益方程式

损益方程式实际上是数学模型化的利润表。由于经营范围不同，企业利润表的项目也不尽相同，由此形成的损益方程式也有区别。

利润表的格式可分为单步式和多步式两种。

1.单步式利润表

单步式利润表的基本格式是：

销售收入

减：成本

　　利润

这种利润表将全部成本一次从销售收入中扣减，只经过一个运算步骤即可计算出利润，可简明地反映出收入、成本和利润的关系。可见，本量利关系的基本损益方程式，就是单步式损益表的模型化，两者的区别仅在于本量利模型要求成本分为变动成本和固定成本两部分。在会计实务中，服务性企业和业务量较小的企业采用这种格式，多数企业不使用这种格式。

2.多步式利润表

多步式利润表可分为两种情况，即在全部成本法下的多步式利润表和在变动成本法下的多步式利润表。

（1）全部成本法下多步式利润表的基本格式为：

销售收入

减：已销产品成本

　　毛利

减：期间成本

　　税前利润

减：所得税

　　税后利润

这种格式的利润表的特点是，从销售收入中分步减去已销产品成本、期间成本和所得税，依次得出毛利、税前利润和税后利润。这种格式的利润表在实际工作中应用广泛。

根据多步式利润表：

税前利润＝销售收入－已销产品成本－期间成本

为使模型能反映本量利的关系，不仅要分解产品成本，而且要分解销售费用、管理费用等期间成本。分解后，上述方程式为：

税前利润＝销售收入－（变动生产成本＋固定生产成本）－（变动销售和管理费用＋固定销售和管理费用）

$$=单价×销售量-\left(\begin{matrix}单位变动\\生产成本\end{matrix}+\begin{matrix}单位变动销售\\和管理费用\end{matrix}\right)×销售量-\left(\begin{matrix}固定生产\\成本\end{matrix}+\begin{matrix}固定销售\\和管理费用\end{matrix}\right)$$

【例3-2】　某企业每月固定制造成本1 500元，固定销售费用200元，固定管理费用150元；单位变动制造成本10元，单位变动销售费用1元，单位变动管理费用0.5元；该企业产销一种产品，单价15元/件；本月计划销售1 000件产品，预期利润是多少？

税前利润＝15×1 000－（10＋1＋0.5）×1 000－（1 500＋200＋150）

　　　　＝15 000－11 500－1 850＝1 650（元）

（2）变动成本法下多步式利润表的基本格式为：

销售收入

减：变动成本

　　边际贡献

减：固定成本

　　税前利润

减：所得税

　　税后利润

根据多步式利润表：

销售收入－变动成本＝边际贡献

边际贡献－固定成本＝税前利润

税前利润－所得税＝税后利润

【例3-3】　某企业只生产一种产品，单价20元/件，单位变动成本12元，固定成本总额5 000元。该企业所得税税率为25%。计划销售2 000件时，税后利润是多少？当税后目标利润为7 500元时，销售量应为多少？

税后利润＝［2 000×20-2 000×12-5 000］×（1-25%）

　　　　＝11 000×75%

　　　　＝8 250（元）

$$实现目标利润销售量＝\frac{5\ 000+\dfrac{7\ 500}{1-25\%}}{20-12}=1\ 875（件）$$

上述公式只适用于生产一种产品的企业。

（四）多种产品的损益方程式

为使生产多种产品的企业能够使用上述本量利损益方程式，人们创造出了"联合单位"这一概念。

所谓联合单位，是指按一定实物量比例构成一组产品，可以用它来统一计量多品种企业的业务量。

【例3-4】某企业生产A、B、C三种产品，其销售量分别为100件、300件、500件，三种产品的实物量比例为1∶3∶5。我们把1件A产品、3件B产品和5件C产品构成一组产品，称为1个联合单位。企业的总销售量为100组，即100个联合单位，它是各种产品实物量的最大公约数。

每个联合单位包含的产品数量为各种产品数量与联合单位数量的比值：

A产品＝100÷100＝1

B产品＝300÷100＝3

C产品＝500÷100＝5

利用联合单位这个概念，就可以使用损益方程式表达多品种企业的本量利关系：

税前利润＝联合单位单价×联合单位销售量-联合单位变动成本×联合单位销售量-固定成本

根据该企业资料（见表3-1），可以求出该企业的预期利润。

表3-1　　　　　　　　　　　某企业资料表　　　　　　　　　金额单位:元

产品	单价	单位变动成本	固定成本	销售量（件）
A	20	15		100
B	15	12		300
C	10	8		500
合计			1 000	

联合单位销售量＝100联合单位

每联合单位构成＝$\dfrac{100}{100}$∶$\dfrac{300}{100}$∶$\dfrac{500}{100}$＝1∶3∶5

每联合单位单价＝20×1+15×3+10×5＝115（元）

每联合单位变动成本＝15×1+12×3+8×5＝91（元）

税前利润＝115×100-91×100-1 000＝1 400（元）

损益方程式的其他变换形式，也可以使用联合单位作为销售量的单位，应用于多品种企业。

二、边际贡献方程式

（一）边际贡献

边际贡献又称贡献毛益、边际利润，是指销售收入减去变动成本以后的差额，用公式表示为：

边际贡献＝销售收入－变动成本

如果用单位产品表示，计算公式如下：

单位边际贡献＝销售单价－单位变动成本

【例3-5】某企业生产甲产品，单价25元/件，单位变动成本15元，销售量800件，边际贡献和单位边际贡献各是多少？

边际贡献＝800×25－800×15＝8 000（元）

单位边际贡献＝25－15＝10（元）

边际贡献首先用于补偿企业的固定成本，如补偿有余额，则形成企业的利润；如果不足以补偿固定成本，则企业发生亏损。边际贡献代表一种产品为企业创利的能力。

由于变动成本既包括生产制造过程的变动成本，即变动生产成本，又包括销售、管理费用中的变动成本，即变动非生产成本，所以，边际贡献也可具体分为制造边际贡献（生产边际贡献）和产品边际贡献（总营业边际贡献）。其用公式表示为：

制造边际贡献＝销售收入－变动生产成本

产品边际贡献＝制造边际贡献－变动销售和管理费用

通常，"边际贡献"是指"产品边际贡献"。

【例3-6】某企业只生产一种产品，单价10元，单位变动生产成本4元，单位变动销售费用0.5元，单位变动管理费用1元，销售量1 000件，则：

制造边际贡献＝10×1 000－4×1 000＝6 000（元）

产品边际贡献＝6 000－（0.5＋1）×1 000＝4 500（元）

（二）边际贡献率

边际贡献率是指边际贡献在销售收入中所占的百分比，反映了产品为企业创利的能力。

$$边际贡献率 = \frac{边际贡献}{销售收入} \times 100\%$$

$$= \frac{单位边际贡献 \times 销售量}{单价 \times 销售量} \times 100\%$$

$$= \frac{单位边际贡献}{单价} \times 100\%$$

依【例3-6】相关资料：

$$制造边际贡献率 = \frac{10-4}{10} \times 100\% = 60\%$$

$$产品边际贡献率 = \frac{10-5.5}{10} \times 100\% = 45\%$$

边际贡献率可以理解为每1元销售收入中边际贡献所占的比重。通常，"边际贡献率"是指"产品边际贡献率"。

对于生产多种产品的企业，由于各种产品的边际贡献率各不相同，因此需要计算多种产品的加权平均边际贡献率。其计算公式如下：

$$加权平均边际贡献率 = \frac{\sum 各产品边际贡献}{\sum 各产品销售收入} \times 100\%$$

或　　　　　　　　$= \sum (某产品边际贡献率 \times 该产品占销售收入比重)$

（三）变动成本率

变动成本率是指变动成本在销售收入中所占的百分比。其计算公式如下：

$$变动成本率 = \frac{变动成本}{销售收入} \times 100\%$$

$$= \frac{单位变动成本}{销售单价} \times 100\%$$

依【例3-6】相关资料：

$$制造变动成本率 = \frac{4}{10} \times 100\% = 40\%$$

$$产品变动成本率 = \frac{4+1.5}{10} \times 100\% = 55\%$$

通常，"变动成本率"是指"产品变动成本率"。

由于销售收入被分为变动成本和边际贡献两部分，前者是产品自身的耗费，后者是给企业的贡献，两者在销售收入中所占百分比之和应当为1，即：

变动成本率+边际贡献率=1

依【例3-6】相关资料：

变动成本率+边际贡献率=55%+45%=1

（四）基本的边际贡献方程式

由于创造了"边际贡献"这个新的概念，可把基本的损益方程式改写成新的形式：

利润=销售收入-变动成本-固定成本

　　　=边际贡献-固定成本

　　　=销售量×单位边际贡献-固定成本

这个方程式也可以明确表达本量利之间的数量关系。

【例3-7】某企业只生产甲产品，单价18元/件，单位变动成本9元，销售量500件，固定成本1 500元，则：

利润=（18-9）×500-1 500=3 000（元）

以上方程式，根据需要可变换成其他形式：

$$销售量 = \frac{固定成本 + 利润}{单位边际贡献}$$

$$单位边际贡献 = \frac{固定成本 + 利润}{销售量}$$

固定成本=销售量×单位边际贡献-利润

边际贡献方程式也可以使用"联合单位"作为销售量的计算单位，使之适用于多品种企业。

【例3-8】某企业生产三种产品A、B、C，固定成本1 500元，有关明细资料见表3-2，计算该企业的预期利润是多少？

表 3-2　　　　　　　**A、B、C三种产品明细资料表**　　　　金额单位：元

产品	单价	单位变动成本	单位边际贡献	销售量(件)
A	20	15	5	100
B	15	12	3	300
C	10	8	2	500

联合单位销售量＝100联合单位

每联合单位构成＝$\frac{100}{100}:\frac{300}{100}:\frac{500}{100}=1:3:5$

每联合单位单价＝20×1+15×3+10×5＝115（元）

每联合单位变动成本＝15×1+12×3+8×5＝91（元）

每联合单位边际贡献＝115-91＝24（元）

利润＝销售量×单位边际贡献-固定成本

　　　＝100×24-1 500＝900（元）

（五）边际贡献率方程式

上述边际贡献方程式可以利用"边际贡献率"改写成下列形式：

∵　　边际贡献率＝$\frac{边际贡献}{销售收入}$×100%

　　　边际贡献＝销售收入×边际贡献率

　　　利润＝边际贡献-固定成本

∴　　利润＝销售收入×边际贡献率-固定成本

依【例3-7】相关资料：

边际贡献率＝$\frac{18-9}{18}$×100%＝50%

利润＝18×500×50%-1 500＝3 000（元）

上述方程式还可以根据需要改写成下列变换形式：

销售收入＝$\frac{固定成本+利润}{边际贡献率}$

边际贡献率＝$\frac{固定成本+利润}{销售收入}$×100%

固定成本＝销售收入×边际贡献率-利润

这个方程式也可以用于多品种企业。由于多种产品的销售收入可以直接相加，所以，问题的关键是计算多种产品的加权平均边际贡献率。

加权平均边际贡献率＝$\frac{\sum 各种产品边际贡献}{各种产品销售收入}$×100%

根据表3-2的资料：

加权平均边际贡献率＝$\frac{5×100+3×300+2×500}{20×100+15×300+10×500}$×100%＝20.87%

或　加权平均边际贡献率＝$\sum$（某产品边际贡献率×该产品销售收入比重）

根据表3-2的资料，可整理成表3-3。

表3-3 　　　　　　　A、B、C三种产品结构比重表　　　　　　　全额单位：元

产品	单价	单位边际贡献	销售量（件）	边际贡献	销售收入	边际贡献率	占总销售收入比重
A	20	5	100	500	2 000	25%	17.39%
B	15	3	300	900	4 500	20%	39.13%
C	10	2	500	1 000	5 000	20%	43.48%
合计				2 400	11 500		100%

加权平均边际贡献率＝25%×17.39%＋20%×39.13%＋20%×43.48%＝20.87%

利润＝销售收入×边际贡献率－固定成本＝11 500×20.87%－1 500＝900（元）

三、本量利图

将成本、销售量、利润的关系反映在直角坐标系中所构成的图示，称为本量利图。因其能清晰地显示企业不盈不亏时应达到的产销量，故又称为盈亏临界图或损益平衡图。用图示表达本量利的相互关系，不仅形象直观、一目了然，而且容易理解。

根据资料的多少和目的的不同，本量利图有多种形式。

（一）基本的本量利图

【例3-9】假设某企业只生产一种产品，单价10元/件，单位变动成本5元，每月固定成本1 000元。根据所给资料绘制本量利图，如图3-1所示。

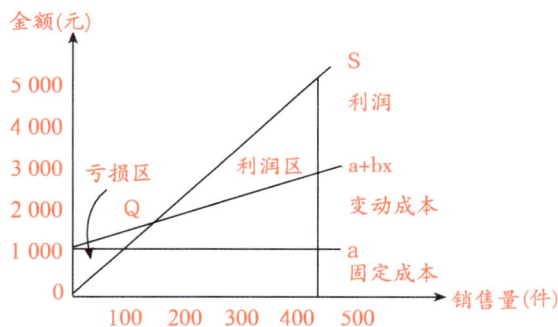

图3-1　基本的本量利图之一

绘制基本的本量利图应按下述步骤进行：

（1）选定直角坐标系，横轴表示销售量，纵轴表示成本和销售收入金额。

（2）在纵轴上找出固定成本数值，以此点（0，固定成本）为起点，绘制一条与横轴平行的固定成本线a。

（3）以点（0，固定成本）为起点，以单位变动成本为斜率，绘制总成本线a+bx。

（4）以坐标原点（0，0）为起点，以单价为斜率，绘制销售收入线S。

基本的本量利图表达的意义如下：

（1）固定成本线与横轴之间的距离为固定成本值，它不随产量增减而变动。

（2）总成本线与固定成本线之间的距离为变动成本，它随产量变动成正比例变化。

（3）总成本线与横轴之间的距离为总成本，它是固定成本与变动成本之和。

（4）销售收入线与总成本线交点（Q）在横轴上对应的销售量是保本点，表明企业在此销售量下总收入与总成本相等，既没有利润，也不发生亏损。在此基础上，增加销售量，销售收入超过总成本，S和a+bx的距离为利润值，形成利润区；反之，形成亏损区。

图中的横轴不仅可以使用实物量，也可以使用金额来表示，其绘制方法与上面介绍的大体相同。通常，这种图画成正方形。在绘制时，销售收入线S为从原点出发的对角线，斜率为1；总成本线a+bx从点（0，固定成本）出发，斜率为变动成本率。这种图不仅用于单一产品的情况，还可用于多种产品的情况，只不过需要计算加权平均变动成本率，如图3-2所示。

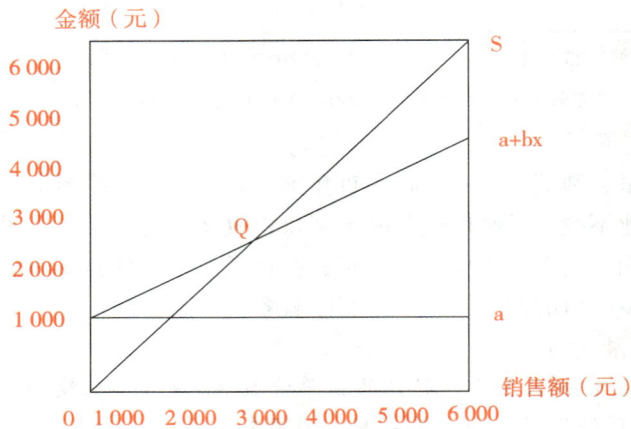

图3-2　基本的本量利图之二

（二）边际贡献式的本量利图

根据【例3-9】所给的有关资料绘制边际贡献式的本量利图，如图3-3所示。

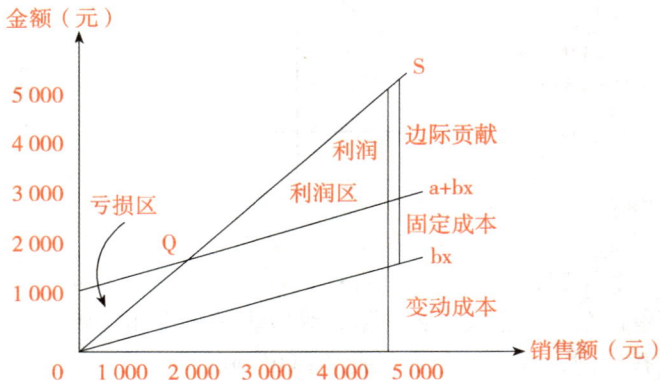

图3-3　边际贡献式的本量利图

这种图绘制的特点是先画变动成本线bx，然后在此基础上以（0，固定成本）为起点画一条与变动成本线bx平行的总成本线a+bx。其他部分的绘制方法与基本的本量利图相同。

这种图的主要优点是：可以表示边际贡献的数值。企业的销售收入随销售量成正比例增长，这些销售收入首先用于弥补产品自身的变动成本，剩余的是边际贡献，即S线与bx线所夹的区域。边际贡献随销售量增加而扩大，当其达到固定成本值时（到达Q点），企业处于保本状态；当边际贡献超过固定成本后，企业进入盈利状态。

（三）销售量-利润图

图3-4是本量利图的另一种形式。它表现了利润与销售量的直接关系，简明扼要，更易于为企业管理人员所理解。

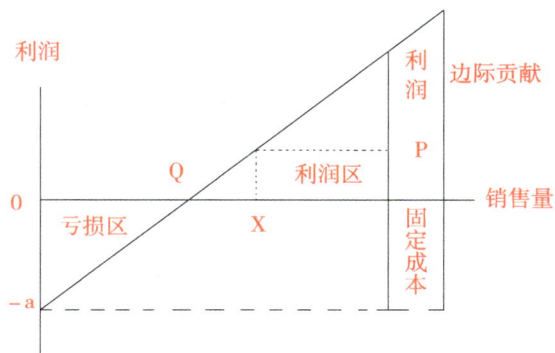

图3-4　销售量-利润图

这种图的绘制方法是：

（1）确定直角坐标系，横轴表示销售量（可用金额，也可用实物量），纵轴表示利润；原点以上部分为正值，原点以下部分是负值，即亏损数额。

（2）在原点以下的纵轴上找出固定成本点，通过点（0，-a）画一条与横轴平行的固定成本线。

（3）任取一个销售量（X），计算其相应的利润（P），通过点（X，P）和（0，-a）画一直线，即为利润线，它与横轴的交点（Q）为保本点。

销售量-利润图表达的意义如下：

（1）当单价和成本水平一定时，销售量越多，利润越多。

（2）销售量为零时，企业的亏损额等于固定成本。

（3）利润线和固定成本线所夹的区域为边际贡献，边际贡献低于固定成本时，企业亏损；其等于固定成本时，企业处于保本状态；其大于固定成本时，企业有盈利。

图3-5是多种产品企业的销售量-利润图，依据的资料见表3-4。

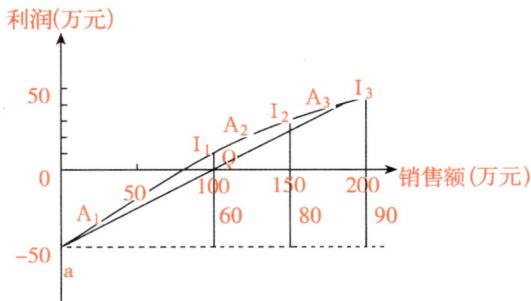

图3-5　销售量-利润图

图3-5的绘制方法如下：

（1）确定直角坐标系，横轴表示销售量（销售额），纵轴表示利润。

（2）在原点以下的纵轴上找出固定成本点a，通过该点画一条与横轴平行的固定成本线。

表 3-4　　　　　　　　　　**销售量-利润图数据表**

产品	销售量 （件）	单价 （元/件）	销售收入 （万元）	单位变动 成本（元）	单位边际 贡献（元）	边际贡献 （万元）	固定成本 （万元）
A_1	20 000	50	100	20	30	60	
A_2	10 000	50	50	30	20	20	
A_3	10 000	50	50	40	10	10	
合计			200			90	50

（3）假设企业只销售产品 A_1，销售额应为 100 万元，边际贡献为 60 万元，据此确定此时企业利润点 I_1，并通过 a 和 I_1 两点画出产品 A_1 的总利润线。假设企业又销售了产品 A_2，累计销售额为 150 万元，累计边际贡献为 80 万元，据此确定此时企业利润点 I_2，并通过 I_1 和 I_2 两点画出产品 A_2 的总利润线。再假设企业又继续销售了产品 A_3，累计销售额为 200 万元，累计边际贡献为 90 万元，据此确定此时企业利润点 I_3，并通过 I_2 和 I_3 两点画出产品 A_3 的总利润线。如果产品品种更多，画法依此类推。

（4）通过 a 和 I_3 两点画一条直线，即为企业总的利润线。它表示品种结构不变时，不同销售量下企业的利润。它与横轴的交点 Q 为保本点。这条利润线是唯一的，与绘图时各产品的先后顺序无关，其起点是固定成本点 a，其终点在累计边际贡献（90 万元）和累计销售额（200 万元）的位置上。每个产品的利润线与横轴的夹角越大，表示其边际贡献率越大。在本例中，A_1 的边际贡献率最大，A_2 次之，A_3 最小。

第二节　　　**本量利依存关系分析的应用**

本量利分析的一项重要内容就是保本点的分析，亦称"盈亏平衡"分析，它主要研究如何确定保本点、有关因素变动对保本点的影响等问题，为企业经营管理提供在何种业务量下能够盈利、在何种业务量下会导致亏损等有用信息。

一、保本点的确定与分析

保本点是指企业收入和成本相等的经营状态，即边际贡献等于固定成本时，企业所处的既不盈利又不亏损的状态。通常，用一定的业务量来表示这种状态。

（一）保本销售量

对单一产品企业来说，保本点的计算很简单。因为：

利润=单价×销售量-单位变动成本×销售量-固定成本

利润等于零时的产品销售量就是保本销售量，即：

0=单价×保本销售量-单位变动成本×保本销售量-固定成本

则有：

$$保本销售量 = \frac{固定成本}{单价 - 单位变动成本}$$

又因为：

单价-单位变动成本=单位边际贡献

上式又可写成：

$$保本销售量 = \frac{固定成本}{单位边际贡献}$$

【例3-10】某企业生产一种产品，单价18元/件，单位变动成本10元，固定成本总额10 000元，计算其保本销售量。

$$保本销售量 = \frac{10\ 000}{18-10} = 1\ 250\ （件）$$

如果在生产多品种产品的企业使用上述公式，可用"联合单位"来表示其销售量。

【例3-11】某企业固定成本6 300元，其他有关资料见表3-5。

$$每联合单位构成 = \frac{500}{100} : \frac{300}{100} : \frac{100}{100} = 5 : 3 : 1$$

每联合单位单价 = 5×18+3×20+1×50 = 200（元）

每联合单位变动成本 = 5×8+3×12+1×34 = 110（元）

表3-5 某企业有关资料表 金额单位：元

产品品种	A₁	A₂	A₃
单价	18	20	50
单位变动成本	8	12	34
单位边际贡献	10	8	16
计划销售量(件)	500	300	100
计划销售收入	9 000	6 000	5 000

每联合单位边际贡献 = 5×10+3×8+1×16 = 90（元）

$$保本销售量 = \frac{6\ 300}{90} = 70\ （联合单位）$$

（二）保本销售额

生产单一产品的企业在市场经济中只占少数，大多数企业都生产多种产品。这种生产多产品企业的保本点，尽管可以使用联合单位销量来表示，但很多人还是习惯使用销售额来表示。

利用销售额来表示保本点的公式推导如下：

当利润等于零时的销售额为保本销售额，即：

0 = 保本销售额×边际贡献率−固定成本

$$保本销售额 = \frac{固定成本}{边际贡献率}$$

依【例3-10】相关资料：

$$保本销售额 = \frac{10\ 000}{\frac{8}{18} \times 100\%} = 22\ 500\ （元）$$

依【例3-11】相关资料：

$$加权平均边际贡献率 = \frac{\sum 各种产品边际贡献}{\sum 各种产品销售收入} \times 100\%$$

$$= \frac{10 \times 500 + 8 \times 300 + 16 \times 100}{9\ 000 + 6\ 000 + 5\ 000} \times 100\% = 45\%$$

$$保本销售额 = \frac{6\ 300}{45\%} = 14\ 000（元）$$

（三）保本作业率

保本作业率是指保本销售量占企业正常销售量的比重。所谓正常销售量，是指正常市场和正常开工情况下企业的销售数量，也可以用销售金额来表示。

保本作业率的计算公式为：

$$保本作业率 = \frac{保本销售额}{正常销售额} \times 100\%$$

$$= \frac{保本销售量}{正常销售量} \times 100\%$$

上面这个比率表明了企业保本的业务量在正常业务量中所占的比重。在实际工作中，大多数企业的生产经营能力是按正常销售量来规划的，生产经营能力和正常销售量基本相同，所以，保本作业率还表明保本状态下生产经营能力的利用程度。

在【例 3-10】中，设企业正常销售额为 27 000 元，保本销售额（前面已计算）为 22 500 元，则：

$$保本作业率 = \frac{22\ 500}{27\ 000} \times 100\% = 83.33\%$$

从以上计算可以看到，该企业的作业率必须达到 83.33% 以上，才能取得盈利，否则就会发生亏损。

（四）安全边际的确定与分析

1.安全边际销售量

安全边际销售量是指企业实际（预计）销售量超过保本销售量的差额。它表明企业的销售量下降多少，仍不致发生亏损，即安全边际数值越大，企业发生亏损的可能性越小，企业的生产经营活动就越安全。

安全边际销售量=实际（预计）销售量-保本销售量

【例 3-12】某企业实际销售 A 产品 2 000 件，保本销售量为 1 250 件，计算安全边际销售量是多少？

安全边际销售量=实际销售量-保本销售量=2 000-1 250=750（件）

2.安全边际销售额

安全边际销售额是指企业实际（预计）销售额超过保本销售额的差额。企业安全边际销售额越大，发生亏损的可能性越小，企业的生产经营活动就越安全。其计算公式如下：

安全边际销售额=实际（预计）销售额-保本销售额

在【例 3-12】中，假设 A 产品单价为 20 元/件，则企业的安全边际销售额为：

安全边际销售额=实际销售额-保本销售额=2 000×20-1 250×20=15 000（元）

3.安全边际率

企业生产经营的安全性，还可以用安全边际率来表示。安全边际率是指安全边际与实际（预计）销售量之间的比率，其计算公式如下：

$$安全边际率 = \frac{安全边际销售量}{实际（预计）销售量} \times 100\%$$

安全边际率是相对指标，便于不同企业或不同行业之间进行比较。一般用它来评价企业的安全程度，其安全程度检验标准的经验值见表 3-6。

表3-6 **安全程度检验标准的经验值**

安全边际率	40%以上	30%~40%	20%~30%	10%~20%	10%以下
安全程度	很安全	安全	较安全	值得注意	危险

在【例3-12】中，安全边际率为：

$$安全边际率=\frac{安全边际销售量}{实际销售量}×100\%=\frac{750}{2\,000}×100\%=37.5\%$$

由于37.5%介于30%和40%之间，说明企业的经营活动是安全的。

4.安全边际销售量与保本点的关系分析

从以上的分析我们可以知道，正常的销售量分为两部分：一部分是保本销售量；另一部分是安全边际销售量。

正常销售量=保本销售量+安全边际销售量

若将该公式两端同时除以正常销售量，则有：

1=保本作业率+安全边际率

在【例3-12】中，已求得安全边际率为37.5%，而保本作业率则是62.5%（$\frac{1\,250}{2\,000}×100\%$），于是有：

37.5%+62.5%=1

从安全边际销售量与保本点的上述关系式中，我们可以看到，只有安全边际销售量才能为企业提供利润，而保本销售量只能为企业收回固定成本。

5.安全边际销售量与利润的关系分析

因为只有安全边际销售量才能为企业提供利润，所以，安全边际销售额和利润之间有必然的联系。安全边际部分的销售额减去其自身变动成本后成为企业利润，即安全边际中的边际贡献等于企业利润。这个结论可以通过下式加以论证：

∵　利润=销售收入−变动成本−固定成本

　　　=边际贡献−固定成本

　　　=销售收入×边际贡献率−固定成本

　　　=销售收入×边际贡献率−保本销售收入×边际贡献率

　　　=（销售收入−保本销售收入）×边际贡献率

∴　利润=安全边际销售额×边际贡献率

根据【例3-10】中的有关数据计算如下：

安全边际销售额=27\,000−22\,500=4\,500（元）

利润=安全边际销售额×边际贡献率

　　　=$4\,500×\frac{18−10}{18}×100\%=2\,000$（元）

用常规的方法计算利润，也会得到相同的结果。

利润=销售收入−变动成本−固定成本

　　　=27\,000−10×1\,500−10\,000=2\,000（元）

从上述分析中，我们不难看出，由于利润和安全边际之间存在着内在的联系，这为我们计算利润又提供了一种新方法，它在企业的经营管理中将发挥更大的作用。

二、各因素变动对保本点影响的分析

在计算保本点时，我们假定单价、固定成本、单位变动成本诸多因素均不变动，但实际上这种静态平衡是不可能维持很久的。下面结合例题分别讨论各有关因素变动对保本点的影响。

【例3-13】假设某产品单位售价9元，单位产品变动成本6元，固定成本120 000元，计算保本销售量。

$$保本销售量 = \frac{120\,000}{9-6} = 40\,000（件）$$

（一）价格变动对保本点的影响

单位产品销售价格的变动是影响保本点的一个重要因素。在本量利图上，基于一定的成本水平，单位产品的售价越高，表现为"销售总收入线"的斜率越大，保本点就越低。这样，同样的销售量实现的利润就越多，或亏损越少。

设上例中产品的单位售价由原来的9元提高到10元，则保本销售量由原来的40 000件变成30 000件，即：

$$保本销售量 = \frac{120\,000}{10-6} = 30\,000（件）$$

这一变动，可用图3-6进行具体描述。

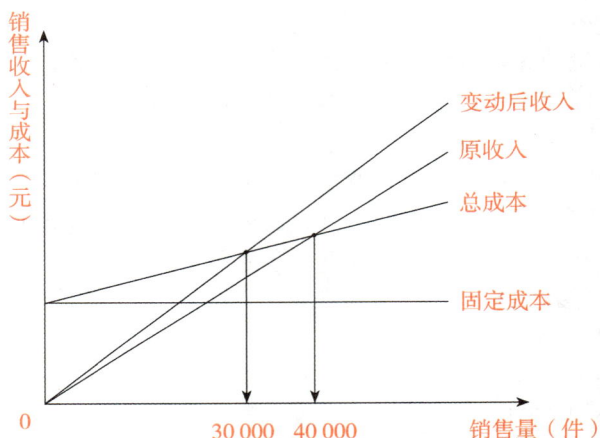

图3-6 价格变动对保本点的影响

（二）单位变动成本变动对保本点的影响

在【例3-13】中，如其他因素不变，设单位产品的变动成本由原来的6元提高到6.5元，则保本销售量由原来的40 000件变成48 000件，即：

$$保本销售量 = \frac{120\,000}{9-6.5} = 48\,000（件）$$

这一变动，可用图3-7进行具体描述。它表明，由于新的变动成本线的斜率大于原来的变动成本线的斜率，使保本点有所提高，生产经营的盈利性相应地降低了。

（三）固定成本变动的影响

在【例3-13】中，如其他因素不变，设固定成本由原来的120 000元增加到150 000元，则保本销售量由原来的40 000件变成50 000件，即：

$$保本销售量 = \frac{150\,000}{9-6} = 50\,000（件）$$

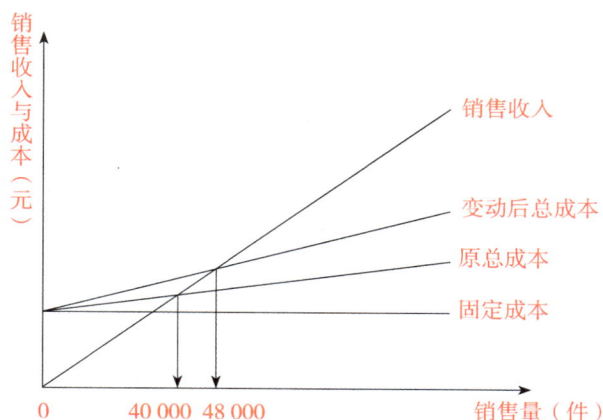

图 3-7　单位变动成本变动对保本点的影响

这一变动，可用图 3-8 进行具体描述。它表明，由于固定成本增加，销售总成本线上移了，使保本点有所提高，生产经营的盈利性相应地降低了。

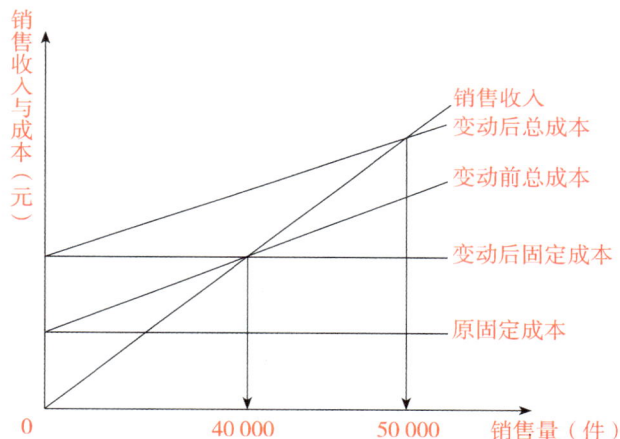

图 3-8　固定成本变动的影响

（四）产品品种构成变动对保本点的影响

当企业同时生产多种产品时，由于不同产品的盈利性通常是不同的，因此产品品种构成变动必然要对整个企业的保本点产生一定的影响。

【例 3-14】假设某厂固定成本共 627 000 元，同时生产 A、B、C 三种产品，各种产品的产量分别为 90 000 件、90 000 件和 60 000 件（假定产销一致），单位产品的有关资料见表 3-7。

表 3-7　　　　　　　　　　　**某厂单位产品有关资料表**　　　　　　　　金额单位：元

项目	产品 A	产品 B	产品 C
单位售价	20	10	5
单位变动成本	15	6	2
单位边际贡献	5	4	3
边际贡献率	25%	40%	60%

各产品的销售收入在企业总销售收入中所占的比重可通过表3-8进行计算。

表3-8　　　　　　　　　　　销售收入比重计算表

产品	销售量(件)	销售收入（元）	销售收入比重（%）
A	90 000	1 800 000	60
B	90 000	900 000	30
C	60 000	300 000	10
合计		3 000 000	100

基于这个品种构成，全厂加权平均边际贡献率可通过表3-9进行计算。

表3-9　　　　　　　　　加权平均边际贡献率计算表

产品	销售收入(元)	边际贡献	
		金额（元）	边际贡献率（%）
A	1 800 000	450 000	25
B	900 000	360 000	40
C	300 000	180 000	60
合计	3 000 000	990 000	33

在这种情况下，全厂保本销售额为1 900 000元，即：

$$保本销售额 = \frac{627\,000}{33\%} = 1\,900\,000（元）$$

品种构成的改变，将改变企业加权平均边际贡献率，从而使企业的保本点发生相应的变动。

设品种构成由上述6：3：1改变为4：4：2，全厂加权平均边际贡献率可通过表3-10进行计算。产品品种构成的改变，使全厂保本点的销售额由1 900 000元降低到1 650 000元，即：

$$保本销售额 = \frac{627\,000}{38\%} = 1\,650\,000（元）$$

这是因为，品种构成的变动是由边际贡献率高的B、C两种产品的比重有所提高，而边际贡献率较低的产品A的比重有所下降所引起的，因而使全厂加权平均边际贡献率有所提高，保本点相应地下降，相关计算结果见表3-10。如前所述，保本点的下降，是企业生产经营盈利性提高的一种表现。所以，当企业同时生产多种产品时，应综合考虑产、供、销等方面的有关因素，正确确定经济合理的品种构成，这也是提高生产经营盈利性的一项重要措施，必须引起足够的重视。

表3-10　　　　　　　　　加权平均边际贡献率计算表

产品	销售收入（元）	边际贡献	
		金额（元）	边际贡献率（%）
A	1 200 000	300 000	25
B	1 200 000	480 000	40
C	600 000	360 000	60
合计	3 000 000	1 140 000	38

第三节 本量利的因素分析

保本点分析主要研究了利润为零的特殊经营状态下本量利的有关问题。那么，在利润不为零的一般经营状态下，本量利发生变动，情况又如何呢？

一、各因素变动对利润影响的分析

企业在对每一项生产经营问题进行决策时，都应事先分析所采取的行动对利润有何影响。如果采取的行动产生的收益大于其所引起的支出，增加了企业的盈利，则这项行动是可取的；反之，则是不可取的。这就要求企业在决策前，分析各种经济因素对利润的影响。一般情况下，主要有以下三种情况：

（一）单项因素发生变化时，测定对利润的影响，预计未来期间的利润

【例3-15】某企业A产品单价10元/件，单位变动成本6元，固定成本2 000元，销售和管理费用（全部固定）1 000元，现已销售1 000件产品，则其利润是多少？

利润＝销售收入－变动成本－固定成本

　　＝1 000×10－1 000×6－（2 000＋1 000）＝1 000（元）

假设由于原材料涨价，使单位变动成本上升到7元，利润将变为：

利润＝1 000×10－1 000×7－（2 000＋1 000）＝0

由此可见，由于单位变动成本增加1元，使企业利润减少1 000元而变成了零。企业应根据这种可预见到的变化，积极采取措施，设法抵消这种影响。

如果价格、固定成本、销售量发生变动，也可以用同样的方法测定其对利润的影响，以利于企业做出正确决策。

（二）由于企业内部采取某项行动，将使有关因素发生变动时，测定其对利润的影响，以作为评价该行动合理性的尺度

依【例3-15】，假设该企业要搞一次职工技术培训，以提高工作效率，使单位变动成本由原来的6元降至5元，利润将变为：

利润＝1 000×10－1 000×5－（2 000＋1 000）＝2 000（元）

由此可见，这项措施使企业利润净增1 000元，但应该考虑的是，如果培训计划开支不超过1 000元，此项行动是可行的，否则是不可取的。

除此之外，企业内部还有其他一些经济项目，但无论是何种经济项目都要花钱用物，因此，通过评价其对利润的影响，权衡得失，总是必要的。利用本量利方程式，具体计算出对最终利润的影响，有利于正确决策。

（三）各因素综合变动对利润影响的分析

由于外界因素变化或企业采取某项行动，使有关因素发生相互关联的影响，测定其引起的利润变动，以便选择决策方案。

依【例3-15】，假设该企业按国家规定普调副食补助，使单位变动成本增加4%，固定成本增加1%，这将会导致利润下降。为了抵消这种影响，企业有两个应对措施：一是提高价格5%，因提价会使销量减少10%；二是增加产量20%，为使产品能销售出去，要追加500元广告费。两个应对措施比较如下：

（1）调工资后，如不采取措施的利润为：

利润=1 000×10-6×1 000×（1+4%）-（2 000+1 000）×（1+1%）

　　=730（元）

（2）采取第一个措施的预计利润为：

利润=1 000×（1-10%）×［10×（1+5%）-6×（1+4%）］-（2 000+1 000）×（1+1%）

　　=804（元）

（3）采取第二个措施的预计利润为：

利润=1 000×（1+20%）×［10-6×（1+4%）］-［（2 000+1 000）×（1+1%）+500］

　　=982（元）

通过比较可知，第二个措施较好。

二、实现目标利润的措施

上面我们分析时，是以影响利润的诸多因素为确定数，对利润进行预测。在企业里，还有另一种相反的情况，即利润目标已经明确，对其影响因素进行核定。例如，经营承包合同规定了利润目标，主管部门下达了利润指标，或者根据企业长期发展和职工生活福利的需要，企业必须达到特定的利润水平等。在这种情况下，应当研究如何利用企业的现有资源，合理安排产销、收入和成本支出，以实现特定利润，也就是分析实现目标利润的措施。

（一）采取单项措施以实现目标利润

【例3-16】某企业生产W产品，固定成本10 000元，单价24元/件，单位变动成本14元，销售产品1 800件，实现利润8 000元。假设企业欲使利润增加50%，即达到12 000元，企业可以从以下几个方面着手，采取相应的措施：

1.减少固定成本

减少固定成本可使利润相应增加。为使利润增加50%，应该减少多少固定成本呢？

设固定成本为a，目标利润12 000元作为已知数，其他因素不变，代入本量利方程式：

12 000=24×1 800-14×1 800-a

a=6 000（元）

则如果其他条件不变，固定成本从10 000元减少到6 000元，降低40%，可保证实现目标利润。

2.减少变动成本

按上述方法，设单位变动成本为b，将其代入本量利方程式：

12 000=24×1 800-1 800b-10 000

b=11.78（元）

则如果其他条件不变，单位变动成本从14元降低到11.78元，减少16%，可保证实现目标利润。

3.提高价格

按上述方法，设单位产品售价为R，将其代入本量利方程式：

12 000=1 800R-14×1 800-10 000

R=26.22（元）

则如果其他条件不变，单位产品售价从24元提高到26.22元，提高9%，可保证实现目标利润。

4.增加销售量

按上述方法，设销售量为x，将其代入本量利方程式：

12 000=24x-14x-10 000

x=2 200（件）

则如果其他条件不变，销售量从1 800件增加到2 200件，增加22%，可保证实现目标利润。

（二）采取综合措施以实现目标利润

在生产经营活动中，影响利润的因素是多方面的，而且各因素之间是相互联系的，企业很少采取单项措施来提高利润，多数情况下都采取综合措施以实现目标利润。这就要求综合计算和反复平衡，主要包括下述三个步骤，我们通过例题加以说明：

【例3-17】某企业生产一种产品，单价10元/件，单位变动成本6元，固定成本2 000元，销售和管理费用（全部固定）1 000元，销售1 000件，利润为1 000元。假设该企业有剩余的生产能力，可以进一步增加产量，但由于售价偏高，使销量受到影响。为了打开销路，企业准备降价10%，争取实现利润1 500元。

1.计算降价后实现目标利润所需的销售量

$$销售量=\frac{固定成本+目标利润}{单位边际贡献}$$

$$=\frac{2\ 000+1\ 000+1\ 500}{10\times(1-10\%)-6}=1\ 500（件）$$

如果销售部门认为降价10%后可使销售量达到1 500件，生产部门也具备相应生产能力，则目标利润就可以落实；否则，还需继续分析，进一步采取其他措施。

2.计算既定销量下实现目标利润所需的单位变动成本

假设销售部门认为，上述1 500件销售量达不到，降价10%只能使销售量增至1 300件，为此，需要在降低成本上挖潜。

$$单位变动成本=\frac{单价\times销售量-（固定成本+目标利润）}{销售量}$$

$$=\frac{10\times(1-10\%)\times1\ 300-(3\ 000+1\ 500)}{1\ 300}=5.54（元）$$

由此可见，为了实现目标利润，在降价10%的同时，还需使单位变动成本从6元降至5.54元。如果生产部门认为这个目标可以实现，目标利润就可以落实；否则，还要在固定成本的节约上下功夫。

3.计算既定产销量和单位变动成本下实现目标利润所需的固定成本

假设生产部门认为，通过努力，单位变动成本可能降低至5.6元，因此，企业还要压缩固定成本支出。

$$固定成本=销售量\times单位边际贡献-目标利润$$

$$=1\ 300\times[10\times(1-10\%)-5.6]-1\ 500=2\ 920（元）$$

从以上分析得知，为了实现目标利润，在降价10%、使销售量增至1 300件、单位变动成本降至 5.6 元的同时，还需压缩固定成本 80 元（3 000-2 920），则目标利润可以实现。由此我们看到，影响利润的诸多因素是相互联系的，从一个因素再到另一个因素，要采取综合措施寻找增收节支的办法。

第四节　　利润敏感性分析

前面我们对保本点和各因素变动进行了分析，假设除待求变量外，其他参数都不变。但是在实际中，市场的变化（原材料价格、产品价格波动等）和企业技术条件的变化会引起某些参数的变化，即原来计算出来的保本点、目标利润或目标销售量发生变化。决策人员希望事先知道哪一个参数受影响的程度大，哪一个受影响的程度小。掌握有关数据后，就可根据变化情况，及时采取对策，使生产经营活动经常被控制在最有利的状态下。

为了解决这个问题，需要引进一个新概念——敏感性分析。敏感性分析是研究与分析一个系统因周围条件发生变化而引起其状态或输出结果变化的敏感程度的方法。具体地说，它是在求得某个模型的最优解后，研究模型中某个或若干个参数允许变化多大，仍能使原最优解的条件保持不变；或者在参数变化超出允许范围，原最优解已不能保持时，提供一套简捷的计算方法，重新求得最优解。敏感性分析是一种有广泛用途的分析技术，它应用在本量利关系上，主要研究与分析有关因素发生多大变化，将使盈利转为亏损，以及各参数变化对利润的敏感程度等。

一、有关因素发生多大变化，将使盈利转为亏损

单价、单位变动成本、产销量和固定成本的变化，会影响利润的高低。这种变化达到一定程度，会使企业利润消失，经营状况发生质变。敏感性分析的目的之一，就是提供能引起目标利润发生质变的各参数变化的界限，其方法称为"最大最小法"。

（一）单价的最小值

【例 3-18】某企业只生产 A 产品，单价 2 元/件，单位变动成本 1.2 元。预计明年固定成本 40 000 元，产销量计划达 100 000 件。

预测明年利润为：

利润＝100 000×（2-1.2）-40 000＝40 000（元）

利润随着单价的下降而减少，单价下降到一定程度，利润将变为零，它是企业能忍受的单价最小值。

设单价为 R，则：

100 000×（R-1.2）-40 000＝0

R＝1.6（元）

单价降至 1.6 元，即降低 20%（（2-1.6）÷2×100%）时，企业由盈利转为保本，如图 3-9 所示。

（二）单位变动成本的最大值

单位变动成本上升会使利润下降，并逐渐趋近于零，此时的单位变动成本是企业能忍受的最大值。

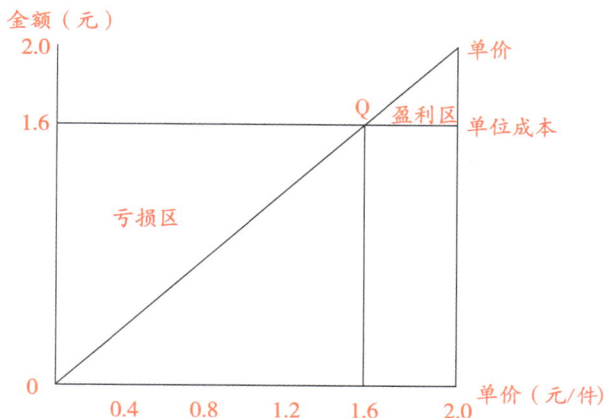

图 3-9　单价的敏感性分析

依【例 3-18】相关资料，设单位变动成本为 b，则：

$100\,000 \times (2-b) - 40\,000 = 0$

$b = 1.6$（元）

单位变动成本由 1.2 元上升到 1.6 元时，企业的利润由 40 000 元降至零，此时单位变动成本上升 33%（（1.6-1.2）÷1.2×100%），如图 3-10 所示。

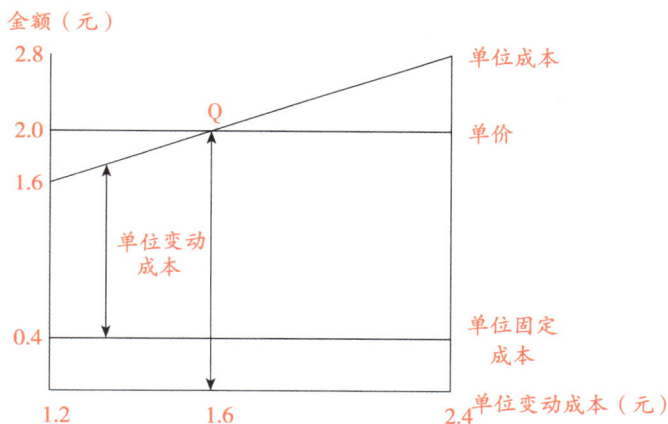

图 3-10　单位变动成本的敏感性分析

（三）固定成本的最大值

固定成本上升也会使利润下降，并趋近于零。

依【例 3-18】相关资料，设固定成本为 a，则：

$100\,000 \times (2-1.2) - a = 0$

$a = 80\,000$（元）

固定成本增至 80 000 元时，企业利润变为零，此时固定成本增加 100%（（80 000-40 000）÷40 000×100%），如图 3-11 所示。

（四）销售量的最小值

销售量最小值是指使企业利润为零的销售量，它就是保本销售量。

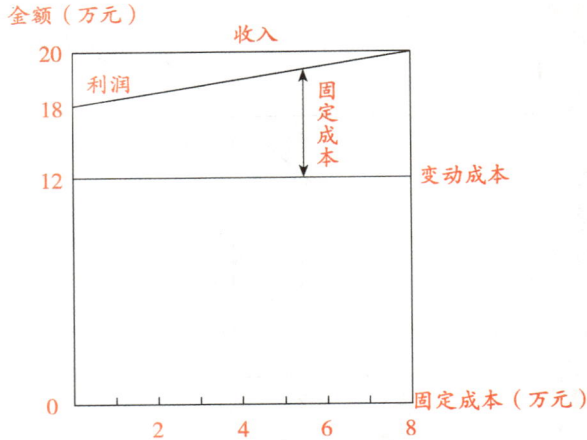

图 3-11　固定成本的敏感性分析

依【例 3-18】相关资料，设销售量为 x，则：

$$x = \frac{40\,000}{2 - 1.2} = 50\,000（件）$$

销售计划如果只完成 50%（50 000÷100 000×100%），则企业利润为零，如图 3-12 所示。

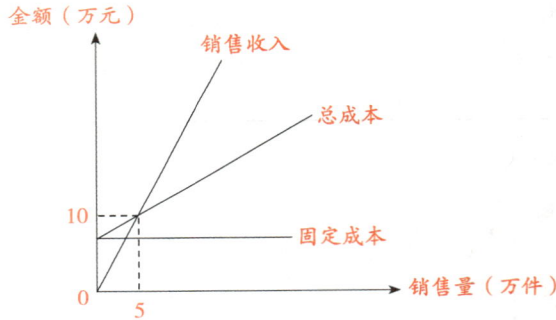

图 3-12　销售量的敏感性分析

二、各因素变化对利润的敏感程度

各因素变化都会引起利润的变化，但其影响程度各不相同。有的因素发生微小变化，就会使利润发生很大的变动，利润对这些因素的变化十分敏感。与此相反，有些因素发生变化后，利润的变化不大，反应比较迟钝。

反映敏感程度的指标是敏感系数，公式为：

$$敏感系数 = \frac{目标值变动百分比}{变量（参数）变动百分比}$$

仍以【例 3-18】的数据进行敏感性分析。

（一）单价的敏感程度

已知单价提高 20%，按此单价计算，则：

利润 = 100 000×（2.4−1.2）−40 000 = 80 000（元）

利润原来是 40 000 元，其变动率为 100%，即：

$$目标值变动百分比 = \frac{80\,000 - 40\,000}{40\,000} \times 100\% = 100\%$$

$$单价的敏感系数 = \frac{100\%}{20\%} = 5$$

这就是说，单价对利润的影响很大，从百分比来看，利润以5倍的速度随单价变化。涨价是提高盈利的有效手段，但涨价也可能会导致销售量下降，应格外慎重。

（二）单位变动成本的敏感程度

已知单位变动成本提高20%，则：

b=1.2×（1+20%）=1.44（元）

按此单位变动成本计算，则：

利润=100 000×（2-1.44）-40 000=16 000（元）

利润原来是40 000元，其变动率为-60%，即：

$$目标值变动百分比 = \frac{16\,000 - 40\,000}{40\,000} \times 100\% = -60\%$$

$$单位变动成本的敏感系数 = \frac{-60\%}{20\%} = -3$$

由此可见，单位变动成本对利润的影响比单价要小，单位变动成本每上升1%，利润将减少3%。敏感系数绝对值大于1，说明单位变动成本的变化会造成利润更大的变化。

（三）固定成本的敏感程度

已知固定成本提高20%，则：

a=40 000×（1+20%）=48 000（元）

按此固定成本计算，则：

利润=100 000×（2-1.2）-48 000=32 000（元）

利润原来是40 000元，其变动率为-20%，即：

$$目标值变动百分比 = \frac{32\,000 - 40\,000}{40\,000} \times 100\% = -20\%$$

$$固定成本的敏感系数 = \frac{-20\%}{20\%} = -1$$

这说明固定成本增加时，利润将等量减少。

（四）销售量的敏感程度

已知销售量增长20%，则：

x=100 000×（1+20%）=120 000（件）

按此销售量计算，则：

利润=120 000×（2-1.2）-40 000=56 000（元）

利润的变动率为40%，即：

$$目标值变动百分比 = \frac{56\,000 - 40\,000}{40\,000} \times 100\% = 40\%$$

$$销售量的敏感系数 = \frac{40\%}{20\%} = 2$$

销售量的敏感系数亦称经营杠杆系数。"杠杆"本是物理学术语，它意味着利用一个杠杆，以较小的力撬起较重的物体。在企业经营中，杠杆作用是指销售量的较小变动会引起利润的较大变动。就本例而言，两者变动百分比的比例为1:2。

综上所述，该企业影响利润的诸多因素中，最敏感的是单价（敏感系数为5），其次是单位变动成本（敏感系数为-3），再次是销售量（敏感系数为2），最后是固定成本（敏感系数为-1）。其中，敏感系数为正值的，表明它与利润为同向增减；敏感系数为负值的，表明它与利润为反向增减。

敏感系数提供了各因素变动百分比和利润变动百分比之间的比例，但不能直接显示变化后的利润值。为弥补这种不足，有时需要统计敏感性分析表，列示各因素变动百分率及相应的利润值，见表3-11。

表3-11　　　　　　　　　　　　　统计敏感性分析表

利润　　变动率　项目	−20%	−10%	0	+10%	+20%
单价（元/件）	0	20 000	40 000	60 000	80 000
单位变动成本（元）	64 000	52 000	40 000	28 000	16 000
固定成本（元）	48 000	44 000	40 000	36 000	32 000
销售量（件）	24 000	32 000	40 000	48 000	56 000

通常情况下，各因素变动百分比以±20%为范围，便可以满足实际需要。表3-11以10%为间隔，也可以根据实际需要改为5%或者更小。

第四章

预测分析

内容提要

现代经营管理离不开决策，决策正确与否关系到企业的生存与发展。而正确的决策要依据科学的预测，预测分析是决策的前提和基础，是企业计划工作的有机组成部分，是管理会计的重要内容。本章主要介绍预测分析的基本概念、销售预测分析、成本预测分析及资金需要量的预测分析等。

第一节　预测分析概述

一、预测分析的意义

预测分析是人们根据过去和现在的资料和信息，运用已有的知识、经验和科学的方法，对事物的未来发展趋势做出估计和推测的过程。企业经营预测分析则是人们对企业未来经济活动可能产生的经济效益及其发展趋势进行的科学预见或估计。

进行预测分析的目的，就是把企业的生产经营活动有意识地引导到提高经济效益的轨道上来，它不仅可以提高决策的科学性，而且可以使企业的经营目标同整个社会生产的发展和人民消费的需要相适应。预测分析在提高企业经营管理水平和企业经济效益方面有着十分重要的意义。

1.预测分析是进行经营决策的主要依据

企业的经营活动必须建立在正确的决策基础上，而科学的预测是进行正确决策的前提和依据。通过预测分析，可以科学地确定有关商品的品种结构、最佳库存结构等，合理安排和使用现有的人力、物力和财力，全面协调整个企业的经营活动。

2.预测分析是编制全面预算的前提

企业的生产经营活动必须有计划地进行，为了减少经济活动的盲目性，企业要定期编制全面预算。而预算与计划的前提，是必须首先做好预测工作，避免主观估计或任意推测，使企业计划与全面预算合理、科学，切实可行。

3.预测分析是提高企业经济效益的手段

以最少的投入取得最大的收益是企业的经营原则。通过预测分析，及时掌握国内外市场信息、销售趋势和科学技术发展动态，合理组织和使用各种资源，必将降低消耗，增加销售收入，提高经济效益。

强调预测的重要性，并不排除预测的局限性。预测涉及的是未来，具有不确定性，它是借助于过去和现在的研究，求得对未来的了解，以减少不确定性对经济活动的影响，做到心中有数。同时，企业的经营发展趋势，要受到社会、经济、技术、自然等各方面因素的影响，这些因素往往相互交织，错综复杂。因此，必须重视调查研究，占有充分的经济信息资料，遵循科学的原则，综合运用社会科学和自然科学各方面的研究成果，不断改善预测方法，使预测工作发挥应有的作用。

二、预测分析的原理和原则

预测分析的基本原理建立在任何经济过程发展趋势总有一定的规律性而且是可以被人们认识和掌握的基础之上。就企业来说，其经营活动过程中各因素之间的相互关系，也必然存在一些客观规律可以遵循。它们实质上就成为了预测分析的基本原则。

1.延续性原则

延续性原则是指在企业的经营活动过程中，过去和现在的某种发展规律将会延续下去，并假设决定过去和现在发展的条件，同样适用于未来。根据这条原则，就可以把未来视为历史的延伸，来进行推测。趋势预测分析法就是基于这条原则而建立的。

2.相关性原则

相关性原则是指在企业的经营活动过程中，一些经济变量之间存在着相互依存、相互制约的关系。根据这条原则，就可以利用对某些经济变量的分析、研究来推测受它们影响的另一个（或另一些）经济变量发展的规律性。因果预测分析法就是基于这条原则而建立的。

3.相似性原则

相似性原则是指在企业的经营活动过程中，不同的（一般是无关的）经济变量的发展规律有时会出现相似的情况。根据这条原则，可以利用已知经济变量的发展规律类推出未知变量的发展趋势。判断分析法就是基于这条原则而建立的。

4.统计规律性原则

统计规律性原则是指在企业的经营活动过程中，对于某个经济变量所做出的一次观测结果，往往是随机的，但多次观测的结果却会出现具有某种统计规律性的情况。根据这条原则，就可以利用概率分析及数理统计的方法进行推测。回归分析法就是基于这条原则而建立的。

三、预测分析的基本方法

预测分析方法种类繁多，因分析对象和预测期限不同而各有所异，但基本方法大体可归纳为定量分析法和定性分析法两大类。

（一）定量分析法

定量分析法或称数学分析法，主要应用数学方法和各种现代化计算工具对经济信息进行科学的加工处理，建立预测分析数学模型，揭示各有关变量间的规律性联系，并做出预测结论。按照对资料数据的处理方式，定量分析法可分为以下两种类型：

1.趋势预测分析法

趋势预测分析法亦称时间序列分析法或外推分析法，它是将预测对象的历史数据按时间顺序排列，应用数学方法处理、计算，借以预测其未来发展趋势的分析方法。这种方法的实质是依据事物发展的"延续性原则"，采用数理统计的方法，预测事物的发展趋势。具体方法有算术平均法、移动加权平均法、指数平滑法、回归分析法、二次曲线法等。

2.因果预测分析法

因果预测分析法是根据预测对象与其他相关指标之间的相互依存、相互制约的规律性联系，建立相应的因果数学模型进行预测分析的方法。这种方法的实质是依据事物发展的"相关性原则"，推测事物发展的趋势。具体方法有本量利分析法、投入产出法、回归分析法等。

（二）定性分析法

定性分析法亦称经验判断法，是主要依靠预测人员的经验、知识、判断和分析能力，推断事物的性质和发展趋势的方法。这种方法在数量方面不易精确，一般在统计资料不充分、影响因素错综复杂、社会因素较多的情况下采用。按具体做法，定性分析法可分为会议调查法和函询调查法两种方式。

会议调查法，主要有两个步骤：首先，邀请熟悉该行业经济业务和市场情况的专家或有关人员，根据其经验和知识进行分析判断，提出预测初步意见；其次，通过召开调查会或座谈会的方式，对上述初步意见进行修正和补充，作为预测结论的依据。

函询调查法又称"德尔斐法"，它起源于20世纪40年代末美国著名的"兰德公司"，后为西方国家广泛采用。它主要采用通信方式，具体可分为三个步骤：首先，制作预测问题调查表，寄发给各位专家，分别征求他们的意见；其次，把各专家的判断，以匿名方式汇集于一张表上，请各位专家分别在别人意见的基础上修正自己的第一次判断，如此反复3~5次；最后，采用加权平均法或中位数法，综合归纳各专家的意见，做出最终判断。

定量分析与定性分析两种方法各有其特点，往往需要互相检验和补充。一般应遵循定性分析为指导，定量分析做验证的原则，两者结合运用。定性分析法主要用于预测未来的变动方向，即所谓"质"的预测。预测结果反映专家和群众的心理因素，带有主观随意性，但迅速灵活，可综合大量情况。对于某些不易或不能数量化的因素，则只能采用这种方法。定量分析法可以得到确定的预测值，但由于经济现象非常复杂，建立数学模型时不得不舍掉那些"不重要"的因素。应当看到，这些"不重要"的因素并不是一成不变的，今天不重要，明天或许就变得重要了。因此，建立数学模型需要十分小心，既不能使模型过于复杂，也不能遗漏影响事物变动的重要因素。在某些影响经济变动的因素很难或根本不能数量化的情况下，数学模型也就无能为力了。

四、预测分析的基本内容

预测分析是决策分析的基础和依据，是计划工作的最重要的基本假设和前提。因此，预测的范围十分广泛，不同的部门、不同的目的，有不同的预测内容。就管理会计而言，预测分析的基本内容主要包括以下几个方面：

1.销售预测分析

销售是企业的重要经营活动，关系企业目标利润的实现和市场需求的满足。在市场经济条件下，销售预测分析具有极为重要的意义，主要包括市场需求和企业销售量或销售额的预测分析。

2.成本预测分析

产品成本是反映企业经营管理水平的综合性指标，降低成本是提高经济效益的重要途径。因此，成本预测分析作为成本管理的重要内容，是补偿生产消耗、制定价格的重要依据，是决策、计划和核算经济效果的基础，主要包括目标成本、成本降低目标及保证程度等预测分析。

3.资金需要量预测分析

企业的目标是实现财产增值和企业价值最大化。为实现这一目标，企业要进行资本运营。资金需要量预测分析是资本运营，即资金筹集、分配、使用与控制的基础和前提，主要包括固定资产和流动资产需要总量及追加资金需要量的预测。

五、预测分析的一般程序

预测分析的一般程序，大体可分为以下七个步骤：

1.确定预测目标

首先要弄清楚预测什么，是预测保本点，还是预测利润？是预测销售量，还是预测成本？其次根据预测的具体对象和内容，确定预测范围、时间及数量单位。

2.制订预测计划

根据预测目标，具体形成预测计划，作为进行预测分析的保证。计划内容应包括：由谁来领导和组织？采用什么预测方法？什么时间完成？以及预测的各项准备工作等。

3.收集、分析信息

有组织地、系统地收集相关的信息及原始资料和数据，进行加工、整理、归纳、鉴别，做到去粗取精、去伪存真。信息资料是前提，真实准确是关键。资料有纵横之分、内外之别，要注意各项指标的计算口径、计算方法、计量单位、计价标准是否一致和可比。对于历史资料，要注意其完整性和连续性。

4.选择预测方法

正确选择预测方法是保证预测精度的另一关键，要根据预测目标和预测计划选择具体的预测方法。对于定量预测，要建立数学模型；对于定性预测，则要建立设想的逻辑思维模型，并拟定预测的调查提纲。

5.实际进行预测

应用选定的预测方法和建立的模型，分别进行定量分析和定性分析，提出实事求是的预测结果。

6.分析预测误差、修正预测结果

经过一段时间，对上一阶段的预测结果进行验证和分析评价，即以实际数与预测数进行比较，计算误差，分析原因，以便及时修正预测方法，完善预测模型。由于数据不充分或不确定因素引起的定量预测误差，可以用定性分析方法考虑这些因素，并修正定量预测结果。对于定性预测结果，应用定量分析方法加以验证、修改和补充，使预测更接近实际。

7.输出预测结果

根据上一阶段的修正、补充，形成文字报告，把最后的预测结论传输给有关管理者。以上预测分析程序，如图4-1所示。

预测分析的程序是必要的，但不是简单机械的排列，而要根据实际情况有简有繁，但不可忽视各个阶段。在整个预测分析过程中，要做到及时沟通信息和进行信息反馈。

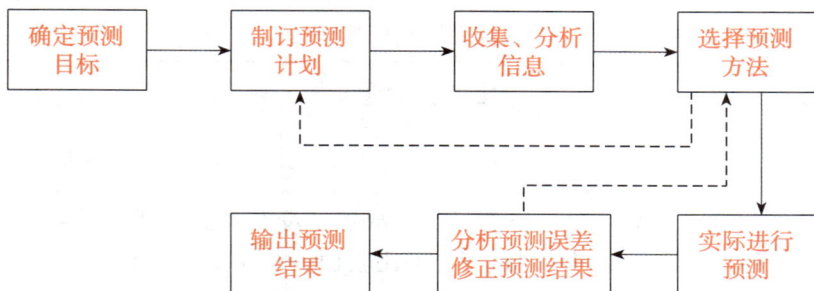

```
┌──────┐   ┌──────┐   ┌──────┐   ┌──────┐
│确定预测│──▶│制订预测│──▶│收集、分析│──▶│选择预测│
│  目标  │   │  计划  │   │  信息  │   │  方法  │
└──────┘   └──────┘   └──────┘   └──────┘

┌──────┐   ┌──────────┐   ┌──────┐
│输出预测│◀──│分析预测误差│◀──│实际进行│
│  结果  │   │修正预测结果│   │  预测  │
└──────┘   └──────────┘   └──────┘
```

图4-1　预测分析的一般程序

第二节　销售预测的基本方法

销售预测的方法有很多，一般常用的有趋势预测分析法、因果预测分析法、判断分析法和调查分析法四类。前两类属于定量分析，后两类属于定性分析。本节只就上述四类方法所包括的几种基本方法扼要加以介绍。

这里还应指出，不论采用什么方法进行销售预测、建立数学模型，必须依据准确、充分的统计资料和数据，只有所建立的数学模型正确反映或符合经济现象或事物的客观规律，才是有意义的。因此，在模型的应用过程中，要不断进行检查、验证，根据偏差及客观影响因素的变化情况，对模型加以修正，提高其准确性。同时，要注意定量分析与定性分析相结合，不可机械套用公式。

一、趋势预测分析法

趋势预测分析法亦称时间序列分析法或历史引申法，是应用事物发展的延续性原则来预测事物发展的趋势。这种方法是将历史数据按时间的顺序排列，构成一个与时间成函数关系的动态统计序列，根据这个统计序列的统计规律予以外推，作为未来的预测值。这种方法的优点是简便易行，缺点是对市场的供需情况的变动缺乏考虑。

趋势预测分析法根据所采用的具体数学方法的不同，又可分为算术平均法、移动加权平均法、指数平滑法、回归分析法、二次曲线法和季节指数法等。本书只重点介绍前三种方法。

（一）算术平均法

算术平均法是以过去若干期的销售量或销售额的算术平均数作为计划期的销售预测值。其计算公式为：

$$计划期销售预测值 = \frac{各期销售量（或销售额）之和}{期数}$$

即：$X = \dfrac{\sum X_i}{n}$

【例4-1】某公司2017年上半年销售A类产品的六个月的销售额资料，见表4-1。要求：预测2017年7月份A类产品的销售额。

由算术平均法计算公式，得：

$X = \dfrac{\sum X_i}{n} = \dfrac{14.8 + 14.6 + 15.2 + 14.4 + 15.6 + 15.4}{6} = 15$（万元）

表4-1　　　　　　　　　　　A类产品销售资料表

月份	1	2	3	4	5	6
销售额（万元）	14.8	14.6	15.2	14.4	15.6	15.4

这种方法的优点是计算简单、方便易行，缺点是没有考虑近期（即4、5、6三个月）的变动趋势。这种方法适用于销售量或销售额比较稳定的商品，对于某些没有季节性的商品，如食品、文具、日常用品等，是一种十分有效的预测方法。

（二）移动加权平均法

移动加权平均法是对过去若干期的销售量或销售额，按其距离预测期的远近分别进行加权（近期所加权数大些，远期所加权数小些），然后计算其加权平均数，并以此作为计划期的销售预测值。

应该注意的是，所谓"移动"，是指所取的观测值（历史数据）随时间的推移而顺延。另外，由于接近预测期的实际销售情况对预测值的影响较大，故所加权数应大些；反之，则应小些。若取三个观测值，其权数可取0.2、0.3、0.5。若取五个观测值，其权数可取0.03、0.07、0.15、0.25、0.5。移动加权平均法的计算公式为：

计划期销售预测值=各期销售量（额）分别乘以其权数之和

即：$\bar{X} = \sum X_i W_i$

其中：$\sum W_i = 1$

为了能反映近期的销售发展趋势，还可在上述基础上，再加上平均每月的变动趋势值b，以此作为计划期的销售预测值。因此，上述公式可修正为：

$\bar{X} = \sum X_i W_i + b$

$b = \dfrac{\text{本季度平均每月实际销售量(额)} - \text{上季度平均每月实际销售量(额)}}{3}$

【例4-2】依【例4-1】资料，要求根据4、5、6三个月的观测值，按移动加权平均法预测2017年7月份的销售额。

（1）计算平均每月销售变动趋势值：

一季度月平均实际销售额 $= \dfrac{14.8 + 14.6 + 15.2}{3} = 14.867$（万元）

二季度月平均实际销售额 $= \dfrac{14.4 + 15.6 + 15.4}{3} = 15.133$（万元）

$b = \dfrac{15.133 - 14.867}{3} = 0.089$（万元）

（2）取权数 $W_1 = 0.2$，$W_2 = 0.3$，$W_3 = 0.5$，得：

$$\overline{X} = （14.4×0.2+15.6×0.3+15.4×0.5）+0.089$$

$$=15.349（万元）$$

（三）指数平滑法

指数平滑法是利用平滑系数（加权因子），对过去不同期间的实际销售量或销售额进行加权计算，作为计划期的销售预测值。

令 D 表示实际值，F 表示预测值，下标 t 表示第 t 期，a 表示平滑系数（$0 \leqslant a \leqslant 1$），可得计算公式为：

$$F_t=a·D_{t-1}+（1-a）F_{t-1}$$

【例 4-3】依【例 4-1】资料，该公司 6 月份 A 类商品实际销售额 15.4 万元，原来预测 6 月份的销售额为 14.8 万元，平滑系数为 0.7。要求：按指数平滑法预测 2017 年 7 月份该类商品的销售额。

2017 年 7 月份的预测值，由其计算公式得：

$$F_7=a·D_6+（1-a）F_6$$

$$=0.7×15.4+（1-0.7）×14.8=15.22（万元）$$

采用指数平滑法进行预测时，平滑系数值通常由预测者根据过去销售实际数与预测值之间差异的大小来确定，故确定平滑系数带有一定的主观因素。平滑系数越大，则近期实际数对预测结果的影响越大；反之，平滑系数越小，则近期实际数对预测结果的影响越小。因此，为使预测值能反映观测值的长期变动趋势，可选用较小的平滑系数；若为使预测值能反映观测值的近期变动趋势，则应选用较大的平滑系数。这个方法的优点是，采用一个平滑系数，在确定其数值时，可以结合考虑某些可能出现的偶然因素的影响，从而使预测值更符合实际。在实际工作中，平滑系数也可以通过用若干不同数值计算预测值，以预测值与实际值差异最小的作为最佳数值。

二、因果预测分析法

因果预测分析法又称相关预测分析法，是利用事物发展的因果关系来推测事物发展趋势的方法。它是根据已掌握的历史资料，找出预测对象的变量与其相关事物的变量之间的依存关系，建立相应的因果预测的数学模型，据以预测计划期的销售量或销售额。

产品的销售一般总会与社会经济的某些因素相关，甚至有些因素对产品销售起决定性作用。例如，推土机销售量主要取决于基本建设的土方工作量；家具销售量则要考虑新结婚的人数、可自由支配的个人收入、可供分配的房屋数等相关因素的影响。利用这些变量间的函数关系，选择最恰当的相关因素建立起预测销售量或销售额的数学模型，往往会比采用趋势预测分析法获得更为理想的预测结果。需要注意的是，影响销售的因素应尽量选择官方公布的统计数字和预测数字的经济指标，有时也需要一些其他的经济因素。常用的经济指标有国民生产总值、个人可支配收入、人口、相关工业的销售量、价格及需求弹性等。

因果预测所采用的具体方法较多，最常用而且比较简单的是最小平方法，亦即回归分析法。这种方法的优点是，简便易行，成本低廉。若预测对象的相关因素有两个或两个以上，需采用多元线性回归法，本书不作介绍。这里只介绍一元线性回归法，适用于只有一个相关因素的情况。例如，某些工业品的销售在很大程度上取决于相关工业的销售，如玻璃与建筑、轮胎与汽车、纺织面料与服装等，而且都是前者的销售量取决于后者的销售量。在这种情况下，可利用后者现成的销售预测信息，采用最小平方法推算出前者的销售预测值。其具体做法是，以 x 表示预测对象的相关因素变量，以 y 表示预测对象的销售量或销售额，建立模型如下：

y=a+bx

通过最小平方法求得：

$$a=\frac{\sum y-b\sum x}{n}$$

$$b=\frac{n\sum xy-\sum x\sum y}{n\sum x^2-(\sum x)^2}$$

应用最小平方法，一般还应进行相关程度测定，即通过计算相关系数来检验预测变量与相关因素变量间的相关性，以判断预测结果的可靠性。相关系数 R 的计算公式如下：

$$R=\frac{n\sum xy-\sum x\sum y}{\sqrt{\left[n\sum x^2-(\sum x)^2\right]\cdot\left[n\sum y^2-(\sum y)^2\right]}}$$

相关系数 R 的取值范围为：$-1\leq R\leq 1$。$|R|$ 越接近 1，相关关系越密切。一般可按如下标准加以判断：

$0.7\leq|R|\leq 1$，为较高程度相关；

$0.3\leq|R|<0.7$，为中等程度相关；

$0<|R|<0.3$，为较低程度相关。

【例 4-4】某汽车轮胎厂专门生产汽车轮胎，而决定汽车轮胎销售量的主要因素是汽车销售量。假如汽车工业联合会最近 5 年的实际销售量统计及该企业 5 年的实际销售量资料，见表 4-2。

表 4-2　　　　　　　　**汽车、轮胎销售量统计资料表**

年度	2012	2013	2014	2015	2016
汽车销售量（万辆）	10	12	15	18	20
轮胎销售量（万只）	64	78	80	106	120

假定计划期 2017 年汽车销售量根据汽车工业联合会的预测为 25 万辆，该轮胎生产企业的市场占有率为 35%。要求：采取最小平方法预测 2017 年轮胎的销售量。

（1）编制计算表，见表 4-3。

表 4-3　　　　　　　　**回归预测计算表**

年度	汽车销售量（x）（万辆）	轮胎销售量（y）（万只）	xy	x^2	y^2
2012	10	64	640	100	4 096
2013	12	78	936	144	6 084
2014	15	80	1 200	225	6 400
2015	18	106	1 908	324	11 236
2016	20	120	2 400	400	14 400
n=5	$\sum x=75$	$\sum y=448$	$\sum xy=7 084$	$\sum x^2=1 193$	$\sum y^2=42 216$

（2）计算a、b，并计算预测值。

$$b=\frac{n\sum xy-\sum x\sum y}{n\sum x^2-(\sum x)^2}$$

$$=\frac{5\times7\,084-75\times448}{5\times1\,193-75^2}=5.35$$

$$a=\frac{\sum y-b\sum x}{n}$$

$$=\frac{448-5.35\times75}{5}=9.35$$

2017年轮胎预计市场销售量（y）=a+bx

$$=9.35+5.35\times25=143.1（万只）$$

2017年该企业轮胎预计市场销售量=143.1×35%=50.085（万只）

（3）相关性检验。

$$R=\frac{n\sum xy-\sum x\sum y}{\sqrt{[n\sum x^2-(\sum x)^2]\cdot[n\sum y^2-(\sum y)^2]}}$$

$$=\frac{5\times7\,084-75\times448}{\sqrt{(5\times1\,193-75^2)\times(5\times42\,216-448^2)}}=0.969$$

相关系数R=0.969>0.7，即轮胎销售量与汽车销售量之间具有较高程度的相关性。

三、判断分析法

判断分析法就是聘请具有丰富实践经验的经济专家、教授、推销商或本企业的经理人员、推销人员等，对计划期商品的销售情况进行分析研究，并做出推测和判断的方法。该方法一般适用于不具备完整可靠的历史资料、无法进行定量分析的情况，如对新产品的销售预测。判断分析法按具体进行的方式，可以分为专家判断法、推销人员意见综合判断法、经理人员意见综合判断法三种。

（一）专家判断法

专家判断法是聘请见识广博、学有专长的经济专家，根据他们的实践经验、知识和判断能力做出销售预测。这里的"专家"一般包括本企业或同行企业的高级领导人，商业部门、经销商、咨询机构、预测机构及其他方面的专家。吸收专家意见的方式多种多样，主要有以下三种：

（1）个人意见综合判断法。先向各位专家征求意见，要求他们对本企业产品销售的当前状况和未来趋势做出个人判断，然后把各种不同意见加以综合归纳，形成一个销售预测。

（2）专家会议综合判断法。将各位专家分成若干小组，分别召开各种形式的会议或座谈会，共同商讨，最后综合各种意见，形成一个销售预测。

（3）德尔斐法。采用函询调查方式，并经多次匿名反馈，最后综合各专家意见，做出预测。

【例4-5】某工具公司准备推出一种新型切削刀具，现聘请工具专家、销售部经理、外地经销商等9人采用德尔斐法预测计划期该种新型刀具的销售量。该公司首先将刀具的样品、特点和用途分别向专家作了详细介绍，并提供同类刀具的有关价格和销售情况等信息。然后发出征求意见函，请9位专家分别提出个人的判断。经过三次反馈，预测结果见

表4-4。要求：根据表4-4第三次判断的资料，分别采用算术平均法、加权平均法（最高0.3，最可能0.5，最低0.2）和中位数法，做出销售预测。

表4-4   **专家意见汇总表**   单位：件

专家编号	第一次判断销售量			第二次判断销售量			第三次判断销售量		
	最高	最可能	最低	最高	最可能	最低	最高	最可能	最低
1	1 800	1 500	1 000	1 800	1 500	1 200	1 800	1 500	1 100
2	1 200	900	400	1 300	1 000	600	1 300	1 000	800
3	1 600	1 200	800	1 600	1 400	1 000	1 600	1 400	1 000
4	3 000	1 800	1 500	3 000	1 500	1 200	2 500	1 200	1 000
5	700	400	200	1 000	800	400	1 200	1 000	600
6	1 500	1 000	800	1 500	1 000	600	1 500	1 000	600
7	800	600	500	1 000	800	500	1 200	1 000	800
8	1 000	600	500	1 200	800	700	1 200	800	700
9	1 900	1 000	800	2 000	1 100	1 000	1 200	800	600
平均值	1 500	1 000	700	1 600	1 100	800	15 00	1 100	800

（1）算术平均法，按第三次判断的平均值计算：

$$预计销售量 \bar{X} = \frac{\sum x}{n} = \frac{1\,500 + 1\,100 + 800}{3} = 1\,133（件）$$

（2）加权平均法，按第三次判断的平均值加权平均计算：

$$预计销售量 \bar{X} = \sum xw = 1\,500 \times 0.3 + 1\,100 \times 0.5 + 800 \times 0.2 = 1\,160（件）$$

（3）中位数法，首先，根据第三次判断，按数值从高到低排列成中位数计算表，见表4-5。

表4-5   **中位数计算表**   单位：件

销售量	预测值从高到低顺序	中位数
最 高	2 500，1 800，1 600，1 500，1 300，1 200	第三项、第四项的平均数：1 550
最可能	1 500，1 400，1 200，1 000，800	第三项：1 200
最 低	1 100，1 000，800，700，600	第三项：800

其次，计算中位数及其加权平均值：

$$预计销售量 \bar{X} = 1\,550 \times 0.3 + 1\,200 \times 0.5 + 800 \times 0.2 = 1\,225（件）$$

（二）推销人员意见综合判断法

推销人员意见综合判断法是征求本企业推销人员和商业部门人员的意见，然后综合汇总做出销售预测。采用此法得出的预测数比较接近实际，因为公司推销人员比较熟悉顾客需求特点和市场供求状况。但应注意防止某些主观因素的影响，例如，推销人员由于工作受挫或为了获得较多的推销份额，故意降低或提高预测值。为了提高预测的准确性，应采取如下一些措施：

（1）把本企业过去的销售预测与实际销售的资料，分发给各推销人员，供他们参考。

（2）把公司领导对本企业的规划和预测资料，以及有关社会经济发展趋势的信息提供给所有推销人员作为导向。

（3）要求各地区的销售经理讨论他们的销售预测，并分析有关预测的异常因素。

在综合预测结果时，可采取算术平均法或加权平均法。

这种方法一般适用于直接推销给数量不多的顾客，同时这些顾客又能事先告知未来需求的产品，如机械产品行业。

（三）经理人员意见综合判断法

经理人员意见综合判断法是由企业经理人员、推销主管人员、各地区销售经理，根据实践经验和智慧，广泛交换意见，集思广益进行销售预测。这种方法的优点是快捷、实用，但缺点是主观因素较多，所做出的估计和判断易受人们乐观或悲观心理状态相互感染的影响。因此，应向预测人员提供近期政治、经济形势和市场情况的调查分析资料，并组织座谈讨论，最后将各种意见综合平衡，做出预测结论。

【例4-6】某烟厂对计划期A牌香烟的销售进行预测，决定由该厂销售部门经理与京、津、沪的经销商负责人一起成立专门的预测小组，进行判断分析。经理人员的初步判断资料，见表4-6。

表4-6　　　　　　　　　　　　经理人员预测资料表

预测人员	最高		最可能		最低	
	数量(千箱)	概率	数量(千箱)	概率	数量(千箱)	概率
销售部经理	86	0.3	80	0.5	75	0.2
经销商负责人(京)	88	0.2	82	0.6	78	0.2
经销商负责人(津)	79	0.3	75	0.4	70	0.3
经销商负责人(沪)	90	0.2	85	0.5	80	0.3

又假定根据该烟厂过去的经验，厂销售部经理与京、津、沪经销商负责人的预测准确性和重要程度是不同的，在综合意见时，分别给予相应的权重，依次为0.2、0.25、0.25、0.3。要求：对该厂A牌香烟在计划期的销售量做出综合判断。

（1）分别计算各预测人员的预测期望值。

销售部经理预测期望值=86×0.3+80×0.5+75×0.2=80.8（千箱）

经销商负责人（京）预测期望值=88×0.2+82×0.6+78×0.2=82.4（千箱）

经销商负责人（津）预测期望值=79×0.3+75×0.4+70×0.3=74.7（千箱）

经销商负责人（沪）预测期望值=90×0.2+85×0.5+80×0.3=84.5（千箱）

（2）按不同权重，对各预测人员的预测期望值进行综合。

计划期的预计销售量=80.8×0.2+82.4×0.25+74.7×0.25+84.5×0.3=80.785（千箱）

四、调查分析法

调查分析法就是通过调查某种商品的市场供求状况、消费者购买意向以及本企业该商品的市场占有率等情况，来预测其销售量或销售额的方法。

调查分析法一般可从以下四个方面进行：

（一）调查商品所处的寿命周期阶段

任何工业品在市场上都有其产生、发展与衰亡的过程，经济界把这个过程称为产品的寿命周期。它一般可分为介绍（或投入）期、成长期、成熟期和衰退期四个阶段，不同阶段的销售量或销售额是不相同的。

（二）调查消费者的情况

摸清消费者的经济情况，如选择供应者的标准、消费爱好、风俗、习惯、购买方式和购买力的变化情况，以及对本企业产品与商标的信任程度等因素对本企业产品销售所产生的影响。

（三）调查市场竞争情况

了解同行企业，特别是主要竞争对手的同类产品在花色品种、质量、价格、服务、经营、技术等方面的特点及所采取的改进措施对销售的影响，还要了解竞争对手的市场占有率，掌握本企业产品在市场上的竞争地位。

$$市场占有率=\frac{本企业产品在市场上的销售量}{同类产品在市场上的总销售量}\times100\%$$

（四）调查国内外和本地区经济发展的趋势

了解国内外和本地区的经济发展水平、发展趋势对产品销售可能产生的影响。

将上述几个方面的调查资料进行综合、整理、加工、计算，就可以对产品的销售做出预测。

企业也可以利用社会上的专门机构（如统计部门或同业协会的调研机构等）的调查资料，这些资料一般只提供产品的整个行业市场需求潜量。将需求潜量乘以本企业市场占有率，即为本企业的销售潜量。

【例4-7】某市有居民100万户，通过市场调查，把四种耐用消费品所处的市场阶段与已拥有户数的资料列表，见表4-7和表4-8。

表4-7　　　　　　　　　耐用消费品的市场阶段划分

寿命周期	投入期	成长期		成熟期	衰退期
		前期	后期		
年　数	1~5年	1~5年	1~5年	1~5年	1~5年
商品普及率	0.1%~5%	6%~50%	51%~80%	81%~90%	逐步减小

表4-8　　　　　　　某市四种耐用消费品所处市场阶段情况

商品名称	空调机	摩托车	彩　电	洗衣机
所处寿命周期阶段	投入期（2年）	成长前期（3年）	成长后期（3年）	成长后期（3年）
已拥有户数(万户)	2.1	16.5	32	36

又根据市场调查，该市摩托车厂在本市的市场占有率为44%，对外地的供应约为3万辆。要求：做出该市对四种耐用消费品平均每年需求量的预测；做出该市摩托车厂在计划期的摩托车销售预测。

（1）列表计算该市四种耐用消费品的平均年需求量，见表4-9。

表4-9 **某市四种耐用消费品平均年需求量预测计算表**

商品名称	所处市场阶段	已拥有户数比重（%）	各阶段的购买潜量 （以每户1台或1辆计）	该市平均年需求量
空调机	投入期 （2年）	2.1	100×（5%-2.1%）=2.9（万台）	$\frac{2.9}{2}$=1.45（万台）
摩托车	成长前期 （3年）	16.5	100×（50%-16.5%）=33.5（万辆）	$\frac{33.5}{3}$=11.17（万辆）
彩 电	成长后期 （3年）	32	100×（80%-32%）=48（万台）	$\frac{48}{3}$=16（万台）
洗衣机	成长后期 （3年）	36	100×（80%-36%）=44（万台）	$\frac{44}{3}$=14.67（万台）

（2）计算该市摩托车厂计划期的摩托车预计销售量：

该市摩托车厂计划期摩托车预计销售量=该市平均年需求量×本企业市场占有率+本企业对外地区供应量

$$=11.17×44\%+3=7.91（万辆）$$

由于统计方法提供的数据存在一定程度的误差，计算结果只能作预测分析的主要依据，所以还应考虑各种非数量因素的变化对销售量或销售额的影响，才能得出接近客观实际的预测结论。

第三节 成本预测分析

一、成本预测的步骤

成本预测涉及的范围较广，往往要包括生产技术、生产组织和经营管理的各个方面。因此，成本预测和销售预测一样，必须以过去的和现在的本企业和国内外其他企业同类产品的有关数据为基础，采用各种专门方法，并且考虑当前技术发展情况对本企业的生产、供应、销售、运输等方面可能产生的影响，通过比较、计算、分析和判断，最后做出成本预测。

成本预测通常可按以下四个步骤进行：

（一）提出目标成本草案

目标成本是指在一定时期内，产品成本应达到的标准。它的形式可以是"标准成本""计划成本""定额成本"，但不论怎样，都是要经过全体职工的积极努力才能实现的成本。目标成本肯定要比当前的实际成本低。目标成本要与目标利润的水平保持一致，既不能轻而易举地达到，也不能高不可攀，而是要先进、合理且切实可行，经过努力才能实现。唯有如此，才能激励人们承担更多的责任，发挥积极性和创造性，不断提高成本管理的水平。

究竟应该怎样提出目标成本草案？通常有以下两种做法：

（1）在西方国家，一般是采用"倒剥皮"的方法。就是在确定目标利润的基础上，通过市场调查，根据该项产品在国内或国际市场上的经济信息，先确定一个适当的销售单价，然后减去按目标利润计算的单位产品利润和应缴纳的税金，作为该产品进行生产的目标成本。这种做法有利于使目标成本与目标利润的水平保持一致，并符合市场竞争的需要。由于国内、国际市场竞争激烈，产品的销售单价基本上趋于平均，既不可能太高，因为过高就会在市场上丧失竞争能力，当然也不能过低，以至于损失应得利润。

（2）在我国，一般是以产品的某一先进的成本水平作为目标成本。例如，以本企业历史上最好的成本水平，或国内外同行业同类产品的先进成本水平，或本企业基期的实际平均成本扣减行业或主管单位下达的成本降低率所算出的数据，作为目标成本。这种做法的缺点是，目标成本没有与目标利润挂钩，两者的水平不能协调一致。因此，在实际工作中应尽量采用第一种做法。

（二）预测成本

采用各种专门方法，建立相应的数学模型，来预测本企业在当前情况下产品成本可能达到的水平，并计算出预测成本与目标成本的差距。预测成本最常用的方法有高低点法、加权平均法与回归分析法三种。

（三）拟订降低成本的各种可行性方案

动员企业内部各个部门，针对存在的问题，群策群力，挖掘潜力，拟订出降低成本水平的各种可行性方案，并力求缩小预测成本与目标成本的差距。

（四）制定正式的目标成本

对降低成本的各种可行性方案进行技术、经济分析，从中优选出经济效益与社会效益最佳的方案，并据以制定正式的目标成本，为做出最优的成本决策提供依据。

二、成本预测的常用方法

预测成本一般都是根据本企业产品成本的历史资料数据，按照成本习性的原理，应用数理统计的方法来推测、估计成本的发展趋势。

如前所述，成本的发展趋势一般可用直线方程式来反映，即：

$$y=a+bx$$

只要我们求出固定成本（a）和单位变动成本（b），就可以根据这个方程来预测在任何"产量（x）"下的"产品总成本（y）"的数值。

必须注意，作为预测依据的历史资料，所选用的时期不宜过长，也不宜过短。因为当今世界经济形势发展太快，过长则失去可比性，过短则不能反映出成本变动的趋势，通常以最近的3~5年的历史资料为宜。另外，对于历史资料中某些金额较大的偶然性费用，例如，意外的停工损失、材料或产品的盘盈盘亏等，在引用时应予剔除。

应用y=a+bx模型，通过确定固定成本（a）与单位变动成本（b）进行总成本的预测，具体可采用高低点法、加权平均法和回归分析法。

（一）高低点法

高低点法是将成本费用的发展趋势用y=a+bx方程式来表示，选用一定时期历史资料中的最高业务量与最低业务量的总成本之差与两者业务量之差进行对比，先求出a、b的值，然后据以预测计划期成本。其计算公式如下：

$$b=\frac{y_{高}-y_{低}}{x_{高}-x_{低}}$$

$$a=y_{高}-bx_{高}$$

或 $a=y_{低}-bx_{低}$

其中：$x_{高}$、$x_{低}$分别代表高、低点业务量；$y_{高}$、$y_{低}$分别代表高、低点业务量的总成本。

【例4-8】某机床厂只产销A机床，最近5年的产量及成本数据见表4-10。

表4-10 **产品历年成本资料**

年 度	产量(x) (台)	单位变动成本(b) (元)	固定成本总额(a) (元)
1	20	600	4 000
2	75	300	5 200
3	60	450	5 400
4	45	550	4 800
5	100	400	6 000

若计划年度（第6年）产量为120台。要求：采用高低点法预测计划年度产品总成本和单位成本。

（1）确定产量最高与最低年度的产量与总成本，计算其差异，见表4-11。

表4-11 **高、低点产量、总成本差异计算表**

	高点（第5年）	低点（第1年）	差 异
产量（x）（台）	100	20	Δx=80
总成本（y）（元）	6 000+400×100=46 000	4 000+600×20=16 000	Δy=30 000

$$b=\frac{y_{高}-y_{低}}{x_{高}-x_{低}}=\frac{\Delta y}{\Delta x}=\frac{30\,000}{80}=375（元）$$

$$a=y_{高}-bx_{高}=46\,000-375×100=8\,500（元）$$

（2）计算计划期总成本与单位成本。

计划年度A机床总成本预测值（y）=a+bx

$$=8\,500+375×120=53\,500（元）$$

计划年度A机床单位成本预测值$=\frac{y}{x}=\frac{53\,500}{120}=445.83（元）$

（二）加权平均法

加权平均法是根据过去若干期的单位变动成本（b）和固定成本总额（a）的历史资料，按其时间远近给予不同权数，用加权平均数计算计划期的产品成本。其计算公式如下：

$$y=\sum a_iw_i+x\sum b_iw_i \quad（\sum w_i=1）$$

单位成本预测值$=\frac{y}{x}$

【例4-9】依【例4-8】资料，采用加权平均法预测计划年度（第6年）A机床120台的总成本和单位成本。令 W_i 依次为 0.03、0.07、0.15、0.25、0.5。

将已知资料代入计算公式，得：

$$\begin{array}{l}\text{计划年度A机床}\\\text{总成本预测值}\end{array}(y) = \sum a_i w_i + x \sum b_i w_i$$

$$= (4\,000 \times 0.03 + 5\,200 \times 0.07 + 5\,400 \times 0.15 + 4\,800 \times 0.25 + 6\,000 \times 0.5) + 120 \times (600 \times$$

$$0.03 + 300 \times 0.07 + 450 \times 0.15 + 550 \times 0.25 + 400 \times 0.5)$$

$$= 58\,774 \text{（元）}$$

计划年度A机床单位成本预测值 $= \dfrac{y}{x} = \dfrac{58\,774}{120} = 489.78$（元）

加权平均法适用于成本资料健全的企业。

（三）回归分析法

回归分析法是运用数学中最小平方法的原理预测成本，基本公式为：

设：$y = a + bx$

通过最小平方法，求得：

$$a = \frac{\sum y - b \sum x}{n}$$

$$b = \frac{n \sum xy - \sum x \sum y}{n \sum x^2 - (\sum x)^2}$$

当企业历史成本资料中，单位产品成本忽高忽低、变动幅度较大时，采用此方法较为适宜。

【例 4-10】依【例 4-8】资料，采用回归分析法预测计划年度（第 6 年）的产品总成本与单位成本。

（1）编制回归分析计算表，见表 4-12。

表 4-12　　　　　　　　　　回归分析计算表

年　度	产量（x）（台）	总成本（y）（元）	xy	x^2
1	20	$4\,000 + 600 \times 20 = 16\,000$	320 000	400
2	75	$5\,200 + 300 \times 75 = 27\,700$	2 077 500	5 625
3	60	$5\,400 + 450 \times 60 = 32\,400$	1 944 000	3 600
4	45	$4\,800 + 550 \times 45 = 29\,550$	1 329 750	2 025
5	100	$6\,000 + 400 \times 100 = 46\,000$	4 600 000	10 000
n=5	$\sum x = 300$	$\sum y = 151\,650$	$\sum xy = 10\,271\,250$	$\sum x^2 = 21\,650$

（2）计算 a、b 值，并预测成本。

$$b = \frac{n \sum xy - \sum x \sum y}{n \sum x^2 - (\sum x)^2}$$

$$= \frac{5 \times 10\,271\,250 - 300 \times 151\,650}{5 \times 21\,650 - 300^2} = 321.16 \text{（元）}$$

$$a = \frac{\sum y - b \sum x}{n}$$

$$= \frac{151\,650 - 321.16 \times 300}{5} = 11\,060.4 \text{（元）}$$

计划年度A机床
总成本预测值　（y）=a+bx

$$= 11\,060.4 + 321.16 \times 120 = 49\,599.6 \text{（元）}$$

计划年度A机床单位成本预测值 $= \frac{y}{x} = \frac{49\,599.6}{120} = 413.33$（元）

必须指出，上述成本预测的三种常用方法，虽然都是根据成本的历史资料进行数学推导，在一定程度上能反映出成本的变动趋势，但它们对于企业的外部条件，如市场的供需状况、国家的方针政策、运输条件，以及信贷利率等是否有变化，均未加考虑，这就必然会影响预测分析的准确性。为了使成本预测更加接近实际，在采用数学公式推导的同时，还必须与企业管理层的经验判断结合起来，缜密地进行分析研究，才能得出科学的预测结论。

此外，成本预测还应特别重视产品设计和研制这个环节。这个阶段的成本是否具有先进水平，将对产品投产以后的成本产生深远的影响。因此，在产品设计和研制时，必须考虑制造成本和使用成本的节约。

第四节　资金需要量预测分析

一、资金需要量预测的意义及依据

资金是企业生产经营中各种资产的货币表现。拥有必要数量的资金是企业进行生产经营活动的必要条件。通常按其在生产经营过程中的作用不同，将资金分为两类：一类是固定资金，即用于固定资产方面的资金；另一类是营运资金，即用于流动资产方面的资金。这里所提的资金需要量预测是指包括营运资金和固定资金在内的资金需要总量的预测。

资金需要量预测的目的，就是要有意识地把生产经营活动引导到以最少的资金占用取得最佳的经济效益的轨道上来。科学地进行资金预测，不仅能为企业生产经营活动的正常开展测定相应的资金需要量，而且能为经营决策、节约资金耗费、提高资金利用效果创造有利条件。

为了预测资金需要量，首先应弄清楚影响资金需要量的主要因素是什么。在一般情况下，影响资金需要量程度最大的就是计划期的预计销售量和销售额。这是因为，在一般情况下，企业在不同期间资金实际需要量的多少，同该期间经营业务量的大小基本上是相适应的。虽然企业的生产经营活动比较复杂，影响资金变动的因素不止一个，但从较短期间来考察，特别是就一个特定年度（或季度、月份）而言，导致资金发生变动的最直接、最重要的因素就是产品销售收入的变动。一般来说，在其他因素保持不变的情况下，当销售收入水平较高时，相应的资金需要量（尤其是营运资金占用量）也较多；反之，则较低。二者之间的关系是比较密切的。所以，良好的销售预测是资金需要量预测的主要依据。通过确定并利用销售收入和资金需要量之间相互关系的基本模式，可以推算出销售收入处在某一特定水平上的资金需要量。

二、资金需要量预测的常用方法

(一) 销售百分比法

销售百分比法就是根据资金各个项目与销售收入总额之间的依存关系，按照计划期销售额的增长情况来预测需要相应追加多少资金的方法，这在西方国家颇为盛行。

销售百分比法一般按以下三个步骤进行：

1.分析基期资产负债表各个项目与销售收入总额之间的依存关系

(1) 资产类项目。周转中的货币资金、正常的应收账款和存货等流动资产项目，一般都会因销售额的增长而正比例增加。而固定资产是否要增加，则需考虑基期的固定资产是否已被充分利用。如尚未充分利用，则可通过进一步挖掘其利用潜力，即可产销更多的产品；如基期对固定资产的利用已达饱和状态，则增加销售额就需要扩充固定资产。至于长期股权投资和无形资产等项目，一般不随销售额的增长而增加。

(2) 负债与权益类项目。应付账款、应付票据、应交税费和其他应付款等流动负债项目，通常会因销售额的增长而自动正比例增加。至于非流动负债和股东权益等项目，则不随销售额的增长而增加。

此外，计划期所提取的折旧准备（应减除计划期用于更新改造的金额）和留存收益两项目，通常可作为计划期内需要追加资金的内部资金来源。

2.将基期的资产负债表各项目用销售百分比的形式另行编表

3.按公式计算计划期预计需要追加的资金数额

假设基期销售收入总额为 S_0，计划期销售收入总额为 S_1，基期随销售额变动而变动的资产项目总额为 A，基期随销售额变动而变动的负债项目总额为 L，计划期提取的折旧减去用于固定资产更新改造后的余额为 D_1，基期的税后销售利润率为 R_0，计划期的股利发放率为 d_1，计划期的零星资金需要量为 M_1，则计划期预计需要追加的资金数额为：

$$\text{计划期预计需追加资金数额} = \left(\frac{A}{S_0} - \frac{L}{S_0}\right)(S_1 - S_0) - D_1 - S_1 R_0 (1 - d_1) + M_1$$

【例 4-11】某公司在基期（2016 年）的实际销售总额为 500 000 元，税后利润为 20 000 元，发放普通股股利 10 000 元。假定基期固定资产利用率已到饱和状态。该公司基期期末简略资产负债表见表 4-13。

表 4-13　　　　　　　　　　**某公司资产负债表（简表）**

2016 年 12 月 31 日　　　　　　　　　　　　　　　　单位：元

资　产		权　益	
1.货币资金	12 000	1.应付账款	52 000
2.应收账款	85 000	2.应交税费	25 000
3.存货	115 000	3.非流动负债	120 000
4.固定资产(厂房设备)	150 000	4.普通股股本	200 000
5.无形资产	48 000	5.留存收益	13 000
资产总计	410 000	权益总计	410 000

若该公司计划期（2017年）销售收入总额将增至750 000元，并仍按基期股利发放率支付股利；折旧准备提取数为20 000元，其中70%用于改造现有的厂房设备；计划期零星资金需要量为15 000元。要求：预测计划期需要追加的资金数额。

（1）根据基期期末资产负债表，分析研究各项资金与当年销售收入总额的依存关系，并编制基期用销售百分比形式反映的资产负债表，见表4-14。

表4-14　　　　　　**某公司资产负债表（用销售百分比反映）**

2016年12月31日

资　产（%）		权　益（%）	
1.货币资金	2.4	1.应付账款	10.4
2.应收账款	17	2.应交税费	5
3.存货	23	3.非流动负债	（不适用）
4.固定资产（厂房设备）	30	4.普通股股本	（不适用）
5.无形资产	（不适用）	5.留存收益	（不适用）
合　计	72.4	合　计	15.4

在表4-14中，$\dfrac{A}{S_0}-\dfrac{L}{S_0}=72.4\%-15.4\%=57\%$，即表示该公司每增加100元的销售收入，需要增加资金57元。

（2）将以上各有关数据代入公式，计算计划期需要追加的资金数额。

$$\begin{aligned}\text{计划期预计需}\atop\text{追加资金数额} &= \left(\frac{A}{S_0}-\frac{L}{S_0}\right)(S_1-S_0)-D_1-S_1R_0(1-d_1)+M_1 \\ &= (72.4\%-15.4\%)\times(750\,000-500\,000)-(20\,000-20\,000\times70\%)- \\ &\quad\ 750\,000\times\frac{20\,000}{500\,000}\times\left(1-\frac{10\,000}{20\,000}\right)+15\,000 \\ &= 136\,500\,（元）\end{aligned}$$

（二）回归分析法

回归分析法就是应用最小平方法的原理，对过去若干期间的销售额及资金总量（即资金占用总额）的历史资料进行分析，确定反映销售收入总额（x）与资金总量（y）之间相互关系的回归直线（y=a+bx），并据以预测计划期的资金需要量。具体计算方法与成本回归预测相同。

【例4-12】某公司近5年销售收入和资金占用总量的历史资料，见表4-15。

表4-15　　　　　　**某公司近5年销售收入与资金占用额**　　　　　　　单位：万元

年　度	1	2	3	4	5
销售收入	240	260	255	270	300
资金总额	153	162	159	165	175

该公司计划年度（第6年）的销售收入总额预测值为350万元，已有资金180万元。要求：预测计划年度需要追加的资金数额。

（1）按回归分析原理对历史数据进行加工、整理、制表计算，见表4-16。

表4-16   回归分析计算表

年　度	销售收入(x) （万元）	资金占用额(y) （万元）	xy	x^2
1	240	153	36 720	57 600
2	260	162	42 120	67 600
3	255	159	40 545	65 025
4	270	165	44 550	72 900
5	300	175	52 500	90 000
n=5	$\sum x = 1\,325$	$\sum y = 814$	$\sum xy = 216\,435$	$\sum x^2 = 353\,125$

（2）应用表4-16中的有关数据计算资金需要量。

$$b = \frac{n\sum xy - \sum x \sum y}{n\sum x^2 - (\sum x)^2}$$

$$= \frac{5 \times 216\,435 - 1\,325 \times 814}{5 \times 353\,125 - 1\,325^2} = 0.3625 \text{（万元）}$$

$$a = \frac{\sum y - b\sum x}{n}$$

$$= \frac{814 - 0.3625 \times 1\,325}{5} = 66.74 \text{（万元）}$$

计划期（第6年）预计资金需要量（y）=a+bx

$$= 66.74 + 0.3625 \times 350 = 193.62 \text{（万元）}$$

计划期（第6年）预计需追加资金数额=193.62-180=13.62（万元）

最后还应指出，多数企业在其生产经营期间都要求有一定的现金储备量，以确保现金收入一旦发生背离计划的差异时进行现金补充，使生产经营过程不因资金供应不足而受到影响。因此，上述计算在实际工作中，还应考虑现金储备量这一因素。

第五章

决策分析的相关指标

内容提要

决策按照时间长短，可分为短期经营决策和长期投资决策。在短期经营决策中，除了考虑前面介绍的变动成本与固定成本外，还必须考虑一系列特定的成本概念；在长期投资决策中，为了计算评价指标，必须首先了解与掌握现金流量、资金成本、货币时间价值等内容。本章将系统介绍特殊决策成本概念、现金流量和货币时间价值的计算，为决策分析方法奠定基础。

第一节　决策分析所涉及的特殊成本概念

一、相关成本

相关成本是指与特定决策方案相联系的、能对决策产生重大影响的、在短期经营决策中必须予以充分考虑的成本。这里所说的相关成本，是指与某个决策方案直接相关的成本，此方案采用，该成本就发生，否则该成本就不会发生。相关成本主要包括：增量成本、边际成本、机会成本、重置成本、付现成本、专属成本、可延缓成本等。

1.增量成本

增量成本是指由于业务量增加而增加的变动成本。在一定条件下，某一决策方案的增量成本就是该方案的相关变动成本。在短期经营决策中，增量成本是较为常见的相关成本。如在亏损产品是否停产或转产的决策、是否接受特殊价格追加订货的决策、半成品是否深加工的决策和联产品是否深加工的决策中，最基本的相关成本就是增量成本。

2.边际成本

经济学中的边际成本是指当业务量发生微小变动时所引起的成本变动额。

但在实际经济生活中，业务量的微小变动只能小到一个经济单位（如一件、一只等）。因此，在管理会计中，边际成本是指当业务量增加一个经济单位所引起的成本增加额。在相关范围内，边际成本实质上就是单位变动成本。边际成本是增量成本的一种特殊形式。

3.机会成本

机会成本原是经济学术语，它以经济资源的稀缺性和多种选择机会的存在为前提，是指在经济决策中应由中选的最优方案负担的，按所放弃的次优方案潜在收益计算的那部分机会损失。许多经济资源均可有多方面用途，但在一定时空条件下，资源总是相对有限的。选择某一方案必然意味着其他方案可能获利的机会被放弃或者丧失。因此，以次优方案的可能收益作为中选最佳方案的成本，可以全面评价决策方案收益与成本的关系；管理会计也将机会成本作为决策的相关成本来考虑。但由于机会成本并没有构成企业的实际成本支出，所以在财务会计核算时，对机会成本并不在任何会计账户中予以登记。

在短期经营决策中，机会成本是较为常见的相关成本。在进行亏损产品是否停产、转产决策和有关产品是否深加工的决策时，现已具备的相关生产能力转产所能获取的收益，就是不转产方案的机会成本。在是否接受特殊订货的决策中，对于接受追加订货的方案来说，因为加工能力不足而挪用正常订货所放弃的有关收入也属于机会成本。

4.重置成本

重置成本是指某项现有的资产在市场上出售的现时价值，也就是一项资产在市场上的重新评估价值。在短期经营决策中，对企业原有的资产，不应考虑其原始价值，而只应将其重置成本作为相关成本来予以考虑。

5.付现成本

付现成本又称现金支出成本或付现的营运成本，是指在决策方案开始实施时，立即用现金支付的成本或现金付款的营运成本。从一定意义上来说，一个决策方案的成本往往都要用现金来支付，但发生的时间有所不同，有的发生在决策方案实施前，如购买原有设备的支出；有的发生在决策方案实施后，如购买原材料采用分期付款方式时的后期付款。管理会计中所说的付现成本不包括前面所说的方案实施前和实施后用现金支付的成本，它只是指方案开始实施时马上用现金支付的成本。

6.专属成本

专属成本是指那些能够明确归属于特定决策方案的固定成本或混合成本。它往往是为了弥补生产能力不足的缺陷，增加有关设备而发生的。专属成本的确认与取得相关设备的方式有关。若采用购买方式，则购买设备的支出就是该方案的专属成本；若采用租入方式，则设备的租金就是该方案的专属成本。另外，在具体应用时，凡是属于某一方案新增加的固定成本都可确认为专属成本。如采购材料决策时，到外地采购材料的差旅费支出就可确认为该采购方案的专属成本。

7.可延缓成本

可延缓成本是指在短期经营决策中，对其暂缓开支不会对企业未来的生产经营产生重大不利影响的那部分成本。可延缓成本是决策中必须考虑的相关成本。

二、无关成本

无关成本是指不受决策结果影响，与决策关系不大，已经发生或不管方案是否采用都注定要发生的成本。在短期经营决策中，不能考虑无关成本，否则可能会导致决策失误。无关成本主要包括沉没成本、共同成本和不可延缓成本等。

1.沉没成本

沉没成本是指由于过去决策结果而引起并已经实际支付过款项的成本。企业大多数固定成本均属于沉没成本，但并不是说所有的固定成本都属于沉没成本，如与决策方案有关的新增固定资产的折旧费就不是沉没成本，而是与决策相关的成本。另外，某些变动成本也属于沉没成本，如在半成品是否深加工的决策中，半成品本身的成本（包括固定成本和变动成本）为沉没成本。

2.共同成本

共同成本是与专属成本相对立的成本，是指应当由多个方案共同负担的固定成本或混合成本。由于它的发生与特定方案的选择无关，属于比较典型的无关成本，因此，在决策中应不予考虑。

3.不可延缓成本

不可延缓成本是与可延缓成本相对立的成本，是指在短期经营决策中，若对其暂缓开支就会对企业未来的生产经营产生重大不利影响的那部分成本。由于不可延缓成本具有较强的刚性，注定要发生，所以必须保证对它的支付，没有什么选择的余地，属于决策无关成本。

第二节　现金流量的计算

一、现金流量的含义

现金流量是指投资项目在其计算期内因资本循环而发生的各项现金流入和现金流出的总称。现金流量的计算是以收付实现制为基础的。管理会计中所说的现金是指货币资金。

在长期投资决策中，现金流量是计算投资决策评价指标的主要根据之一，利用现金流量使应用货币时间价值进行动态投资效果的综合评价成为可能。

二、现金流量的内容

（一）确定现金流量的有关假定

1.全投资假定

按投资项目的范围确定现金流量的内容，将整个投资项目的自有资金和借入资金都视为投资额，作为现金流出量。

2.项目计算期假定

投资项目从开始建设到最后报废清理的全部时间称为项目计算期。项目计算期分为建设期和生产经营期两个阶段。项目计算期的第一年年初一般记为0年，称为建设起点；第一年年末记为1；第二年年末记为2；依此类推，最后一年年末称为终结点，并假定项目最终报废清理均发生在终结点。

3.时点假定

为便于进行货币时间价值的计算，不论时点指标还是时期指标，均假定为时点指标处理，即流出在期初，收回在期末。

4.现金流量符号假定

假定现金流入用正值表示，现金流出用负值表示。

（二）现金流量的具体内容

1.现金流入的内容

（1）营业收入，指在项目投产后的生产经营期内实现的销售收入或业务收入，但必须是实现的现金收入。从理论上来说，本期发生的赊销额不应计入本期的现金流入，而回收以前时期的赊销额则应计入本期的现金流入，但为了简化计算，可假定二者相等，不再单独计算。根据前面所讲的时点假定，生产经营期发生的营业收入均作为每期期末的时点数。

（2）回收的固定资产余值，指投资项目的固定资产在报废处理时所收回的价值。此项现金流入一般发生在项目计算期的最后一年年末，即发生在项目计算期的终结点。

（3）回收的流动资金，指生产经营期结束时回收的原垫付的流动资金。此项现金流入只能发生在项目计算期的终结点。

2.现金流出的内容

（1）建设投资，指在项目建设期内所发生的固定资产、无形资产和开办费等项目投资。固定资产投资加建设期贷款利息（资本化利息）为固定资产原值，但建设期的利息并没有支付，所以不作为现金流出。

（2）垫付的流动资金，指在项目投产前后分次或一次投放于流动资产项目的资金。垫付的流动资金可能发生在建设期内，也可能发生在生产经营期内，为简化分析，一般假定发生在建设期的期末（或者说发生在生产经营期的期初）。

（3）付现的营运成本，指在生产经营期内每年发生的用现金支付的成本。它是当年的总成本扣除该年折旧额、无形资产摊销额、开办费摊销额、经营期内每年利息费用等项目后的差额。每年的总成本中包含上述扣除的当年非现金流出的内容，这些内容虽然也是成本，但不需要动用现实货币资金支出，所以不属于付现的营运成本。在全投资假设下，经营期利息费用不作为现金流出量处理。

（4）支付的各项税款，指在生产经营期内企业实际支付的流转税、所得税等税款。

三、现金净流量的计算

（一）现金净流量的含义

在现金净流量是指在项目计算期内每年现金流入量与当年现金流出量差额的序列数。

在建设期内发生的主要是投资支出，现金净流量一般为负值。在生产经营期内，现金净流量一般为正值。

（二）现金净流量的计算公式

现金净流量的计算公式如下：

某年现金净流量＝该年现金流入量−该年现金流出量

在建设期内，由于没有现金流入，而只有现金流出，其简化公式如下：

建设期某年现金净流量＝−该年发生的投资额

在生产经营期内，计算每年的现金净流量，可按下面的公式计算：

生产经营期某年现金净流量＝该年税后利润＋该年折旧＋该年摊销额＋该年利息＋该年回收额

（三）现金净流量的计算举例

【例5—1】某企业进行一项固定资产投资，在建设起点一次投入800万元，建设期为1年，该投资从银行贷款，建设期按10%利息率计算的利息为80万元。该项目的生产经营期为8年，该固定资产报废时预计有残值32万元。生产经营期每年可获税后利润130万元。要求：计算该投资的项目计算期内各年的现金净流量。

采用简化的生产经营期现金净流量的计算公式来计算，必须要计算每年的折旧额，计算如下：

固定资产原值=800+80=880（万元）

固定资产年折旧额=$\frac{880-32}{8}$=106（万元）

项目计算期内各年现金净流量的计算见表5-1。

表5-1　　　　　　　　　　　　　**现金净流量计算表**　　　　　　　　单位：万元

项目 年份	投　资	税后利润	折　旧	回收残值	现金净流量
0	800				−800
1	0				0
2		130	106		236
3		130	106		236
4		130	106		236
5		130	106		236
6		130	106		236
7		130	106		236
8		130	106		236
9		130	106	32	268

【例5-2】某企业投资新建一个分厂，投资均为贷款，建设期为2年。第1年年初固定资产投资300万元，第2年年初固定资产投资200万元；第1年应计贷款利息30万元，第2年应计贷款利息53万元。第2年年末投入流动资金80万元，该项目的生产经营期为10年，预计期满报废时有残值43万元。生产经营期各年预计实现的税后利润见表5-2。要求：计算该投资的项目计算期内各年的现金净流量。

表5-2　　　　　　　　　　　　　**预计税后利润表**　　　　　　　　单位：万元

年　份	3	4	5	6	7	8	9	10	11	12
税后利润	20	25	40	40	50	50	35	30	20	20

固定资产原值=（300+200）+（30+53）=583（万元）

固定资产年折旧额=$\frac{583-43}{10}$=54（万元）

项目计算期内各年现金净流量的计算见表5-3。

表5-3 **现金净流量计算表** 单位：万元

项目 年份	投 资	税后利润	折 旧	回收残值	回收流动资金	现金净流量
0	300					−300
1	200					−200
2	80					−80
3		20	54			74
4		25	54			79
5		40	54			94
6		40	54			94
7		50	54			104
8		50	54			104
9		35	54			89
10		30	54			84
11		20	54			74
12		20	54	43	80	197

【例5-3】 某企业新建一条生产线，第1年年初利用贷款投资80万元，建设期为1年，建设期应计贷款利息8万元。该生产线使用期限为8年，期满有残值4万元。在生产经营期，该生产线每年可为企业增加营业收入30万元，每年增加付现营业成本13万元。该企业享受15%的优惠所得税税率。要求：计算该投资的项目计算期内各年的现金净流量。

固定资产原值＝80+8=88（万元）

固定资产年折旧额＝$\dfrac{88-4}{8}$=10.5（万元）

年利润＝30−（13+10.5）=6.5（万元）

年税后利润＝6.5×（1−15%）=5.525（万元）

项目计算期内各年现金净流量的计算见表5-4。

表5-4 **现金净流量计算表** 单位：万元

项目 年份	投 资	税后利润	折 旧	回收残值	现金净流量
0	80				−80
1	0				0
2		5.525	10.5		16.025
3		5.525	10.5		16.025
4		5.525	10.5		16.025
5		5.525	10.5		16.025
6		5.525	10.5		16.025
7		5.525	10.5		16.025
8		5.525	10.5		16.025
9		5.525	10.5	4	20.025

货币时间价值的计算

一、货币时间价值的含义

货币时间价值（又称资金时间价值）是长期投资决策必须考虑的重要因素。从经济学的观点来看，一笔货币如果作为储藏手段保存起来，在不存在通货膨胀因素的条件下，经过一段时间后，其价值不会有什么改变。但同样一笔货币若作为社会生产的资本或资金来运用，经过一段时间后，就会产生收益，使自身价值增加，这就是所谓的货币具有时间价值的现象。

按照马克思主义经济学观点理解，货币时间价值是作为资本（或资金）使用的货币在其被运用的过程中随时间推移而带来的那部分增值部分，其实质是剩余价值的转化形式。

对货币时间价值这一概念的理解，应掌握以下要点：第一，货币时间价值是货币增值部分，在不考虑风险和通货膨胀的情况下，可理解为利息。第二，货币的增值是在货币被当做投资资本的运用过程中实现的，不当做资本利用的货币不可能自行增值。第三，货币时间价值的多少与时间正相关。

例如，现在将 10 000 元存入银行，如果年利息率为 5%，1 年后将能取出 10 500 元，其中的 500 元是银行付给的利息，也就是所说的货币时间价值。

二、货币时间价值的计算制度

货币时间价值的计算有两种制度：一种是单利制；另一种是复利制。

（一）单利制

单利制是指每期计算利息时都以本金作为计算的基础，前期的利息不计入下期的本金。在单利制下，计算的各期利息额都是相等的。

设：本金为 P，利息率为 i，计息期数为 n，本金与利息的总和为 F_n。

则：1 个时期的利息为 $P \cdot i$，n 个时期的利息为 $P \cdot i \cdot n$，n 个时期的本利和为 $F_n = P(1+i \cdot n)$。

（二）复利制

复利制是指每期计算利息时都以前一时期的本利和作为计算的基础，前期的利息计入下期的本金。在复利制下，计算的各期利息额是递增的。

即：

第一期期末的利息：Pi

第二期期末的利息：$(P+Pi) \times i = P(1+i)i$

第一期期末的本利和：$F_1 = P(1+i)$

第二期期末的本利和：$F_2 = P(1+i)(1+i) = P(1+i)^2$

$\vdots$

第 n 期期末的本利和：$F_n = P(1+i)^n$

（三）单利制与复利制的比较

为了更深入地理解单利制和复利制在计算利息方面的差异，下面举例来进行比较。

假设第 1 年年初贷款 10 000 元，年利息率为 5%，单利制与复利制的比较见表 5-5。

表5-5 **单利制与复利制的比较** 单位：元

年份	单利制			复利制		
	年初本金	年末利息	年末本利和累计	年初本金	年末利息	年末本利和累计
1	10 000	500	10 500	10 000	500	10 500
2	10 000	500	11 000	10 500	525	11 025
3	10 000	500	11 500	11 025	551	11 576
4	10 000	500	12 000	11 576	579	12 155
5	10 000	500	12 500	12 155	608	12 763

从表5-5中可以看出，单利制下计算的每年利息均是相等的，而复利制下计算的每年利息则是递增的，原因是利息作为本金又计算了利息。单利制下每年计算利息均是以第1年年初的本金（10 000元）为基础，而复利制下每年计算利息则是以上年年末的本利和为基础。

一般来说，由于利息可以资本化，所以在进行占用资金数额较大、占用时间较长的长期投资决策分析时，应该采用复利制计算利息。在管理会计中，货币时间价值的计算均采用复利制。

三、复利终值与现值的计算

（一）复利终值的计算

终值是指本金在一定时期后的价值，即本金和利息的总和。复利终值是指按复利制计算的一定时期后的本利和。

按照复利制计算终值，则：

第一期：$F_1 = P(1+i)$

第二期：$F_2 = P(1+i)(1+i) = P(1+i)^2$

第三期：$F_3 = P(1+i)^2(1+i) = P(1+i)^3$

$\vdots$

第n期：$F_n = P(1+i)^n$

上述公式为复利终值计算公式，式中的 $(1+i)^n$ 称为复利终值系数，记作（F/P, i, n）。复利终值系数表见本书附表一。因此：

复利终值＝本金×复利终值系数

即：$F_n = P(F/P, i, n)$

在实际工作中，复利终值系数并不需要每次都重新计算，可以利用复利终值系数表，根据利息率和期数从表中直接查找使用。

【例5-4】某企业于2017年1月1日从银行获得贷款50万元，年利息率为9%，按年计算复利，该贷款满3年后一次还本付息。要求：计算3年后应偿还的本利和。

计算复利制下的本利和就是求复利终值。已知本金为50万元，年利息率为9%，贷款期限为3年。

已知：P=50，i=9%，n=3，求 F_3=？

$F_3 = 50 \times (1+9\%)^3$

查复利终值系数表，利息率为9%、期限为3年的复利终值系数（F/P，9%，3）为1.295。

$F_3 = 50 \times 1.295 = 64.75$（万元）

通过计算可知，3年后应偿还的本利和为64.75万元。

【例5-5】某企业从银行取得200万元的贷款额度，第1年年初取得贷款100万元，第2年年初取得贷款50万元，第3年年初取得贷款50万元。该贷款年利息率为8%，按年计算复利，第4年年末一次还本付息。要求：计算第4年年末应偿还的本利和。

本例是求3笔贷款的复利终值，第1年年初贷款100万元要计算4年的利息，第2年年初贷款50万元要计算3年的利息，第3年年初贷款50万元要计算2年的利息。

查复利终值系数表可知：

利息率8%的4期复利终值系数（F/P，8%，4）为1.360。

利息率8%的3期复利终值系数（F/P，8%，3）为1.260。

利息率8%的2期复利终值系数（F/P，8%，2）为1.166。

$F = 100 \times 1.36 + 50 \times 1.26 + 50 \times 1.166 = 136 + 63 + 58.3 = 257.3$（万元）

所以，第4年年末应偿还的本利和为257.3万元。

（二）复利现值的计算

现值是指未来某一时期一定数额的款项折合成现在的价值，即本金。复利现值是指根据复利折现率计算的现在价值，用P表示。

复利终值的计算是已知本金求本利和，而复利现值的计算则是已知本利和求本金。因此，复利现值与复利终值互为逆运算。

根据复利终值的计算公式，可推导出复利现值的计算公式如下：

$$P = \frac{F_n}{(1+i)^n} = F_n \frac{1}{(1+i)^n}$$

上式中的 $\frac{1}{(1+i)^n}$ 称为复利现值系数，记作（P/F，i，n）。复利现值系数表见本书附表二。因此：

复利现值＝终值×复利现值系数

或　　　　$= \dfrac{终值}{复利终值系数}$

即：$P = F$（P/F，i，n）

【例5-6】某企业准备在4年后投资280万元建一条生产线，现在拟存入银行一笔钱，4年后连本带利恰好能取出280万元，银行年利息率为5%，每年计一次复利。要求：计算现在需一次存入银行的本金。

此例就是求复利现值的问题。

已知：$F_n = 280$，$i = 5\%$，$n = 4$，求$P = ?$

$P = 280 \times \dfrac{1}{(1+5\%)^4}$

$= 280 \times$（P/F，5%，4）

查复利现值系数表，（P/F，5%，4）为0.823。

P＝280×0.823＝230.44（万元）

因此，现在应一次存入银行的本金为230.44万元。

【例5-7】某企业于第1年至第3年每年年初分别投资200万元、100万元和180万元，投资来自银行贷款，年利息率为8%，每年计一次复利。要求：按银行贷款利息率折现每年的投资额，计算折现为第1年年初时的总投资额。

此例是系列款项现值计算的问题。第1年年初投资的200万元不需要折现，第2年年初投资100万元的折现期为1年，第3年年初投资180万元的折现期为2年。

$$P=200+100\times\frac{1}{1+8\%}+180\times\frac{1}{(1+8\%)^2}$$

查复利现值系数表可知：

年利息率8%、1期的复利现值系数（P/F，8%，1）为0.926。

年利息率8%、2期的复利现值系数（P/F，8%，2）为0.857。

P＝200+100×0.926+180×0.857＝200+92.6+154.26＝446.86（万元）

因此，折现为第1年年初时的总投资额为446.86万元。

四、年金终值与现值的计算

年金是指在一定时期内每隔相同时间就发生相同数额的系列收付款项。作为年金，一般应同时具备下列三个条件：（1）等额性。各期发生的款项必须是相等的。（2）连续性。该款项的发生必须是系列的，也就是说，必须是两笔或两笔以上的收付款项。（3）发生时间的均匀性。各笔发生款项的间隔期相同。

年金包括普通年金、先付年金、递延年金和永续年金等多种形式，其中，普通年金应用最为广泛，其他几种年金的时间价值均可在普通年金的基础上推算出来。

（一）普通年金终值的计算

凡在每期期末发生的年金称为普通年金，一般用A表示。以后凡涉及年金问题，若不特殊说明，均指普通年金。

普通年金终值（F_A）是指普通年金的复利终值的总和。

普通年金终值的计算公式如下：

$$F_A=A\frac{(1+i)^n-1}{i}$$

上式中的$\frac{(1+i)^n-1}{i}$为年金终值系数，记作（F/A，i，n）。年金终值系数表见本书附表三。因此：普通年金终值的计算公式如下：

普通年金终值=年金×年金终值系数

即：$F_A=A（F/A，i，n）$

【例5-8】某企业进行对外投资，于2014年至2017年每年年末收到投资收益75万元，该企业收到投资收益立即存入银行，银行存款年利息率为6%，每年计一次复利。该存款本利和于2017年年末一次取出。要求：计算该投资收益2017年年末一次取出的本利和。

此例是求普通年金终值的问题。为深刻理解此问题，具体分析思路如图5-1所示。

图5-1　求普通年金终值

已知：A=75，i=6%，n=4，求 F_A=？

$$F_A=75\times\frac{(1+6\%)^4-1}{6\%}$$

查年金终值系数表，利息率6%、4期的年金终值系数（F/A，6%，4）为4.375。

$F_A=75\times4.375=328.125$（万元）

因此，该项投资收益存于银行后，可于2017年年末一次取出本利和328.125万元。

（二）年偿债基金的计算

年偿债基金的计算是已知年金终值求年金，它是年金终值的逆运算。

根据年金终值的计算公式，可推导出年偿债基金的计算公式如下：

$$A=\frac{F_A}{\dfrac{(1+i)^n-1}{i}}=\frac{F_A}{(F/A,i,n)}$$

上式用文字表述如下：

$$年偿债基金=\frac{年金终值}{年金终值系数}$$

【例5-9】某企业准备3年后进行一项投资，投资额150万元，打算今后3年每年年末等额存入银行一笔资金，恰好第3年年末一次取出本利和150万元。银行存款年利息率为4%，每年计一次复利。要求：计算今后3年每年年末应等额存入银行的资金。

此例是已知年金终值求年金，即求年偿债基金。为便于理解，具体分析思路如图5-2所示。

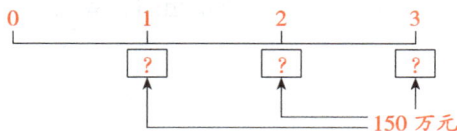

图5-2　求年偿债基金

已知：F_A=150，i=4%，n=3，求A=？

$$A=\frac{150}{\dfrac{(1+4\%)^3-1}{4\%}}$$

查年金终值系数表，利息率4%、3期的年金终值系数（F/A，4%，3）为3.122。

$$A=\frac{150}{3.122}\approx48.046（万元）$$

因此，今后3年每年年末应存入48.046万元，就能够保证在第3年年末一次取出150万元。

（三）普通年金现值的计算

普通年金现值（P_A）是指普通年金的复利现值的总和。

普通年金现值的计算公式如下：

$$P_A = A \frac{(1+i)^n - 1}{i(1+i)^n} = A \frac{1-(1+i)^{-n}}{i}$$

上式中的 $\frac{(1+i)^n-1}{i(1+i)^n}$ 为年金现值系数，记作（P/A，i，n）。该系数实质上是年金终值

系数 $\frac{(1+i)^n-1}{i}$ 与复利现值系数 $\frac{1}{(1+i)^n}$ 的乘积。年金现值系数表见本书附表四。因此：

普通年金现值=年金×年金现值系数

即：$P_A = A（P/A，i，n）$

【例5-10】某企业今后4年每年年末投资65万元，假定折现利息率为10%，每年计一次复利。要求：计算按第1年年初价值来看的投资额。

此例是求年金现值的问题。为便于理解，具体分析思路如图5-3所示。

图5-3　求普通年金现值

已知：A=65，i=10%，n=4，求 P_A=？

$$P_A = 65 \times \frac{(1+10\%)^4-1}{10\% \times (1+10\%)^4}$$

查年金现值系数表，利息率10%、4期的年金现值系数（P/A，10%，4）为3.17。

P_A=65×3.17=206.05（万元）

因此，按第1年年初价值来看的总投资额为206.05万元。

（四）年回收额的计算

年回收额的计算是已知年金现值求年金（即年回收额），它是年金现值的逆运算。

根据年金现值的计算公式，可推导出年回收额的计算公式如下：

$$A = \frac{P_A}{\dfrac{(1+i)^n-1}{i(1+i)^n}}$$

上式用文字表述如下：

年回收额 = $\dfrac{年金现值}{年金现值系数}$

【例5-11】某企业准备在第1年年初存入银行一笔资金，用于今后3年每年年末发放奖金，第1年年初一次存入150 000元，银行存款年利息率为5%，每年计一次复利。要求：计算今后3年每年年末平均能取出的数额。

此例是已知年金现值求年金，也就是求年回收额。为便于理解，具体分析思路如图5-4所示。

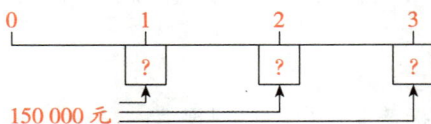

图5-4　求年回收额

已知：P_A=150 000，i=5%，n=3，求A=？

$$A = \frac{150\,000}{\dfrac{(1 + 5\%)^3 - 1}{5\% \times (1 + 5\%)^3}}$$

查年金现值系数表，利息率5%、3期的年金现值系数（P/A，5%，3）为2.723。

$$A = \frac{150\,000}{2.723} \approx 55\,086.3 \text{（元）}$$

因此，今后3年每年年末能取出55 086.3元。

（五）其他种类年金的计算

1.先付年金终值与现值的计算

先付年金是在每期期初发生等额收付的一种年金形式。先付年金终值的计算可在普通年金终值计算公式的基础上略作调整即可。因为先付年金发生在期初，与普通年金相比，在计算终值时要多计算一期利息，所以在查年金终值系数表时要查n+1期，查n+1期使年金多计一笔，因此要把查到的年金终值系数减1。举例来说，如果要计算5期的先付年金终值系数，实际上就查6期的年金终值系数然后减去1即可。

【例5-12】某企业从第1年至第4年每年年初存入银行60 000元，银行存款年利息率为5%，每年计一次复利。该存款于第4年年末一次从银行取出。要求：计算第4年年末一次取出的本利和。

此例是计算先付年金终值的问题。为便于理解，具体分析思路如图5-5所示。

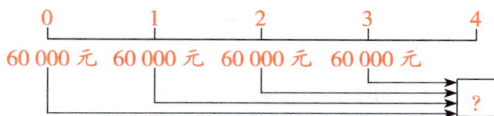

图5-5　求先付年金终值

查年金终值系数表，利息率5%、5期的年金终值系数（F/A，5%，5）为5.526。

$$F_A = 60\,000 \times (5.526 - 1) = 271\,560 \text{（元）}$$

因此，第4年年末一次取出的本利和为271 560元。

先付年金现值的计算可在普通年金现值计算公式的基础上略作调整即可。因为先付年金发生在期初，计算现值时与普通年金相比要少计算一期利息，所以在查年金现值系数表时要查n−1期，查n−1期使年金少计一笔，因此要把查到的年金现值系数加1。举例来说，如果要计算5期的先付年金现值系数，实际上就查4期的年金现值系数然后加上1即可。

【例5-13】某企业在今后4年每年年初投资50万元，假定折现率为10%，每年计一次复利。要求：计算按第1年年初价值来看的总投资额。

此例是计算先付年金现值的问题。为便于理解，具体分析思路如图5-6所示。

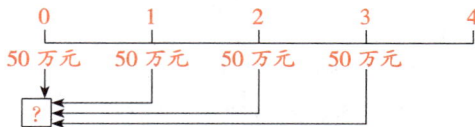

图5-6　求先付年金现值

查年金现值系数表，年利息率10%、3期的年金现值系数（P/A，10%，3）为2.487。

$$P_A = 50 \times (2.487 + 1) = 174.35 \text{（万元）}$$

因此，按第1年年初价值来看的总投资额为174.35万元。

2.递延年金现值的计算

递延年金是指从初期开始间隔一定时期后才连续发生的年金。递延年金现值系数的计算有两种方法。举例来说，第3年年末开始到第8年年末发生的年金，如果要计算第1年年初的年金现值，就是求递延年金现值。计算递延年金现值系数时，用8期普通年金现值系数减去2期普通年金现值系数即为递延年金现值系数；或者用6期（8-2）的普通年金现值系数乘以2期的复利现值系数求得。

【例5-14】某企业准备在第1年年初存入银行一笔资金，设立一笔奖励基金，预计要从第3年到第9年年末每年年末取出50 000元用于奖励，银行存款年利息率为5%，每年计一次复利。要求：计算第1年年初应一次存入银行的数额。

此例是计算递延年金现值的问题。有以下两种方法计算递延年金现值系数：

第一种方法：

因为总期数为9年，前面间隔期为2年，因此，其递延年金现值系数应是用9期普通年金现值系数减去2期普通年金现值系数。为便于理解，具体分析思路如图5-7所示。

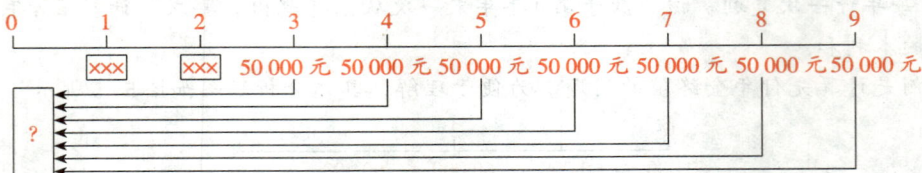

图5-7　计算递延年金现值的第一种方法

递延年金现值计算如下：

$P_A = 50\,000 \times [(P/A, 5\%, 9) - (P/A, 5\%, 2)]$

$= 50\,000 \times (7.10782 - 1.85941) = 50\,000 \times 5.24841 = 262\,420.5$（元）

因此，第1年年初应一次存入银行262 420.5元。

第二种方法：

用7期（9-2）的普通年金现值系数乘以2期的复利现值系数求得。为便于理解，具体分析思路如图5-8所示。

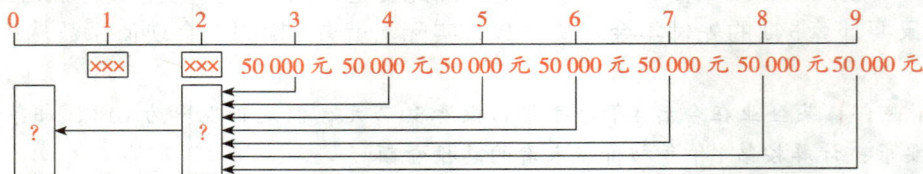

图5-8　求递延年金现值的第二种方法

递延年金现值计算如下：

$P_A = 50\,000 \times (P/A, 5\%, 7) \times (P/F, 5\%, 2)$

$= 50\,000 \times 5.78637 \times 0.90703 = 50\,000 \times 5.24841 = 262\,420.5$（元）

计算结果与第一种方法的结果完全相同，即第1年年初应一次存入银行262 420.5元。

第六章

短期经营决策分析

内容提要

内容提要决策是管理会计的重要内容，主要分短期经营决策和长期投资决策。本章主要介绍决策与决策分析的含义及决策的分类方法、短期经营决策分析的常用方法。短期经营决策的常用方法主要有：边际贡献分析法、差别分析法、相关成本分析法、成本平衡点分析法。

第一节　决策分析概述

一、决策分析的含义

所谓决策就是根据确定的目标，依据对过去、现状的分析，对未来实践做出决定的过程。企业的决策主要是属于经济方面的决策。决策分析只是决策全过程的一个组成部分，是企业会计人员参与决策活动的主要内容。

管理会计中的决策分析是对企业未来经营管理活动中所面临的问题，由有关人员对各种备选方案所进行的成本、利润等方面的比较，以便为最终确定决策方案提供依据。

二、决策的分类

（一）按决策的重要程度分类

按此标志分类，可将企业决策分为战略决策和战术决策。

1.战略决策

这类决策是指对影响到企业未来发展方向、关系企业全局的重大问题所进行的决策。这类决策取决于企业的长远发展规划和外部市场环境对企业的影响，其正确与否，对企业的成败具有决定性意义。

2.战术决策

这类决策是指对企业日常经营管理活动所进行的决策。这类决策主要考虑如何使现有的人力、物力、财力资源得到合理充分的利用，并产生较大的经济效益。

（二）按决策条件的肯定程度分类

按此标志分类，可将企业决策分为确定型决策、风险型决策和不确定型决策。

1.确定型决策

这类决策所涉及的各种备选方案的各项条件都是已知并且是确定的，而且一个方案只会有一个确定的结果。这类决策问题比较明显，决策比较容易。

2.风险型决策

这类决策所涉及的各种备选方案的各项条件虽然也是已知的，但却是不完全确定的，可能存在着多种状况，每一个方案的执行都可能会出现两种或两种以上的结果。但每一种状况的出现可以事先估测其出现的可能性的大小，也就是其客观概率。这类决策由于结果的不唯一性，使决策存在一定的风险。

3.不确定型决策

这类决策与风险型决策有些近似，两者所知条件基本相同。但不确定型决策的各项条件无法确定其客观概率，只能以决策者的经验判断确定主观概率作为依据。

（三）按决策规划时期的长短分类

按此标志分类，可将企业决策分为短期经营决策和长期投资决策。

1.短期经营决策

这类决策一般是指企业对1年期内的生产经营活动所进行的决策，主要包括生产决策、成本决策、定价决策和存货决策等内容。这类决策所涉及的方案影响期一般在1年以内，主要是利用现有资源，一般不涉及大量资金的投入。

2.长期投资决策

这类决策一般是指企业对未来较长期间（超过1年）的重大投资活动所进行的决策。这类决策投入的资金量大，方案影响期较长，投入的资金需要较长时间收回。

（四）按决策方案之间的关系分类

按此标志分类，可将企业决策分为接受或拒绝方案决策、互斥方案决策和组合方案决策。

1.接受或拒绝方案决策

这类决策只存在一个备选方案，决策只需要对这一个方案做出接受或拒绝的选择。这类决策又称单一方案决策。

2.互斥方案决策

这类决策存在两个或两个以上的备选方案，它需要在多个备选方案中选择一个最优方案，而一旦选择某一方案，其他方案则必须放弃。因此可以看出，各备选方案之间是互相排斥的。这类决策属于多方案决策。

3.组合方案决策

这类决策也存在两个或两个以上的备选方案，这是要在多个备选方案中选择一组最优的组合方案，各备选方案可能同时被选中。这类决策也属于多方案决策。

以上按不同的标志对决策进行了分类，而决策分析作为决策过程的重要组成部分，其分类与决策的分类是相同的，因此不再重复阐述。

第二节　短期经营决策分析的常用方法

短期经营决策分析的基本依据是经济效益的高低，反映经济效益的指标有边际贡献、利润和成本。如用边际贡献、利润指标评价各方案时，则应选择边际贡献、利润高的方案；如用成本指标评价各方案时，在各方案收入相同的前提下，则应选择成本低的方案。

本节将介绍短期经营决策分析的常用方法：边际贡献分析法、差别分析法、相关成本分析法和成本平衡点分析法。

一、边际贡献分析法

短期经营决策一般是在原有生产能力的范围内进行的，多数情况下不改变生产能力，所以，固定成本通常为无关成本。根据本书前几章的介绍，在各方案固定成本均相同的前提下，边际贡献最大的方案实质上就是利润最大的方案。在应用边际贡献分析法评价各方案优劣时，只需要计算各方案边际贡献指标，选择边际贡献最大的方案即可。

如果决策方案中有专属固定成本的发生，则应从边际贡献中扣除专属固定成本，扣除后的余额一般称为剩余边际贡献。它既不是原来意义上的边际贡献，也不是最终的利润，如果要计算利润，还要扣除分摊的原有固定成本。在决策时，如果有专属固定成本发生，就采用剩余边际贡献这一指标进行评价。

需要指出的是，对某一种产品来说，单位边际贡献指标反映了产品的盈利能力。但在不同备选方案之间进行比较分析时，不能以单位边际贡献指标作为评价标准，而应以边际贡献总额指标作为方案取舍的依据。这是因为，在生产能力一定的前提下，不同方案单位产品耗费的生产能力可能有所不同，因此各方案能够生产的产品总量也可能不同。如果用单位边际贡献评价各备选方案的话，就可能导致决策失误，因为单位边际贡献最大的方案不一定是边际贡献总额最大的方案。

【例6-1】假设某企业拟利用现有剩余生产能力生产甲产品或乙产品。甲产品单价20元，单位变动成本10元；乙产品单价10元/件，单位变动成本4元。该企业现有剩余生产能力1 000台时，生产一件甲产品需耗8台时，生产一件乙产品需耗4台时。

首先，根据表6-1来比较两个方案的优劣。

表6-1　　　　　　　　　　　　**单位边际贡献表**　　　　　　　　　　金额单位：元

项　　目	甲产品	乙产品
单价	20	10
单位变动成本	10	4
单位边际贡献	10	6

从表6-1中可以看到，甲产品的单位边际贡献10元大于乙产品的单位边际贡献6元，如果我们把单位边际贡献作为评价指标，则应选择生产甲产品。

我们再根据表6-2来比较两个方案的优劣。

表 6-2　　　　　　　　　　　　　**边际贡献总额表**　　　　　　　　　金额单位：元

项　目	甲产品	乙产品
单位变动成本	10	4
单位边际贡献	10	6
剩余生产能力（台时）	1 000	1 000
单位产品耗时（台时）	8	4
可生产量（件）	125	250
边际贡献总额	1 250	1 500

从表 6-2 中可以看出，尽管甲产品的单位边际贡献较大，但边际贡献总额却小于乙产品，应选择生产乙产品。所以，在应用边际贡献分析法时，不能采用单位边际贡献作为评价指标。

二、差别分析法

差别分析法是在计算两个备选方案之间产生的差别收入与差别成本的基础上，计算差别损益，根据差别损益来选择决策方案。差别分析法涉及差别收入、差别成本、差别损益三项指标。差别收入是指两个备选方案之间的收入差异数。差别成本是指两个备选方案之间的成本差异数。差别损益是差别收入减去差别成本后的余额。其分析的基本公式为：

差别损益＝差别收入－差别成本

在应用差别分析法进行分析时，首先必须确定在两个方案比较时，哪个方案作为比较的基础，也就是作为在计算差别收入和差别成本时的减数，而另一方案则作为被减数。假如有甲、乙两个备选方案，如果把乙方案作为比较的基础，也就是作为减数，甲方案就作为被减数。由此计算出来的差别损益如果是正数，则意味着甲方案比乙方案带来更多的利润，应选择甲方案；由此计算出来的差别损益如果是负数，则意味着甲方案比乙方案能获得的利润少，应选择乙方案。

为什么在短期经营决策中有时要采用差别分析法呢？因为在短期经营决策中，原有的收入是无关收入，原有的成本是无关成本，在分析时不必计算全部收入和全部成本，而且计算全部收入和全部成本也比较麻烦。因此，只需要计算两个方案新增加的收入差别和成本差别就可以计算出损益差别，据此就可以做出正确决策。

差别分析法只能应用于只有两个备选方案的决策。差别分析法的应用范围非常广泛，在生产决策的各个方面均可应用。

【例 6-2】依【例 6-1】的资料，要求：采用差别分析法进行决策分析。

编制差别分析表，见表 6-3。

表 6-3　　　　　　　　　　　　　**差别分析表**　　　　　　　　　　　单位：元

项　目	甲产品	乙产品	差异额
相关收入	125×20=2 500	250×10=2 500	0
相关成本	125×10=1 250	250×4=1 000	250
差别损益			−250

在表6-3中，是以乙产品作为分析的基础，也就是作为减数，甲产品则作为被减数。从该表可以看出，生产甲产品与乙产品的差别收入为0，而差别成本为250元，由此计算出的差别损益为-250元。也就是在收入相同的前提下，生产甲产品比生产乙产品成本要多支出250元，差别损益-250元意味着生产甲产品比生产乙产品利润要少250元，所以应选择生产乙产品。这与边际贡献分析法得出的结论是相同的。

三、相关成本分析法

相关成本分析法是在各个备选方案收入相同的前提下，只分析每个备选方案新增加的变动成本和固定成本，也就是计算每个方案的增量成本和专属成本，两项之和即为相关成本。在收入相同的前提下，相关成本最低的方案必然是利润最高的方案。所以，应选择相关成本最低的方案。

采用相关成本分析法必须是在各备选方案业务量确定的前提下，如果各备选方案的业务量不确定，则不能采用相关成本分析法。

【例6-3】某企业生产需要一种A零件，年需要量500件，可以由本企业生产，也可以外购。如果由本企业生产，单位变动成本26元，而且需购买一台专用设备，每年发生专属固定成本2 000元。如果外购，外购单价35元/件。要求：采用相关成本分析法进行决策分析。

编制相关成本分析表，见表6-4。

表6-4　　　　　　　　　　　　**相关成本分析表**　　　　　　　　　　　　单位：元

项目 \ 方案	自　制	外　购
变动成本	500×26=13 000	500×35=17 500
专属成本	2 000	
相关成本合计	15 000	17 500

从表6-4中可以看出，采用自制方案制造A零件的相关成本为15 000元，而外购的相关成本为17 500元。自制成本较低，所以应选择自制方案。

四、成本平衡点分析法

成本平衡点分析法也是以成本高低作为决策依据的。在备选方案业务量不能事先确定的情况下，特别是各备选方案的预期收入又相等的前提下，可通过计算不同方案总成本相等时的业务量，也就是以成本平衡点来选择预期成本较低的方案，这种决策分析方法称为成本平衡点分析法。

成本平衡点的计算公式如下：

$$成本平衡点=\frac{两个方案固定成本差额}{两个方案单位变动成本差额}$$

成本平衡点是指两个方案总成本相等时的业务量，如果预计未来的业务量在成本平衡点之下时，应选择固定成本较低的方案，因为此种情况下总成本较低；如果预计未来的业务量在成本平衡点之上时，则应选择固定成本较高的方案，因为此种情况下总成本较低。

【例6-4】假设某企业只生产一种产品，现有两种设备可供选择：一种是采用传统的机械化设备，每年的专属固定成本20 000元，单位变动成本12元；另一种是采用先进的自动化设备，每年的专属固定成本30 000元，单位变动成本7元。要求：采用成本平衡点分析法进行决策分析。

首先，计算成本平衡点：

$$成本平衡点 = \frac{30\,000 - 20\,000}{12 - 7}$$
$$= 2\,000（件）$$

然后，根据两个方案的数据作图比较，如图6-1所示。

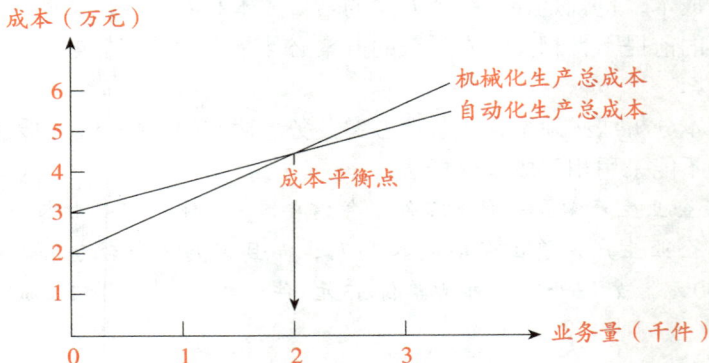

图6-1　两种方案成本比较图

从图6-1中可以看出，当生产量在2 000件以下时，机械化生产的总成本线在自动化生产的总成本线之下，意味着当生产量在2 000件之下时，采用机械化设备生产的成本较低，应选择机械化设备。当生产量在2 000件以上时，自动化生产的总成本线在机械化生产的总成本线之下，意味着当生产量在2 000件之上时，采用自动化设备生产的成本较低，应选择自动化设备。

第三节　生产决策分析

一、新产品开发的品种决策分析

通过大量投资追加技术装备开发新产品，属于长期投资决策的范围，本章暂不涉及。这里介绍的新产品开发的品种决策分析，是指利用企业现有剩余生产能力来开发某种在市场上有销路的新产品，而且已经掌握可供选择的多个新品种方案的有关资料。这里按照是否涉及专属成本的两种情况进行介绍。

（一）不追加专属成本时的决策分析

当各备选方案只是利用现有剩余生产能力，而不涉及追加专属成本时，各备选方案的原有固定成本都是相同的，属于无关成本。在进行决策分析时，只计算各方案的边际贡献就可以正确决策。这里一般采用边际贡献分析法。

【例6-5】某企业现有年剩余生产能力2 000台时，可用来生产A产品或B产品，此剩余生产能力的年固定资产折旧费为80 000元，其他预测资料见表6-5。要求：进行决策分析。

从上述资料可以看出，两个备选方案都是利用现有剩余生产能力，而且现有剩余生产

表6-5　　　　　　　　　　　预测资料　　　　　　　　　　　金额单位：元

项目 \ 品种	A产品	B产品
单价	150	80
单位变动成本	90	50
单位产品定额台时（台时/件）	5	2

能力的年固定资产折旧费属于与决策无关的成本。不管生产A产品还是生产B产品，此折旧费都是相同的，即使A产品或B产品都不生产，此费用也照样发生，因为购置设备的费用早已发生，与现在的决策无关。因此，在决策分析时，不必考虑80 000元的折旧费。可以采用边际贡献分析法来进行决策分析，具体分析见表6-6。

表6-6　　　　　　　　　　边际贡献分析表　　　　　　　　　　金额单位：元

项目 \ 方案	生产A产品	生产B产品
可利用剩余生产能力（台时）	2 000	2 000
单位产品定额台时（台时/件）	5	2
可生产量（件）	400	1 000
相关收入	60 000	80 000
相关变动成本	36 000	50 000
边际贡献	24 000	30 000

从表6-6的计算分析中可以看出，生产B产品比生产A产品可多获边际贡献6 000元，所以应选择生产B产品。

【例6-6】某企业现有一部分剩余生产能力，现有甲、乙两种产品可供选择，预测资料见表6-7。要求：分析应生产甲产品还是乙产品。

表6-7　　　　　　　　　　　预测资料　　　　　　　　　　　金额单位：元

项目 \ 品种	甲产品	乙产品
单价	30	40
单位变动成本	18	25
单位产品定额台时（台时/件）	2	3

从上述资料可以看出，【例6-6】与【例6-5】有些相似，但不同的是【例6-6】只知道有一部分剩余生产能力，并不知道这部分剩余生产能力的具体数。在这种情况下，仍然可以采用边际贡献分析法，但因为无法计算边际贡献总额，又不能用单位产品边际贡献作为评价指标，所以，可以计算单位台时创造的边际贡献指标，并以此作为决策评价指标。

$$单位台时创造的边际贡献 = \frac{单位产品边际贡献}{单位产品定额台时}$$

单位台时创造的边际贡献是一个正指标，哪个方案的该项指标大，哪个方案为优。具体计算分析见表6-8。

表6-8 　　　　　　　　**单位台时创造的边际贡献分析表** 　　　　　　金额单位：元

项目 ＼ 方案	生产甲产品	生产乙产品
单价	30	40
单位变动成本	18	25
单位边际贡献	12	15
单位产品定额台时（台时/件）	2	3
单位台时创造的边际贡献	6	5

从表6-8的计算分析中可以看出，生产甲产品每台时可创造边际贡献6元，而生产乙产品每台时只能创造边际贡献5元，所以应选择生产甲产品。

（二）追加专属成本时的决策分析

当新产品开发的品种决策方案中涉及追加专属成本时，就无法直接用边际贡献指标来评价各方案的优劣，可以采用剩余边际贡献指标来进行评价，也可以采用差别分析法进行分析评价。

【**例6-7**】某企业有一条闲置的生产线，按最初的投资额计算，每年应发生的折旧额为28 000元，现有甲、乙两种产品可供选择生产，有关预测资料见表6-9。要求：分析应生产哪种产品。

表6-9 　　　　　　　　　　　　**预测资料** 　　　　　　　　　　金额单位：元

项目 ＼ 品种	甲产品	乙产品
可生产量（件）	8 000	6 000
单价	18	32
单位变动成本	12	23
追加专属成本	10 000	20 000

首先采用剩余边际贡献指标进行评价，具体计算分析见表6-10。

表6-10 　　　　　　　　　　**剩余边际贡献分析表** 　　　　　　　　金额单位：元

项目 ＼ 方案	生产甲产品	生产乙产品
可生产量(件)	8 000	6 000
单位边际贡献	6	9
边际贡献总额	48 000	54 000
追加专属成本	10 000	20 000
剩余边际贡献	38 000	34 000

从表6-10的计算分析中可以看到，生产乙产品的边际贡献虽然大于甲产品，但扣除追加的专属成本之后，生产甲产品的剩余边际贡献却大于乙产品，所以应选择生产甲产品。

再采用差别分析法进行评价，具体计算分析见表6-11。

表6-11　　　　　　　　　　**差别分析表**　　　　　　　　单位：元

项目＼方案	生产乙产品	生产甲产品	差异额
相关收入	192 000	144 000	48 000
相关成本	158 000	106 000	52 000
其中：增量成本	138 000	96 000	
专属成本	20 000	10 000	
差别损益			−4 000

在表6-11的计算分析中，是把甲产品作为比较的基础，也就是作为减数，而把乙产品作为被减数。差别损益−4 000元意味着生产乙产品要比生产甲产品少获利润4 000元，所以应选择生产甲产品。这与计算剩余边际贡献指标所得出的结论完全相同。

二、亏损产品的决策分析

如果按照财务会计核算的结果，亏损产品继续生产只能产生负效益。但按照管理会计成本性态分析的理论，亏损产品的问题就有必要重新讨论。下面从两个方面进行讨论。

（一）生产能力无法转移时，亏损产品是否停产的决策分析

所谓生产能力无法转移，是指当亏损产品停产以后，闲置下来的生产能力无法被用于其他方面，既不能转产，也不能将有关设备对外出租。

在这种情况下，只要亏损产品的边际贡献大于零就不应该停产，而应该继续生产。为什么亏损产品的边际贡献大于零就不应该停产呢？这是因为停产亏损产品，只能减少其变动成本，并不能减少其固定成本。如果继续生产亏损产品，亏损产品提供的边际贡献就可以补偿一部分固定成本，而停产亏损产品不但不会减少亏损，反而会扩大亏损。

【例6-8】某公司产销甲、乙、丙三种产品，其中，甲、乙两种产品盈利，丙产品亏损，有关利润资料见表6-12。要求：分析评价丙产品是否应停产（假定丙产品停产后生产能力无法转移）。

根据表6-12可以知道，丙产品亏损500万元。为正确决策，必须首先计算丙产品的边际贡献。

丙产品边际贡献=4 000−（900+800+700+600）=1 000（万元）

丙产品创造的边际贡献是1 000万元，而其分摊的固定成本是1 500万元，所以亏损500万元。但如果丙产品停产，就不能提供1 000万元的边际贡献了，而它原来分摊的1 500万元固定成本就只能由甲、乙两种产品负担了，这将使该企业利润减少1 000万元。换句话说，不管丙产品是否生产，该企业5 500万元的固定成本都要发生，只不过是由三种产品分摊还是由两种产品分摊。所以，在生产能力不能转移的条件下，丙产品不应停产，而应该继续生产。

表6-12　　　　　　　　　　　　利润表（简表）　　　　　　　　　　单位：万元

项目＼品种	甲产品	乙产品	丙产品	合　计
销售收入	6 000	8 000	4 000	18 000
生产成本				
直接材料	800	1 400	900	3 100
直接人工	700	800	800	2 300
变动制造费用	600	600	700	1 900
固定制造费用	1 000	1 600	1 100	3 700
非生产成本				
变动销售及管理费用	900	1 200	600	2 700
固定销售及管理费用	600	800	400	1 800
总成本	4 600	6 400	4 500	15 500
净利润	1 400	1 600	−500	2 500

（二）生产能力可以转移时，亏损产品是否停产的决策分析

如果亏损产品停产以后，闲置下来的生产能力可以转移，如转产其他产品，或将设备对外出租，就必须考虑继续生产亏损产品的机会成本因素，对备选的方案进行对比分析后再决策。

【例6-9】依【例6-8】资料，假设生产丙产品的设备可以转产丁产品，也可以将此设备出租。如出租每年可获租金800万元；如转产丁产品，预测资料见表6-13。要求：对三个方案进行决策分析。

表6-13　　　　　　　　　　　　丁产品预测资料　　　　　　　　　　单位：万元

项　目	金　额
销售收入	5 000
变动生产成本	2 800
变动销售及管理费用	900

计算丁产品的边际贡献如下：

丁产品边际贡献=5 000-（2 800+900）=1 300（万元）

继续生产丙产品的边际贡献是1 000万元，转产丁产品的边际贡献是1 300万元，设备出租的租金是800万元。通过比较，转产丁产品的效益最好，所以应停产丙产品而转产丁产品。

三、特殊价格追加订货的决策分析

这里所说的特殊价格，是指低于正常价格甚至低于单位产品成本的价格。在企业尚有一定剩余生产能力可以利用的情况下，如果其他企业要求以较低的价格追加订货的话，企

业是否可以考虑接受这种追加订货呢？这应针对不同情况区别对待。

当追加订货量小于或等于剩余生产能力时，企业可利用剩余生产能力完成追加订货的生产，不妨碍正常订货的完成，而且在接受追加订货不追加专属成本、剩余生产能力又无法转移时，只要特殊订货的单价大于该产品的单位变动成本，就可以接受该追加订货。

当追加订货量大于剩余生产能力时，接受追加订货必然会妨碍正常订货的完成，在决策分析时，应将因接受追加订货而减少的正常收入作为追加订货方案的机会成本。当企业剩余生产能力能够转移时，转产所能产生的收益也应作为追加订货方案的机会成本。若追加订货需要增加专门的固定成本，则应将其作为追加订货方案的专属成本。

【例6-10】某企业原来生产甲产品，年生产能力10 000件，每年有35%的剩余生产能力。甲产品正常销售单价68元/件，有关成本数据见表6-14。要求：就以下各不相关情况做出应否接受特殊价格追加订货的决策分析。

表6-14　　　　　　　　　　　甲产品成本资料　　　　　　　　　　　单位：元

项　目	金　额
直接材料费	20
直接人工费	16
制造费用	
其中：变动制造费用	8
固定制造费用	12
单位产品成本	56

（1）现有一用户提出订货3 000件，每件定价45元，剩余生产能力无法转移，追加订货不需要追加专属成本。

（2）现有一用户提出订货3 500件，每件定价46元，但该订货还有些特殊要求，需购置一台专用设备，年增加固定成本2 000元。

（3）现有一用户提出订货4 000件，每件定价45元，剩余生产能力无法转移。

（4）现有一用户提出订货5 000件，每件定价56元，接受订货需追加专属成本3 800元；若不接受订货可将设备出租，可获租金1 300元。

与上述四种情况相对应的决策分析如下：

（1）该企业现有35%的剩余生产能力，即每年有3 500件的剩余生产能力，用户提出的特殊订货量只有3 000件，小于企业剩余生产能力，剩余生产能力无法转移，也不需要追加专属成本。在这种情况下，只要定价大于该产品的单位变动成本就可以接受订货。因为特殊定价45元大于该产品的单位变动成本44元（20+16+8），所以可以接受此追加订货。

（2）在此种情况下，可对接受和拒绝追加订货两个方案采用差别分析法，具体计算分析见表6-15。

从表6-15的计算分析中可以看出，接受订货比拒绝订货可多获利润5 000元，所以应接受订货。

表6-15　　　　　　　　　　　　**差别分析表**　　　　　　　　　　　单位：元

方案 项目	接受追加订货	拒绝追加订货	差异额
相关收入	3 500×46=161 000	0	161 000
相关成本	156 000	0	156 000
其中：增量成本	3 500×44=154 000	0	
专属成本	2 000		
差别损益			5 000

（3）订货4 000件，已经超过了企业的剩余生产能力（3 500件），如果接受订货，将减少正常销售量500件，此500件的正常销售收入应作为接受订货方案的机会成本。另外，在计算增量成本（新增加的变动成本）时，应按纯增加的产量3 500件计算，而不应按追加订货量4 000件计算，因为不接受追加订货时的产量是6 500件，接受追加订货后的产量是10 000件，两者之差即为纯增加的产量。其具体计算分析见表6-16。

表6-16　　　　　　　　　　　　**差别分析表**　　　　　　　　　　　单位：元

方案 项目	接受追加订货	拒绝追加订货	差异额
相关收入	4 000×45=180 000	0	180 000
相关成本	188 000	0	188 000
其中：增量成本	3 500×44=154 000	0	
机会成本	500×68=34 000	0	
差别损益			-8 000

差别损益为-8 000元，意味着接受追加订货将使利润减少8 000元，所以应拒绝追加订货。

（4）订货5 000件，超过了剩余生产能力（3 500件），如果接受订货，将减少正常销售量1 500件，此1 500件的正常销售收入应作为接受订货方案的机会成本，设备出租的租金也应作为接受订货方案的机会成本。同样，计算增量成本应按纯增加的产量3 500件计算。其具体计算分析见表6-17。

表6-17　　　　　　　　　　　　**差别分析表**　　　　　　　　　　　单位：元

方案 项目	接受追加订货	拒绝追加订货	差异额
相关收入	5 000×56=280 000	0	280 000
相关成本	261 100	0	261 100
其中：增量成本	3 500×44=154 000	0	
专属成本	3 800		
机会成本	1 500×68+1 300=103 300		
差别损益			18 900

接受订货将增加利润18 900元，所以应接受追加订货。

四、产品加工程度的决策分析

某些制造企业生产的产品可按不同的加工深度组织经营，如深加工前的半成品、联产品既可以直接销售，也可以经深加工后再销售。因此，这类企业就面临着把半成品、联产品直接出售还是进行深加工后再出售的决策问题。

在产品加工程度的决策分析中，深加工前的半成品、联产品的成本（无论是固定成本还是变动成本）都属于沉没成本，是与决策无关的成本，相关成本只包括与深加工直接有关的成本。

【例6-11】某公司每年生产A半成品5 000件，A半成品单位变动成本4元，固定成本11 000元，销售单价9元/件。如果把A半成品进一步深加工为A产成品，销售单价可提高到14元/件，但需追加单位变动成本2元，追加固定成本16 000元；若不进一步加工，可将投资固定成本的资金购买债券，每年可获债券利息2 400元。要求：做出A半成品直接出售或深加工的决策分析。

采用差别分析法进行决策分析见表6-18。

表6-18　　　　　　　　　　　　差别分析表　　　　　　　　　　单位：元

方案 / 项目	深加工	直接出售	差异额
相关收入	5 000×14=70 000	5 000×9=45 000	25 000
相关成本	28 400	0	28 400
其中：增量成本	5 000×2=10 000	0	
专属成本	16 000	0	
机会成本	2 400	0	
差别损益			−3 400

通过计算分析可知，深加工为A产成品与直接出售A半成品的差别损益为−3 400元，即深加工比直接出售要减少利润3 400元，所以应直接出售A半成品。

【例6-12】某炼油厂从原油中提炼出的煤油，既可以直接出售，也可以通过进一步裂化加工为汽油和柴油后再出售。煤油经过裂化加工的收得率是：汽油80%，柴油15%，自然损耗率5%。每吨煤油进一步深加工增加的变动成本为800元，该厂现有煤油400吨，进一步加工需增加固定成本15 000元。每吨煤油的售价1 700元，每吨汽油的售价3 200元，每吨柴油的售价2 200元。要求：做出直接出售或进一步加工的决策分析。

如果对400吨煤油进行进一步深加工，可获得汽油320吨（400×80%），柴油60吨（400×15%），自然损耗20吨（400×5%）。下面采用差别分析法进行决策分析，具体计算分析见表6-19。

通过计算分析可知，差别损益为141 000元，表明深加工比直接出售可多获利润141 000元，所以应把煤油深加工后再出售。

表6-19　　　　　　　　　　　　　差别分析表　　　　　　　　　　　　　　单位：元

项目 / 方案	深加工	直接出售	差异额
相关收入	320×3 200+60×2 200=1 156 000	400×1 700=680 000	476 000
相关成本	335 000		335 000
其中：增量成本	400×800=320 000		
专属成本	15 000		
差别损益			141 000

五、零部件自制或外购的决策分析

企业生产产品所需要的一些零部件，在既可以从市场上购买，又可以由本企业自行生产的情况下，企业就面临着自制或外购的选择问题。对这类问题的决策：（1）要分清自制时是否新增加固定成本。如果自制需要追加专属固定成本，则追加的专属固定成本是与决策相关的成本，而原有的固定成本则是与决策无关的成本。自制的另一个相关成本是变动生产成本。（2）要弄清外购方案的相关成本。外购方案的相关成本一般包括买价、运输费用和采购费用等，有时还存在机会成本。

零部件只是企业生产产品的组成部分，不管是自制还是外购，一般都不会对产品销售收入产生影响，也就是说，自制方案和外购方案的预期收入是相同的。在收入相同的前提下，就可以用成本指标来评价各方案的优劣。如果零部件需要量确定，可以采用相关成本分析法进行决策分析；如果零部件需要量不确定，就要采用成本平衡点分析法进行决策分析。

【例6-13】某企业年需要A零件1 000件，可以自制也可以外购。外购单价20元/件，每件运费1元，外购一次的差旅费2 000元，每年采购两次。自制单位产品成本22元，自制每月需要增加专属固定成本300元。如果外购，生产A零件的设备可以出租，每年可获租金3 000元。自制A零件的单位产品成本构成资料见表6-20。要求：做出A零件自制或外购的决策分析。

表6-20　　　　　　　　　　　A零件单位产品成本资料　　　　　　　　　　单位：元

项　目	金　额
直接材料费	8
直接人工费	6
变动制造费用	3
固定制造费用	5
合　计	22

自制A零件的单位产品成本是22元，其中，直接材料费、直接人工费和变动制造费用三项之和为17元，属于相关成本。而A零件分摊的5元固定制造费用则属于无关成本，在决策时不应考虑，自制方案每月增加的专属固定成本300元则是相关成本，而出租设备

可获得的租金3 000元则是自制方案的机会成本。外购方案的购价、运输费属于变动成本，外购的差旅费属于固定成本，此三项费用均是与决策相关的成本。

由于A零件的需要量是确定的，所以可采用相关成本分析法见表6-21。

表6-21　　　　　　　　　　　　　**相关成本分析表**　　　　　　　　　　单位：元

项目 ＼ 方案	自　制	外　购
变动成本	1 000×17=17 000	1 000×（20+1）=21 000
专属成本	300×12=3 600	2 000×2=4 000
机会成本	3 000	
相关成本合计	23 600	25 000

自制方案的成本比外购方案的成本低1 400元（25 000−23 600），所以应选择自制方案。

【例6-14】某企业需要一种B零件，既可以自制，也可以外购。外购单价（含运费）50元/件，外购的每年固定采购费用20 000元。自制的单位变动成本38元，自制每年需追加专属固定成本44 000元。要求：分析B零件在何种条件下应自制，在何种条件下应外购。

由于B零件的需要量是不确定的，所以只能采用成本平衡点分析法。

$$B零件成本平衡点业务量=\frac{44\,000-20\,000}{50-38}=2\,000（件）$$

上述计算结果表明，当B零件年需要量在2 000件时，自制方案和外购方案的成本是相等的。由于外购方案的固定成本较低，所以当B零件需要量在2 000件以下时，外购方案总成本较低，应选择外购。自制方案的固定成本较高，但其单位变动成本较低，所以当B零件需要量在2 000件以上时，自制方案总成本较低，应选择自制（如图6-2所示）。

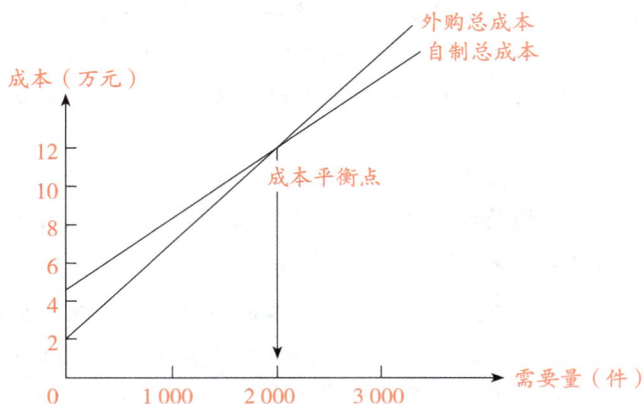

图6-2　两种方案成本比较图

六、生产工艺技术方案的决策分析

生产企业有时可采用不同的工艺技术进行产品生产，如同一种产品既可以采用半机械化生产，又可以采用机械化生产或自动化生产。一般来说，生产设备越先进，固定成本就越高；但由于技术先进，生产效率高，生产产品的单位变动成本就越低。反之，则是固定成本低，但生产产品的单位变动成本就较高。

在进行生产工艺技术方案的决策分析时，要根据生产规模的大小来选择工艺技术方案。一般来说，当生产规模较小时，可选择生产效率相对较低、固定成本较低的工艺技术方案；当生产规模较大时，则应选择生产效率较高、固定成本较高的工艺技术方案。

在选择决策方法时，要以生产产品的数量是否确定为依据。如果生产产品的数量是确定的，可采用相关成本分析法；如果生产产品的数量不确定，则应采用成本平衡点分析法。

【例6-15】某企业每年生产B产品700件，有甲、乙、丙三种设备可供选择使用，有关成本资料见表6-22。要求：做出选择何种设备生产B产品的决策分析。

表6-22　　　　　　　　　　　　　　成本资料　　　　　　　　　　　　　单位：元

设备 项目	甲设备	乙设备	丙设备
年专属固定成本	40 000	28 000	32 000
单位变动成本	120	190	165

生产B产品的年产量是确定的，所以可采用相关成本分析法进行决策分析。计算如下：

使用甲设备的年相关成本=40 000+700×120=124 000（元）

使用乙设备的年相关成本=28 000+700×190=161 000（元）

使用丙设备的年相关成本=32 000+700×165=147 500（元）

使用甲设备生产的成本最低，所以应选择甲设备生产B产品。

【例6-16】某企业有两套闲置设备，甲设备每年折旧费18 000元，乙设备每年折旧费14 000元。现在准备生产C产品，用甲设备生产一次性改装费30 000元，用乙设备生产一次性改装费21 000元。用甲设备生产C产品的单位变动成本47元，用乙设备生产C产品的单位变动成本65元。要求：分析该企业在何种情况下应选择甲设备，在何种情况下应选择乙设备。

由于C产品的年生产量并没有确定，决策分析只能采用成本平衡点分析法。需要指出的是，甲、乙设备的折旧费均属于沉没成本，与决策无关，在决策时不应考虑。

$$甲、乙设备的成本平衡点业务量=\frac{30\ 000-21\ 000}{65-47}=500（件）$$

当C产品的产量在500件时，甲、乙两种设备的使用成本是相等的；当C产品的产量在500件以下时，应选择乙设备生产（因乙设备使用成本较低）；当C产品的产量在500件以上时，应选择甲设备生产（因甲设备使用成本较低）（如图6-3所示）。

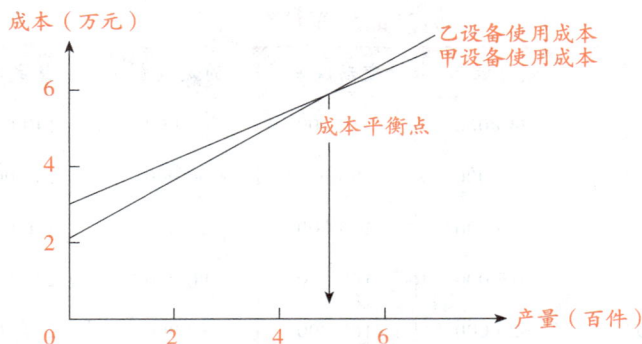

图6-3　两种方案成本比较图

第四节　定价决策分析

一、定价决策分析方法

(一) 利润最大化定价法

利润最大化定价法是在预测各种价格可能的销售量的情况下，计算各种价格方案的利润，选择利润最大的价格的方法。

【例6-17】某企业生产的A产品准备投放市场，A产品单位变动成本20元，现时年最大生产能力为6 000件，年固定成本60 000元。如果要把年最大生产能力扩大到10 000件，每年将新增加固定成本20 000元。预测的A产品在各种价格下的销售量见表6-23。要求：为获取最大利润，计算A产品应定的销售价格。

表6-23　　　　　　　　　　　　**A产品销售量预测表**

销售价格（元）	年销售量（件）
60	4 000
55	4 500
50	5 800
45	7 000
40	8 000
35	8 500

根据上述资料，当A产品的价格在50~60元时，销售量为4 000~5 800件，不超过企业现时年最大生产能力6 000件，所以年固定成本为60 000元。当A产品的价格在35~45元时，销售量为7 000~8 500件，已经超出了企业现时年最大生产能力，为达到这一生产能力，年固定成本将达到80 000元（60 000+20 000）。其具体计算见表6-24。

从表6-24中可知，A产品价格在50元时获取的利润最大，所以应把A产品定价为50元进行销售。

表6-24 **A产品利润计算表** 单位：元

价 格	销售量	销售收入	变动成本	固定成本	总成本	利 润
60	4 000	240 000	80 000	60 000	140 000	100 000
55	4 800	264 000	96 000	60 000	156 000	108 000
50	5 800	290 000	116 000	60 000	176 000	114 000
45	7 000	315 000	140 000	80 000	220 000	95 000
40	8 000	320 000	160 000	80 000	240 000	80 000
35	8 500	297 500	170 000	80 000	250 000	47 500

（二）全部成本加成定价法

这是一种只考虑企业成本的传统定价方法。全部成本加成定价法是在全部成本法计算的单位产品成本的基础上，加上一定的目标利润所确定的销售价格。销售价格的计算公式如下：

销售价格=单位产品全部成本+单位目标利润额

或 =单位产品全部成本×（1+成本加成率）

【例6-18】某企业拟采用全部成本加成定价法制定B产品的销售价格，B产品单位产品成本的有关资料见表6-25。该企业希望获得B产品的成本利润率为25%。要求：计算B产品的销售价格。

表6-25 **B产品单位产品成本表** 单位：元

项 目	金 额
直接材料费	40
直接人工费	30
变动制造费用	10
固定制造费用	15
变动销售及管理费用	12
固定销售及管理费用	13
单位产品成本合计	120

B产品销售价格=120×（1+25%）=150（元）

根据计算结果，应把B产品的价格定为150元。

（三）变动成本加成定价法

变动成本加成定价法是以单位变动成本为基础，加上一定数额的边际贡献来确定产品销售价格的方法。采用这种定价方法，实质上就是把单位变动成本作为定价下限的基础。根据此方法计算的销售价格可能获得利润，也可能无法获得利润。能否获得利润取决于所确定的单位边际贡献的多少。在销售量相对稳定的前提下，如果确定的单位边际贡献大于单位固定成本，则能获得利润；相反的话，就不能获得利润。在产品投放市场的初期，为占领市场或产品严重滞销又不能马上转产的情况下，企业就可以采用此方法来确定产品销售价格，而不管其是否能够盈利。因为按照管理会计理论，只要单价大于单位变动成本就能创造边际贡献，就可以为弥补企业的固定成本做出贡献。销售价格的计算公式如下：

$$销售价格=单位变动成本+单位边际贡献$$

或

$$=\frac{单位变动成本}{1-边际贡献率}$$

【例6-19】某企业生产的C产品在市场上严重饱和，C产品原来的市场售价为1 700元，其他企业纷纷降价30%左右，该企业希望保住原有的市场份额，每件C产品的价格能有100元的边际贡献就可以降价销售。C产品的单位产品成本资料见表6-26。要求：采用变动成本加成定价法计算C产品的销售价格。

表6-26　　　　　　　　　　**C产品单位产品成本表**　　　　　　　单位：元

项　　目	金　　额
直接材料费	600
直接人工费	200
变动制造费用	120
固定制造费用	340
变动销售及管理费用	90
固定销售及管理费用	130
单位产品成本合计	1 480

C产品单位变动成本=600+200+120+90=1 010（元）

C产品销售价格=1 010+100=1 110（元）

根据计算结果，为保住市场占有份额，把C产品的价格降低为1 110元，可保证每件产品有100元的边际贡献。

二、调价决策分析方法

调价决策分析一般采用利润平衡点法。这种方法实质上就是通过计算调价后的利润能否增加来决定是否调价。如果调价后的利润能够增加，就可以调价；反之，则不能调价。为了了解调价后的利润是否能够增加，就要计算为了确保原有利润，调价后应至少达到的销售量指标，这一销售量指标就是利润平衡点销售量。利润平衡点销售量的计算公式如下：

$$利润平衡点销售量=\frac{固定成本+调价前可获利润}{拟调单价-单位变动成本}$$

若调价后预计销售量大于利润平衡点销售量，就意味着调价后利润能有所增加，可以考虑调价；若调价后预计销售量小于利润平衡点销售量，就意味着调价后的利润会有所减少，则不能调价；若调价后的预计销售量等于利润平衡点销售量，就意味着调价前后的利润相同，价格可调可不调。

【例6-20】某企业生产一种D产品，现在市场售价250元，可销售500件，D产品的单位变动成本130元，每年固定成本40 000元，现时年最大生产能力为600件。D产品的价格每变动1%可使销售量变动4%，当产量超过企业最大生产能力时，扩大产量在200件以内将使固定成本增加20%。要求：采用利润平衡点法评价以下各不相关条件下调价方案的可行性：（1）单价降低5%；（2）单价降低10%；（3）单价提高8%。

（1）单价降低5%，可使销售量提高20%（5×4%），则：

预计销售量=500×（1+20%）=600（件）

调价前可获利润=（250-130）×500-40 000=20 000（元）

拟调单价=250×（1-5%）=237.5（元）

计算利润平衡点销售量：

$$利润平衡点销售量=\frac{40\ 000+20\ 000}{237.5-130}≈558（件）$$

因为预计销售量600件大于利润平衡点销售量（558件），又未超过企业最大生产能力（600件），所以该调价方案可行。

（2）单价降低10%，可使销售量提高40%（10×4%），则：

预计销售量=500×（1+40%）=700（件）

预计销售量超过企业最大生产能力，如果要扩大生产，则固定成本为：

固定成本=40 000×（1+20%）=48 000（元）

拟调单价=250×（1-10%）=225（元）

计算利润平衡点销售量：

$$利润平衡点销售量=\frac{48\ 000+20\ 000}{225-130}≈716（件）$$

因为预计销售量700件小于利润平衡点销售量（716件），所以该调价方案不可行。

（3）单价提高8%，将使销售量降低32%（8×4%），则：

预计销售量=500×（1-32%）=340（件）

拟调单价=250×（1+8%）=270（元）

计算利润平衡点销售量：

$$利润平衡点销售量=\frac{40\ 000+20\ 000}{270-130}≈429（件）$$

因为预计销售量只有340件，小于利润平衡点销售量（429件），所以该调价方案不可行。

第五节　存货决策分析

一、存货管理的目的与要求

（一）存货及其储存原因

1.存货的内容与计价

存货是指企业在生产经营过程中为销售或者耗用而储备的物资，包括材料、燃料、低值易耗品、在产品、半成品、产成品、协作件和商品等。

存货应当按实际成本计价，这要求区别不同的取得方式来对待：购入的存货，按照买价加运输费、装卸费、保险费、途中合理损耗、入库前的加工、整理及挑选费用和缴纳的税费计价；自制的存货，按照制造过程中的各项实际支出计价；委托外单位加工的存货，按照实际耗用的原材料或半成品加运输费、装卸费、保险费和加工费用、缴纳的税费等计价；投资者投入的存货，按照评估或者合同、协议确认的价值计价；盘盈的存货，按照同类存货的实际成本或者市价计价；接受捐赠的存货，按照发票、报告单所列金额加企业负担的运输费、保险费、缴纳的税费等计价，若无发票账单，按照有关协议或者同类物质的市价确定的价值计价。

2.存货储存的原因

如果企业能在生产投料时随时购入所需的原材料，或者能在销售时随时购入该项商品，就不需要存货，因为有了存货就占用资金，通常资金的占用量会很大。但实际上，企业总会有储存存货的需要。企业这种存货的需要出自以下一些原因，或者说是由于考虑以下的一些因素：

（1）保证生产或销售的经营需要。实际上，企业很少能做到随时购入生产或销售所需的各种物资，即使是市场供应量充足的物资也如此。这不仅是因为不时会出现某种材料的市场断档，还因为企业距供货点较远而需要必要的途中运输及可能出现运输故障。一旦生产或销售所需物资短缺，生产经营将被迫停止，造成损失。为了避免或减少出现停工待料、停业待货等事故，企业就需要储存存货。

（2）出于价格的考虑。零购物资的价格往往较高，而整批购买在价格上常有优惠。出于购买价格的考虑，企业也会整批购入物资，分期分批使用，这样也就出现了存货。此外，市场的价格波动也使企业有必要在价格尚低时购入较大量物资，以减少价格上涨造成的进货损失。

（二）存货管理的要求

在企业内部，各不同部门对于存货管理有着不同的要求。它们的这些要求都是出自自身的管理需要，不能不予以重视。

1.财务部门

财务部门希望存货占用的资金越少越好。它的职责是为企业生产经营提供资金，能在存货上少占用一些资金，就可以将这些资金用于别处，或者减少货款的利息支出。因此，财务部门十分关注存货的积压，希望尽可能地降低存货水平。

2.采购部门

采购部门希望能大批量采购物资，以节约运输费用和取得价格上的优惠。采购部门还希望及早进货，减少紧急订货造成的额外支出，并且避免中断供应而遭受指责。

3.生产部门

生产部门希望能保持较高的存货水平，以避免或减少生产延误，希望大批量地、均衡地进行生产。

4.销售部门

销售部门希望企业有大量的产成品存货，这样不仅可以提高在市场上的竞争力，避免存货短缺而造成的销售损失，而且现货交易也有利于增加销售额。销售部门还希望产成品存货品种齐全，或者能根据客户的要求及时改换品种，而不管批量多么小。

可见，企业内部各部门对存货的要求在很多地方是冲突的。单方面照顾某一个部门的要求而忽视其他部门，不会使整个企业获取最大的利益。因此，不仅要了解各部门对存货管理的要求，更要妥善处理，使之相互协调，达到企业总体优化。

（三）存货管理的目的

综合以上各部门对存货的要求，存货管理既要保证生产经营的连续性，又要保证尽可能少地占用经营资金。

一般来说，在企业生产和销售计划已确定的情况下，存货量的大小取决于采购。采购量太小会使库存空虚或供不应求，影响生产和经营的正常进行，完不成计划。单就这方面而论，存货越多越好。但过多的存货要占用较多的资金，并且会增加包括仓储费、保险费、维护费、管理人员工资在内的各项开支。经营资金是有其资金成本的，占用过多会导致利润的损失，各项开支的增加更直接使成本上升。进行存货管理，就要尽力在各种存货成本与存货效益之间做出权衡，达到两者的最佳结合。这也就是存货管理的目的。

二、储备存货的相关成本

确定存货的最优水平，关键在于做到既能满足生产（销售）需要，又能使存货所耗费的总成本达到最低水平。

存货所耗费的总成本，主要包括取得成本、储存成本和缺货成本三个部分。

（一）取得成本

取得成本是指为取得某种存货而支出的成本，通常用 TC_a 来表示。它又分为订货成本和购置成本。

1.订货成本

订货成本是指取得订单的成本，如办公费、差旅费、邮资、电报电话费等支出。订货成本中有一部分与订货次数无关，如常设采购机构的基本开支等，称为订货的固定成本，用 F_1 表示。另一部分与订货次数有关，如差旅费、邮资等，称为订货的变动成本，每次订货的变动成本用 K 表示。订货次数等于存货年需要量 D 与每次进货批量 Q 之比。订货成本的计算公式为：

$$订货成本 = F_1 + \frac{D}{Q} \cdot K$$

在实际分析决策时，订货的固定成本一般可以不加考虑，因为其属于共同成本，或无关成本。订货的相关成本公式可简写为：

$$订货成本 = \frac{D}{Q} \cdot K$$

2.购置成本

购置成本是指存货本身的价值，经常用数量与单价的乘积来确定。年需要量用 D 表示，单价用 U 表示，于是购置成本为 DU。

订货成本加上购置成本，就等于存货的取得成本。其公式可表达为：

取得成本 = 订货成本 + 购置成本

　　　　 = 订货固定成本 + 订货变动成本 + 购置成本

$$TC_a = F_1 + \frac{D}{Q} K + DU$$

（二）储存成本

储存成本是指为保存存货而发生的成本，包括存货占用资金所应计的利息（若企业用现有现金购买存货，便失去了现金存放银行或投资于证券应取得的利息，即为"放弃利息"；若企业借款购买存货，便要支付利息费用，即为"付出利息"）、仓库费用、保险费用、存货破损和变质损失等，通常用 TC_c 来表示。

储存成本也分为固定成本和变动成本。固定成本与存货数量的多少无关，如仓库折旧、仓库职工的固定月工资等，用 F_2 表示。变动成本与存货的数量有关，如存货资金的应计利息、存货的破损和变质损失、存货的保险费用等，用 K_c 表示。用公式表达的储存成本为：

储存成本=储存固定成本+储存变动成本

$$TC_c=F_2+\frac{Q}{2}K_c$$

储存成本中的固定成本部分与订货成本的固定成本一样，属于与决策无关的成本，因此也可把公式简写为：

$$TC_c=\frac{Q}{2}K_c$$

（三）缺货成本

缺货成本是指由于存货供应中断或不足而造成的损失，包括材料供应中断造成的停工损失、产成品库存缺货造成的拖欠发货损失和丧失销售机会的损失（还应包括需要主观估计的商誉损失）；如果生产企业紧急采购代用材料解决库存材料中断之急，那么缺货成本就表现为紧急额外购入成本（紧急额外购入的开支会大于正常采购的开支）。缺货成本通常用 TC_s 表示。

如果以 TC 来表示储备存货的总成本，它的计算公式则为：

$$TC=TC_a+TC_c+TC_s=F_1+\frac{D}{Q}K+DU+F_2+\frac{Q}{2}K_c+TC_s$$

企业存货的最优化即是使上式 TC 的值最小。

三、经济订货量的确定

按照存货管理的目的，需要通过设定合理的进货批量和进货时间，使存货的总成本最低。这个批量称为经济订货量或经济批量。有了经济订货量，可以很容易地找出最适宜的进货时间。

与存货总成本有关的变量（即影响总成本的因素）很多，为了解决比较复杂的问题，有必要简化或舍弃一些变量，先研究解决简单的问题，然后再扩展到复杂的问题。这需要设立一些假设，在此基础上建立经济订货量的基本模型。

（一）经济订货量的基本模型

1.经济订货量基本模型需要设立的假定条件

①企业能够及时补充存货，即需要订货时便可以立即取得存货；

②能集中到货，而不是陆续入库；

③不允许缺货，即无缺货成本，TC_s 为零，这是因为良好的存货管理本来就不应该出现缺货成本；

④需要量确定，即 D 为已知常量；

⑤存货单价不变，不考虑现金折扣，即 U 为已知常量；

⑥企业现金充足，不会因资金短缺而影响进货；

⑦所需存货市场供应充足，不会因买不到需要的存货而影响其他活动。

2.基本模型的确立及其相关指标的计算

（1）基本模型的确立

设立了上述假设后，存货总成本的公式可以简化为：

$$TC=F_1+\frac{D}{Q}K+DU+F_2+\frac{Q}{2}K_c$$

当 F_1、K、D、U、F_2、K_c 为常数时，TC的大小取决于Q。为了求出TC的极小值，对其进行求导演算，可得出下列公式：

$$Q=\sqrt{\frac{2DK}{K_c}}$$

这一公式称为经济订货量基本模型，求出的每次订货批量可使TC达到最小值。

【例6-21】某企业每年耗用某种材料3 600千克，该材料单位成本10元，单位存储成本2元，一次订货成本25元。则：

$$Q=\sqrt{\frac{2DK}{K_c}}=\sqrt{\frac{2\times3\,600\times25}{2}}=300（千克）$$

经济订货量也可以用图解法求得。其方法为：先计算出一系列不同批量的各有关成本；然后在坐标图上描出由各相关成本构成的订货成本线、储存成本线和总成本线。总成本的最低点（或者是订货成本线和储存成本线的交接点）相应的批量，即为经济订货量。

不同批量下的有关成本指标见表6-27。

表6-27　　　　　　　　　不同批量下的有关成本指数　　　　　　　　金额单位：元

项　目	订货批量					
	100千克	200千克	300千克	400千克	500千克	600千克
平均存量（千克）	50	100	150	200	250	300
储存成本	100	200	300	400	500	600
订货次数（次）	36	18	12	9	7.2	6
订货成本	900	450	300	225	180	150
总成本	1 000	650	600	625	680	750

根据不同批量的有关成本指数描画出的指标图如图6-4所示。

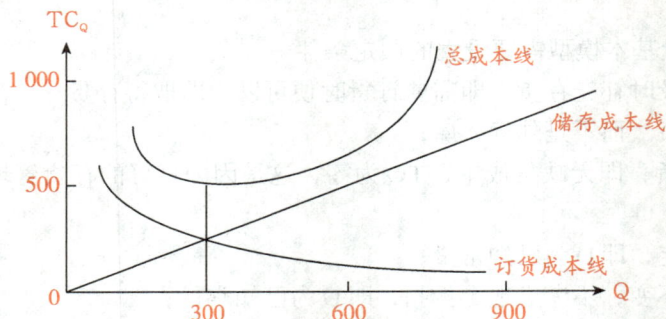

图6-4　不同批量下的有关成本指标图

从以上成本指标的计算和图形可以很清楚地看出，当订货批量为300千克时，总成本最低；小于或超过这一批量，都会使存货总成本提高。

根据图6-4还可以看出，总成本最低的经济订货量是存货订货成本和储存成本相等的批量，因此经济订货量的基本模型也可按下列关系加以推导：

订货成本＝储存成本

$$\frac{D}{Q}K=\frac{Q}{2}K_c$$

则经济订货量Q的公式可以推导如下：

$$Q^2=\frac{2DK}{K_c}$$

$$Q=\sqrt{\frac{2DK}{K_c}}$$

（2）相关指标的计算

根据经济订货量的基本模型公式，可以得出如下几个相关指标：每年最佳订货次数、经济订货量总成本、最佳订货周期和经济订货量占用资金。

①每年最佳订货次数。

如果事先计算出经济订货量，即每次的订货量，则在全年存货需要量一定的情况下，便可计算出每年最佳订货次数。其公式如下：

$$订货次数=\frac{存货年需要量}{经济订货量}$$

$$N=\frac{D}{Q}$$

②经济订货量总成本。

经济订货量和每年最佳订货次数确定以后，即可据此确定经济订货量的总成本。其公式如下：

经济订货量总成本＝全年订货成本＋全年储存成本

$$TC_Q=KN+\frac{Q}{2}K_c$$

$$TC_Q=2K_c\cdot\frac{Q}{2}=K_cQ$$

即：经济订货量总成本＝单位储存成本×经济订货量

③最佳订货周期。

$$最佳订货周期=\frac{计算期天数}{全年订货次数}$$

$$t=\frac{1年}{N}$$

④经济订货量占用资金。

经济订货量占用资金是指最高订货量与最低订货量占用资金的平均数。其公式如下：

经济订货量占用资金＝平均经济订货量×产品单价

$$G=\frac{Q}{2}U$$

【例6-22】依【例6-21】资料，相关指标计算如下：

$$N=\frac{D}{Q}=\frac{3\,600}{300}=12（次）$$

$$TC_Q=K_cQ=2\times300=600（元）$$

$$t=\frac{1年}{N}=\frac{12个月}{12}=1（月）$$

$$G = \frac{Q}{2} U = \frac{300}{2} \times 10 = 1\ 500（元）$$

（二）经济订货量基本模型的扩展

经济订货量的基本模型是在前述各假设条件下建立的，但现实生活中能够满足这些假设条件的情况十分罕见。为使模型更接近于实际情况，具有较高的可用性，需逐一放宽假设，同时改进模型。

1. 订货提前期

一般情况下，企业的存货不能做到随时补充，因此不能等存货用完再去订货，而需要在没有用完前提前订货。在提前订货的情况下，企业再次发出订货单时，尚有存货的库存量称为再订货点，用 R 表示。它的数量等于交货时间（L）和每日平均需求量（d）的乘积。

$$R = Ld$$

【例6-23】依【例6-21】资料，企业订货日至到货期的时间为10天，每日存货需求量10千克，那么：

$$R = Ld = 10 \times 10 = 100（千克）$$

即企业在尚存100千克存货时，就应当再次订货；等到下批订货到达时（发出再次订货单10天后），原有库存刚好用完。此时，有关存货的每次订货批量、订货次数、订货间隔时间等并无变化，与瞬间补充时相同。

这就是说，订货提前期对经济订货量并无影响，可以按原来瞬时补充情况下的300千克为订货批量，只不过在达到再订货点（库存100千克）时即发出订货单罢了。

2. 存货陆续供应和使用

在建立基本模型时，是假设存货一次全部入库，故存货增加时存量变化为一条垂直的直线。事实上，各批存货可能陆续入库，使存量陆续增加。尤其是产成品入库和在产品的转移，几乎总是陆续供应和陆续耗用的。在这种情况下，需要对基本模型作一些修改。

【例6-24】某零件年需要量（D）为3 600件，每日送货量（p）为30件，每日耗用量（d）为10件，单价（U）为10元/件，一次订货成本（生产准备成本）（K）为25元，单位储存变动成本（K_c）为2元。

设每批订货数为Q，由于每日送货量为p，故该批货全部送达所需日数为 $\frac{Q}{p}$，称为送货期。

因零件每日耗用量为d，故送货期内的全部耗用量为 $\frac{Q}{p}d$。

由于零件边送边用，所以每批送完时，最高库存量为 $Q - \frac{Q}{p}d$；平均库存量则为 $\frac{1}{2}\left(Q - \frac{Q}{p}d\right)$。

这样，与批量有关的总成本为：

$$TC_Q = \frac{D}{Q}K + \frac{1}{2}\left(Q - \frac{Q}{p}d\right)K_c = \frac{D}{Q}K + \frac{Q}{2}\left(1 - \frac{d}{p}\right)K_c$$

在订货变动成本与储存变动成本相等时，TC_Q 有最小值，故存货陆续供应和使用的经济订货量公式为：

$$\frac{D}{Q}K = \frac{Q}{2}(1-\frac{d}{p})K_c$$

$$Q = \sqrt{\frac{2KD}{K_c} \cdot (\frac{p}{p-d})}$$

将这一公式代入上述 TC_Q 公式，可得出存货陆续供应和使用的经济订货量的总成本公式为：

$$TC_Q = \sqrt{2KD \cdot K_c(1-\frac{d}{p})}$$

将上述例题数据代入，可得：

$$Q = \sqrt{\frac{2 \times 25 \times 3\,600}{2} \times \frac{30}{30-10}} = 367 \text{（件）}$$

$$TC_Q = \sqrt{2 \times 25 \times 3\,600 \times 2 \times (1-\frac{10}{30})} = 490 \text{（元）}$$

　　陆续供应和使用的经济订货量模型，还可以用于自制和外购的选择决策。自制与外购相比，自制零件属于边送边用的情况，平均储存量较少，单位成本可能很低，但每批零件投产的生产准备成本比一次外购零件的订货成本可能高出许多。外购零件的单位成本可能较高，平均存量较高，但订货成本可能比较低。要在自制零件和外购零件之间做出选择，需要全面衡量它们各自的总成本，才能得出正确的结论。这时就可借用陆续供应或瞬时补充的模型。

　　3.保险储备

　　以上讨论，假定存货的供需稳定且确知，即每日需求量不变，交货时间也固定不变。实际上，每日需求量可能变化，交货时间也可能变化。按照某一订货批量（如经济订货批量）和再订货点发出订单后，如果需求增大或送货延迟，就会发生缺货或供货中断。为防止由此造成的损失，需要多储备一些存货，以备应急之需，称为保险储备（安全存量）。这些存货在正常情况下不动用，只有当存货过量使用或送货延迟时才动用。保险储备如图6-5所示。

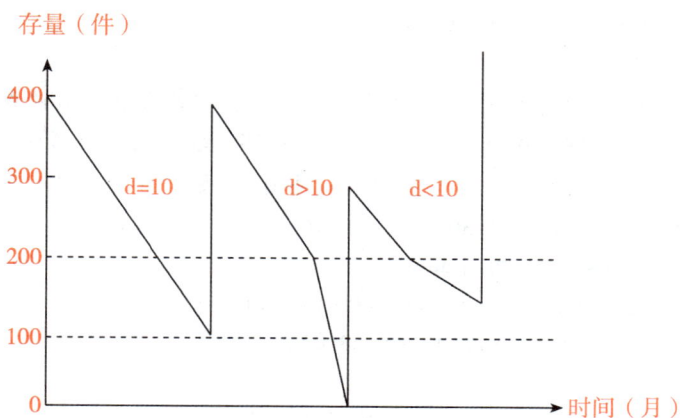

图6-5　保险储备图示

　　在图6-5中，年需要量（D）为3 600件，已知算出的经济订货量为300件，每年订货12次。又知全年平均日需求量（d）为10件，平均每次交货时间（L）为10天。为防止需求变化引起缺货损失，该保险储备量（B）为100件，再订货点R由此而相应提高为：

R＝交货时间×平均日需求量＋保险储备

　　＝Ld＋B＝10×10＋100＝200（件）

在第一个订货周期里，d＝10，不需要动用保险储备；在第二个订货周期内，d＞10，需求量大于供应量，需要动用保险储备；在第三个订货周期内，d＜10，不仅不需动用保险储备，正常储备亦未用完，下次订货即已送到。

建立保险储备，固然可以使企业避免缺货或供应中断造成的损失，但存货平均储备量加大却会使储备成本升高。研究保险储备的目的，就是要找出合理的保险储备量，使缺货或供应中断损失和储备成本之和最小。在方法上，可先计算出各不同保险储备量下的总成本，然后对总成本进行比较，选定其中最低的。

如果设与此有关的总成本为 TC（S，B），缺货成本为 C_s，保险储备成本为 C_B，则：

TC（S，B）＝C_s＋C_B

设单位缺货成本为 K_n，一次订货缺货量为 S，年订货次数为 N，保险储备量为 B，单位存货存储成本为 K_c，则：

C_s＝$K_n SN$

C_B＝BK_c

TC（S，B）＝$K_n SN$＋BK_c

在现实中，缺货量具有随机性，其概率可根据历史经验估计得出，保险储备量 B 可选择。

【例6-25】假定 D 为 3 600 件，K_c 为 2 元，K_n 为 4 元，交货时间 L 为 10 天；已经计算出经济订货量 Q 为 300 件，每年订货次数 N 为 12 次。交货期的存货需要量及其概率分布见表6-28。

表6-28　　　　　　　　　　**不同保险储备量的总成本**

需要量（10×d）	70	80	90	100	110	120	130
概率（P_1）	0.01	0.04	0.20	0.50	0.20	0.04	0.01

首先，计算不同保险储备量的总成本：

（1）不设置保险储备量。

即 B＝0，仍以 100 件为再订货点。此种情况下，当需求量为 100 件或者以下时，不会发生缺货，其概率为 0.75（0.01＋0.04＋0.20＋0.50）；当需求量为 110 件时，缺货 10 件（110－100），其概率为 0.20；当需求量为 120 件时，缺货 20 件（120－100），其概率为 0.04；当需求量为 130 件时，缺货 30 件（130－100），其概率为 0.01。因此，B＝0 时缺货的期望值 S_0、总成本 TC（S，B）可计算如下：

S_0＝（110－100）×0.2＋（120－100）×0.04＋（130－100）×0.01＝3.1（件）

TC（S，B）＝$K_n S_0 N$＋BK_c＝4×3.1×12＋0×2＝148.8（元）

（2）保险储备量为 10 件。

即 B＝10，以 110 件为再订货点。此种情况下，当需求量为 110 件或其以下时，不会发生缺货，其概率为 0.95（0.01＋0.04＋0.20＋0.50＋0.20）；当需求量为 120 件时，缺货 10 件（120－110），其概率为 0.04；当需求量为 130 件时，缺货 20 件（130－110），其概率为 0.01。因此，B＝10 时缺货的期望值 S_{10}、总成本 TC（S，B）可计算如下：

S_{10}＝（120－110）×0.04＋（130－110）×0.01＝0.6（件）

TC（S，B）=$K_nS_{10}N+BK_c$=4×0.6×12+10×2=48.8（元）

（3）保险储备量为20件。

同样运用以上方法，可计算S_{20}、TC（S，B）如下：

S_{20}=（130−120）×0.01=0.1（件）

TC（S，B）=4×0.1×12+20×2=44.8（元）

（4）保险储备量为30件。

即B=30，再订货点130件。此种情况下，可满足最大需求，不会发生缺货。因此，可计算如下：

S_{30}=0

TC（S，B）=4×0×12+30×2=60（元）

然后，比较上述不同保险储备量的总成本，以最低者为最佳。

当B=20时，总成本为44.8元，是各总成本中最低的，故应确定保险储备量为20件，或者说应确定以120件为再订货点。

以上举例解决的是由于需求量变化引起的缺货问题。至于由于延迟交货引起的缺货，也可以通过建立保险储备量的方法来解决。其保险储备量的确定，可将延迟的天数折算为增加的需求量，其余计算过程与前述方法相同。如前例，若企业延迟到货3天的概率为0.01，则可认为缺货30件（3×10）或者交货期内需求量为130件（10×10+30）的概率为0.01。这样就把交货延迟问题换算成了需求过量问题。

四、存货控制与评价

（一）存货控制

存货控制是要对存货的库存情况进行反映与监督，报告当前存货的水平，提供进货决策所需要的信息，使存货数量在不断变化中维持良好状态。这显然是存货管理的一个重要方面。

1.永续存货控制

永续存货控制是对存货数量进行持续的记录，并在存货降至某一特定水平时进货。

永续系统存货变化的一般情况为：当存货在耗用中降至再订货点R时，按订货批量Q发出订单；在订货提前期L内，若每日耗用量正常，存货量降至保险库存量B时新的订货入库，存货量上升到较高水平；若每日耗用量高于正常水平，订货提前期L结束时存货量降至保险库存量B以下，到货以后库存水平比耗用量正常的水平低一些；若每日耗用量低于正常水平，新的订货入库前库存量高于保险库存量B，入库后存量也相应较高。

永续系统的主要变量特征为：

①再订货点R是固定的，计算方法为：

R=保险库存+每日需求量×订货提前期

②订货批量Q固定，根据具体情况选择经济订货量模型加以计算确定。

③订货提前期L固定，根据过去订货至到货的时间间隔分析确定。

④订货时间间隔t变化，每日需用量大时，订货间隔缩短；每日需用量小时，订货间隔延长。

⑤保险库存较小，只满足订货提前期内的超量使用，计算方法为：

B=（每日最大需求量−每日平均需求量）×订货提前期

永续存货控制系统主要适用于单位价值高、领用次数少的存货，或者使用电子计算机的存货控制系统。

2.双堆存货控制

双堆存货控制不对存货进行永续记录，而是将存货置于两个空间（如码成两堆或置于两个容器中），当一个空间的存货耗用完后即发出订单，同时从第二个空间供货；第二个空间存货耗用完，第一个空间已经到货可供使用。如此交替存货，不断循环。

双堆控制是永续控制的特殊形式，其存量变化情况与永续控制类似，主要变量特征为：

①再订货点与订货批量相同，即每堆数量为：

$R=Q$

②订货提前期超过订货至到货的天数：

订货提前期$=\dfrac{Q}{d}>L$

③平均存货：

最高存货$=2Q$

最低存货$=Q-Ld$

平均存货$=\dfrac{2Q+Q-Ld}{2}=1.5Q-\dfrac{Ld}{2}$

其他变量特征与永续系统相同。

双堆控制节约了永续记录的成本，但由于不进行逐笔记录，存货容易丢失，因而主要适用于低值、连续使用的标准件或办公用品。

3.定期存货控制

定期存货控制就是按固定的间隔时间对存货数量进行检查，凡领用过的存货都做补充，订货量即最高存货量与当前存货量的差额。

定期控制的主要变量特征是：

①有一个固定的检查间隔期t，事先确定每年检查存货量的次数n。在此时间内检查存货的间隔期为：

$t=\dfrac{360}{n}$

②保险储备量比较大，需要克服检查期与订货提前期的需求量波动。保险库存量的公式为：

$B=$（每日最大需求量-每日平均需求量）×（检查期+订货提前期）

③需事先确定最高库存量E，公式为：

$E=B+dT$

④订货的批量是变动的：

$Q=E-$检查时存货量

⑤再订货点变动。凡是检查时被领用过的存货，即小于最高存储量的存货都要订货。

⑥订货提前期可能是固定的，也可能是变动的。

定期控制可以减少订货次数，若干种存货一起订货可以合并运输，节约成本，但要求的保险库存量大。因此，它主要适用于货源集中于少数供应者，以及使用集中仓库的情况。

4.选择补充存货控制

选择补充存货控制是永续控制和定期控制的混合。这种控制定期检查库存水平，对存货降至再订货点的品种进货，进货批量是最高存货量与检查时存货量之间的差额。

选择补充控制有固定的最高存货量E，再订货点R和检查期t，变动的订货批量Q=E-库存量。保险库存量要满足检查期t的最大用量及订货提前期内的领用波动，故数量较大。

该种控制与定期控制比较，订货次数少但批量较大。若检查期很长，且每次检查时各项存货均要补充，则与定期控制没有区别。与永续控制比较，记录成本低但保险库存量大。因此，它主要适用于不便用永续控制和定期控制的中间类型存货。

5.计划需用量存货控制

计划需用量存货控制就是按最终产品和生产计划安排进货时间和数量。使用这种控制的前提条件是，预知各种存货使用的数量和时间。就工业企业来讲，需要知道最终产品的交货期以及构成的零部件数量，还需要知道每个零部件所需材料的时间和数量。这就要有完备的存货使用计划。

例如，最终产品在某月交货，由A、B两个部件构成，A部件又需要使用甲、乙两种材料，B部件需要使用丙、丁两种材料。每种原料就要在使用前进货，其数量按生产计划和原料消耗计划确定，每种部件则要在最终产品装配前生产出来，具体时间按生产作业计划确定。经过这样的安排，交货后相关的存货全部用完，储备时间也尽可能地缩短了。

计划需用量存货控制能做到"工完料净"，节约资金，但一旦计划变动便会造成积压或短缺。所以，这种控制适宜于按合同生产或计划比较完善、可靠的情况。

6.ABC分析

存货按照ABC分析法进行分类，有助于掌握重点，区别不同情况，分别采取相应的控制措施，这是对存货实现有效控制的一个重要条件。其基本点是，将企业的全部存货区分为A、B、C三类。属于A类的是少数价值高的最重要的项目，品种少，而单位价值却较大。也就是说，从品种数看，这类存货的品种数只占全部存货总品种数的10%左右；而从一定期间出库的金额看，这类存货出库的金额要占全部存货出库总金额的70%左右。属于C类的是为数众多的低值项目。其特点是，从品种数看，这类存货的品种数大约要占全部存货总品种数的70%；但从一定期间出库的金额看，这类存货出库的金额只占全部存货出库总金额的10%左右。而B类存货，则介乎于这二者之间，从品种数和出库金额看，只占全部存货总数的20%左右。把这些情况在直角坐标系上作图，将形成所谓"非正态分布图"。下面举例进行具体的说明。

【例6-26】假设某厂生产中所用的材料，按年平均出库金额的大小区分为A、B、C三类：年平均出库金额在40 000元以上的，归入A类；15 001~40 000元的，归入B类；15 000元及以下的，归入C类。该厂2016年的材料耗用情况，见表6-29（为便于举例，人为地减少了材料物资的品种数）。

根据表6-29提供的资料重新进行组合，可分别按实物单位和总金额计算A、B、C各类在总量中所占的百分比，见表6-30。

依据表6-30提供的数据作图，如图6-6所示。

表6-29 材料耗用情况表

材料编号	领用数（单位）	单位成本（元）	总成本（元）	类别
1	3 000	20.00	60 000	A
2	2 000	22.00	44 000	A
3	15 000	1.00	15 000	C
4	11 000	2.00	22 000	B
5	10 000	3.00	30 000	B
6	30 000	0.50	15 000	C
7	2 000	8.00	16 000	B
8	8 000	12.00	96 000	A
9	5 000	9.00	45 000	A
10	45 000	0.30	13 500	C
11	60 000	0.10	6 000	C
12	18 000	2.00	36 000	B

表6-30 各类在总量中所占百分比

类别	实物单位		总金额	
	领用数（单位）	百分比（%）	总成本（元）	百分比（%）
A	18 000	8.6	245 000	61.5
B	41 000	19.6	104 000	26.1
C	150 000	71.8	49 500	12.4
合　计	209 000	100.0	398 500	100.0

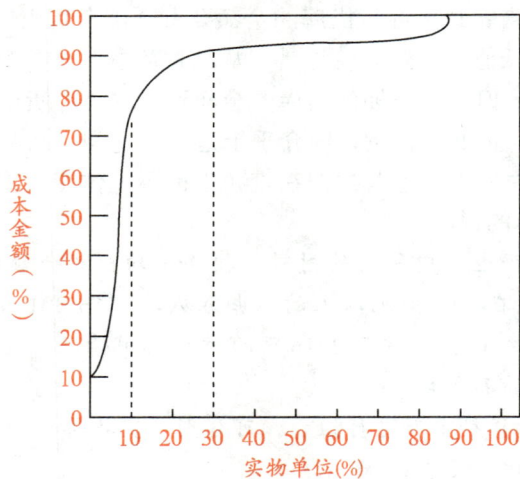

图6-6 各类在总量中所占百分比图示

（二）存货评价

对企业存货状况的评价可以通过一些综合性指标的计算与分析进行。

1.存货周转率

存货周转率是衡量企业购、产、销平衡的一种尺度，它是销售成本被平均存货所除而得的比率。其公式为：

$$存货周转率 = \frac{销售成本}{平均存货}$$

公式中的分母为存货的平均值，即（期初存货+期末存货）÷2。这是因为分子的销售成本是在一定时期内发生的，而如果分母简单地用某一特定时点的存货价值（如某一天的存货余额），就会使构成两者的时间基础有差异。这是在使用这一指标时应当注意的。

一般来说，存货周转速度越快，存货的占用水平越低，流动性就越强，即存货转换为现金或应收账款的速度越快，存货管理的业绩就越好。但是，也不能完全忽视存货批量的因素。在存货批量（包括材料采购批量和产成品生产批量）很小的情况下，存货会很快地转换，但批量过小，订货成本或生产准备成本便会上升，甚至造成缺货成本，反而使总成本增加，产生负效应。因此，财务人员应正确地运用这一指标，不可绝对地认为存货周转率越快越好。实际上，对任何财务问题，都应当全面、辩证地处理，这样才能取得满意的总体效益。

存货周转率的快慢，要与其他企业或行业的平均水平比较而定。高于行业平均水平（或有代表性的典型企业的平均水平），表明企业的存货管理效果好；否则，表明企业的存货管理效果尚未达到一般的应有程度，存在较多有待改进的方面。

2.存货周转天数

存货周转天数是存货周转率的时间表现，表明在正常的存货周转率下，存货转换为现金或应收账款所需要的天数。其公式为：

$$存货周转天数 = \frac{360}{存货周转率}$$

当存货周转率高时，存货周转天数就少；当存货周转率低时，存货周转天数就多。一般来说，存货周转天数越短，说明企业的存货管理越佳；反之，则说明企业的存货管理越差。

第七章

长期投资决策分析

内容提要

长期投资投资规模大，收回时间长，其决策正确与否对企业的生存发展尤为重要。本章主要介绍年平均投资报酬率法、非贴现的回收期法、贴现的回收期法、净现值法、获利能力指数法、内含报酬率法、固定资产更新决策等长期投资决策分析方法在长期投资中的应用。

第一节　　　　长期投资决策分析方法

长期投资决策分析方法，按是否考虑货币时间价值，可以分为非贴现的决策分析方法和贴现的决策分析方法两大类。所谓非贴现的决策分析方法就是决策分析时不考虑货币时间价值，计算简单，便于理解；所谓贴现的决策分析方法就是决策分析时要考虑货币时间价值，虽然计算稍为复杂，但更贴近实际，更为科学合理。

一、非贴现的长期投资决策分析方法

（一）年平均投资报酬率法

年平均投资报酬率是指平均每年的现金净流量或净利润与投资额的比率。年平均投资报酬率是正指标，这个指标越高，说明投资方案的获利能力越强。

年平均投资报酬率有两种公式：

$$年平均投资报酬率 = \frac{年均现金净流量}{投资额} \times 100\%$$

$$年平均投资报酬率 = \frac{年均净利润}{投资额} \times 100\%$$

从上面的公式可以看出，公式中的分子可以用净利润指标，也可以用现金净流量指标。用净利润指标作为分子，是只把净利润作为投资的报酬，这符合传统会计观念。用现金净流量指标作为分子，是把利润、折旧等均作为投资的报酬，因为折旧是固定资产投资的回收额，也可看作是投资的报酬。分母中的投资额包括固定资产投资、流动资金投资及资本化利息。

在采用年平均投资报酬率法进行决策分析时，首先要确定企业所希望达到的期望投资报酬率，然后计算投资方案的年平均投资报酬率。如果投资方案的投资报酬率达到或超过期望投资报酬率，则该方案可行；反之，则不可行。在多方案决策时，如果有两个或两个以上方案的投资报酬率超过了期望报酬率，则应选择投资报酬率最高的方案。

【例7-1】某企业准备增加一条生产线，有一个投资方案，固定资产投资500 000元，具体资料见表7-1。该企业希望达到的年平均投资报酬率为12%，该企业的期望投资报酬率是按利润与投资额的比率确定的。要求：计算该方案年平均投资报酬率，并分析该方案的可行性。

表7-1　　　　　　　　　　　　**利润预测资料表**　　　　　　　　　　单位：元

年　份	金　额
1	60 000
2	75 000
3	85 000
4	80 000
5	70 000

由于期望投资报酬率是按利润与投资额的比率确定的，也就是把利润作为分子，投资额作为分母，所以，计算该投资方案年平均投资报酬率也要保持相同的口径。

$$年平均投资报酬率 = \frac{\dfrac{60\,000 + 75\,000 + 85\,000 + 80\,000 + 70\,000}{5}}{500\,000} \times 100\%$$

$$= \frac{74\,000}{500\,000} \times 100\% = 14.8\%$$

该方案年平均投资报酬率为14.8%，大于该企业的期望年平均投资报酬率（12%），所以，该方案可行。

【例7-2】某企业准备新建一个分厂，有甲、乙两个备选方案，两个方案的具体资料见表7-2。该企业是把现金净流量作为投资报酬，在不考虑资本化利息的情况下，把原始投资额直接作为投资额，该企业期望的年平均投资报酬率为28%。要求：计算甲、乙两个投资方案的年平均投资报酬率，评价甲、乙方案的可行性，并选择最优方案。

该企业计算年平均投资报酬率的分子是年平均的现金净流量，分母是投资额。因此，计算甲、乙方案年平均投资报酬率的口径应与此一致。

甲方案原始投资额=500+200=700（万元）

甲方案利润总额=90+100+120+110+100+90=610（万元）

甲方案折旧总额=80×6=480（万元）

$$甲方案年平均投资报酬率 = \frac{\dfrac{610 + 480 + 200 + 20}{6}}{700} \times 100\% \approx 31.19\%$$

乙方案原始投资额=450+200=650（万元）

表7-2　　　　　　　　　　　　**投资方案预测资料表**　　　　　　　　　　单位：万元

方案 \ 年份	甲方案				乙方案			
	固定资产投资	流动资产投资	利润	折旧	固定资产投资	流动资产投资	利润	折旧
0	500	200			450	200		
1			90	80			60	73
2			100	80			80	73
3			120	80			100	73
4			110	80			90	73
5			100	80			80	73
6	20（残值）	200（回收）	90	80	12（残值）	200（回收）	80	73

乙方案利润总额＝60＋80＋100＋90＋80＋80＝490（万元）

乙方案折旧总额＝73×6＝438（万元）

$$乙方案年平均投资报酬率＝\frac{\dfrac{490＋438＋200＋12}{6}}{650}×100\%≈29.23\%$$

甲、乙方案的年平均投资报酬率分别为31.19%和29.23%，都超过了该企业期望的年平均投资报酬率（28%），所以，两个方案都具有投资可行性。由于甲方案的年平均投资报酬率较高，因此，应选择甲方案。

年平均投资报酬率法的优点是计算简单，指标直观，便于理解。其缺点是没有考虑货币时间价值，忽视了各年现金净流量（或利润）在时间上的差异，不能反映投资方案的风险程度。

（二）非贴现的回收期法

回收期是指收回原始投资所需要的时间，也就是用每年现金净流量抵偿原始投资所需要的全部时间。非贴现的回收期就是不考虑货币时间价值的回收期。投资回收期包括两种形式：一种是包括建设期的投资回收期；另一种是不包括建设期的投资回收期。一般来说，备选方案的回收期越短越好。

运用回收期法进行投资决策分析时，首先应计算备选方案的回收期，然后将备选方案的回收期与企业主观上既定的期望回收期相比较，若：

投资方案回收期<期望回收期，则投资方案可行；

投资方案回收期>期望回收期，则投资方案不可行。

如果有两个或两个以上的方案均可行的话，应选择回收期最短的方案。

1.每年现金净流量相等时的回收期计算方法

当投资方案生产经营期每年的现金净流量相等时，回收期的计算公式是：

$$回收期＝\frac{原始投资额}{年现金净流量}$$

注意：①当生产经营期各年现金净流量除了最后一年外均相等时，可把此种情况看成是各年现金净流量相等。因为补偿原始投资是从前到后依次进行的，最后一年因有残值，所以与前几年不等，但对计算回收期没有影响。②按公式计算的投资回收期是不包括建设期的投资回收期。如果要计算包括建设期的投资回收期，则应在公式计算结果的基础上再加上建设期。

【例7-3】某投资方案建设期为1年，生产经营为10年，该方案各年现金净流量见表7-3。假定期望的投资回收期（含建设期）为4年。要求：运用非贴现的回收期法做出该投资方案是否可行的决策。

表7-3　　　　　　　　　　**投资方案现金净流量**　　　　　　　　单位：万元

年　份	原始投资	年利润	年折旧	回收残值	年现金净流量
0	-400				400
1	0				0
2		62	38		100
3		62	38		100
4		62	38		100
5		62	38		100
6		62	38		100
7		62	38		100
8		62	38		100
9		62	38		100
10		62	38		100
11		62	38	20	120

该投资方案生产经营期内只有最后一年有残值，其年现金净流量为120万元，其余各年现金净流量均为100万元，因此，可按每年现金净流量相等的方法计算回收期。

回收期$=\frac{400}{100}=4$（年）

含建设期的回收期=4+1=5（年）

投资方案回收期5年>期望回收期4年，因此，该投资方案不可行。

2.每年现金净流量不相等时的回收期计算方法

当生产经营期各年现金净流量不相等时，就不能采用前面所介绍的公式计算。在此种情况下，先计算累计现金净流量，当累计现金净流量为0时，此年限即为回收期；当累计现金净流量无法直接找到0时，可利用累计现金净流量最接近0的相邻的正值和负值，用插值法计算回收期。

注意：此种方法计算的回收期包括建设期，要计算不包括建设期的回收期，应在此基础上减去建设期。

【例7-4】某企业要进行一项投资，有甲、乙两个备选方案，两个投资方案的现金净流量见表7-4。该企业期望的投资回收期（含建设期）为4.5年。要求：运用非贴现的回收期法做出决策。

表7-4　　　　　　　　　　　　投资方案现金净流量　　　　　　　　　　　　单位：万元

方案 年份	甲方案各年现金净流量	乙方案各年现金净流量
0	−500	−500
1	0	0
2	120	160
3	180	190
4	200	200
5	200	180
6	190	160
7	180	160
8	170	150
9	160	150
10	200	200

首先计算甲、乙两个方案累计的现金净流量，具体计算见表7-5。

表7-5　　　　　　　　　　投资方案累计现金净流量　　　　　　　　　　单位：万元

方案 年份	甲方案		乙方案	
	各年现金净流量	累计现金净流量	各年现金净流量	累计现金净流量
0	−500	−500	−500	−500
1	0	−500	0	−500
2	120	−380	160	−340
3	180	−200	190	−150
4	200	0	200	50
5	200	200	180	230
6	190	390	160	390
7	180	570	160	550
8	170	740	150	700
9	160	900	150	850
10	200	1 100	200	1 050

从表7-5中可知，甲方案在第4年年末的累计现金净流量为0，也就是说甲方案的投资回收期为4年。而乙方案在表中无法找到0，但可知回收期在第3年至第4年之间，运用插值法计算如下：

乙方案回收期 $=3+\dfrac{150}{200}=3.75$（年）

甲、乙方案的投资回收期均小于该企业的期望投资回收期（4.5年），所以，两个方案均是可行的。但乙方案的投资回收期较短，因此，应选择乙方案。

非贴现的回收期法的优点是：①方法简便，易于广泛采用。②可在一定程度上反映备选方案的风险程度。一般来讲，投资回收期越短，说明投资方案的风险越小；反之，则投资方案的风险越大。

非贴现的回收期法的缺点是：①没有考虑货币时间价值因素。②没有考虑回收期满后继续发生的现金净流量的变化情况，忽视了投资方案的获利能力。

二、贴现的长期投资决策分析方法

（一）贴现的回收期法

贴现的回收期是指按投资项目设定的折现率计算的生产经营期现金净流量现值补偿原始投资现值所需要的全部时间，也就是考虑货币时间价值的投资回收期。贴现的回收期法一般只计算包括建设期的回收期。其方案是否可行的标准与非贴现的回收期法相同。

【例7-5】某企业一项固定资产投资的现金净流量见表7-6，该企业设定的折现率为8%，期望贴现的回收期为4年。要求：采用贴现的回收期法评价该方案是否可行。

表7-6　　　　　　　　　　　投资方案现金净流量　　　　　　　　　单位：万元

年　份	金　额
0	−200
1	−100
2	120
3	130
4	150
5	130
6	120
7	100
8	120

根据已知资料计算，见表7-7。

表7-7　　　　　　　　　　　　　　　计算表　　　　　　　　　　　　单位：万元

年　份	年现金净流量	复利现值系数	折现的现金净流量	累计折现的现金净流量
0	−200	1	−200	−200
1	−100	0.926	−92.60	−292.60
2	120	0.857	102.84	−189.76
3	130	0.794	103.22	−86.54
4	150	0.735	110.25	23.71
5	130	0.681	88.53	112.24
6	120	0.630	75.60	187.84
7	100	0.583	58.30	246.14
8	120	0.540	64.80	310.94

从表7-7中可以看出，该方案的投资回收期在第3年至第4年之间，利用插值法计算如下：

$$回收期=3+\frac{86.54}{110.25}\approx3.78（年）$$

该方案贴现的投资回收期为3.78年，小于期望贴现的回收期（4年），所以，该投资方案可行。

贴现的回收期法考虑了货币时间价值，能够更加客观地评价投资方案，但仍具有无法揭示回收期后继续发生的现金流量变动情况的缺点，有一定的片面性。

（二）净现值法

净现值是指投资方案生产经营期各年现金净流量的现值合计与投资额的现值合计之间的差额。净现值的基本计算公式如下：

净现值=生产经营期各年现金净流量的现值-投资额的现值

净现值是一个正指标，该指标越大，说明投资方案的投资效果越好；该指标越小，则说明投资方案的投资效果越差。当净现值>0时，说明投资方案实现期望报酬率后还有剩余；当净现值<0时，说明投资方案不能实现期望报酬率；当净现值=0时，说明投资方案正好实现期望报酬率。因此，只有当投资方案净现值≥0时，投资方案才可以接受；否则，只能拒绝投资方案。当有两个或两个以上投资额相同的投资备选方案的净现值均大于0时，应选择净现值最大的方案。

【例7-6】某企业进行一项固定资产投资，建设期为2年，生产经营期为5年，设定的折现率为10%，各年现金净流量见表7-8。要求：采用净现值法评价该投资方案是否可行。

表7-8   投资方案现金净流量   单位：万元

年 份	投资额	年利润	年折旧	回收残值	年现金净流量
0	30				−30
1	20				−20
2	0				0
3		11	9		20
4		13	9		22
5		14	9		23
6		12	9		21
7		10	9	5	24

采用净现值法评价该投资方案时，要把生产经营期各年的现金净流量都折现为第一年年初（第0年）时的价值，同时也要把建设期各年的投资额都折现为第1年年初（第0年）时的价值，然后计算二者现值的差额，即为该投资方案的净现值，具体计算见表7-9。

净现值=（15.020+15.026+14.283+11.844+12.312）−（30+18.180）

　　　=68.485−48.180=20.305（万元）

表7-9 **折现的投资方案现金净流量** 单位：万元

年 份	年现金净流量	复利现值系数	折现的年现金净流量
0	−30	1	−30
1	−20	0.909	−18.180
2	0	0.826	0
3	20	0.751	15.020
4	22	0.683	15.026
5	23	0.621	14.283
6	21	0.564	11.844
7	24	0.513	12.312

该投资方案的净现值为20.305万元，大于0，因此，该投资方案可行。

【例7-7】某企业购置一条生产线，第1年年初购入安装完毕并投入生产，设定的折现率为9%，各年现金净流量见表7-10。要求：采用净现值法评价该方案是否可行。

表7-10 **投资方案现金净流量** 单位：万元

年 份	投资额	利 润	折 旧	回收残值	现金净流量
0	200				−200
1		32	38		70
2		32	38		70
3		32	38		70
4		32	38		70
5		32	38	10	80

如果别除第5年年末回收的残值，每年年末的现金净流量均为70万元，属于普通年金，求其现值，用年金乘以年金现值系数即可。另外，把残值10万元乘以5年的复利现值系数，折现为第1年年初的现值，与70万元的年金现值相加，得出生产经营期现金净流量现值合计。

$$净现值=70\times\frac{(1+9\%)^5-1}{9\%\times(1+9\%)^5}+10\times\frac{1}{(1+9\%)^5}-200$$

$$=70\times3.89+10\times0.65-200=78.8（万元）$$

该投资方案的净现值为78.8万元，大于0，因此，该投资方案可行。

【例7-8】某企业进行一项固定资产投资，有甲、乙两个备选方案可供选择。甲方案建设期为2年，乙方案建设期为1年，甲、乙方案的生产经营期均为5年，设定的折现率为9%。甲、乙方案的各年现金净流量见表7-11。要求：采用净现值法进行决策分析。

甲方案生产经营期各年年末现金净流量均为90万元，属于递延年金，求其第1年年初的现值可采取计算递延年金现值的方法。甲方案第2年年初（即第1年年末）的投资额100万元也要折现为第1年年初的价值，可采取计算复利现值的方法。

表7-11   **投资方案现金净流量**   单位：万元

年　份	甲方案现金净流量	乙方案现金净流量
0	−200	−300
1	−100	0
2	0	90
3	90	100
4	90	110
5	90	80
6	90	60
7	90	

甲方案净现值=90×（5.033−1.759）−（200+100×0.917）

　　　　　　=294.66−291.7=2.96（万元）

其中：5.033为n=7，i=9%的年金现值系数；1.759为n=2，i=9%的年金现值系数。

乙方案生产经营期各年的现金净流量不相等，只能采取计算复利现值的办法将各期现金净流量逐期折现为第1年年初的价值。

乙方案净现值=90×0.842+100×0.772+110×0.708+80×0.65+60×0.596−300

　　　　　　=318.62−300=18.62（万元）

甲、乙方案的投资额相同，乙方案的净现值（18.62万元）大于甲方案的净现值（2.96万元），因此，应选择乙方案。

净现值法的优点是：①充分考虑了货币时间价值，使不同时间发生的现金流量的差异得以体现。②项目计算期内的全部现金净流量都被列入了计算范畴，避免了回收期法的缺点。

净现值法的缺点是：此方法只能应用于各备选方案投资额相等的情况下。如果各备选方案投资额不相等的话，单纯看净现值的绝对额不能做出正确评价。因为在投资额不同的情况下，不同方案的净现值不具有可比性。

（三）获利能力指数法

获利能力指数是指投资方案生产经营期各年现金净流量的现值与投资额的现值之比。获利能力指数是相对数，是反映投资方案投资效果的相对指标。获利能力指数的计算公式如下：

$$获利能力指数 = \frac{生产经营期现金净流量的现值合计}{投资额的现值合计}$$

如果将获利能力指数公式中的分子与分母相减的话，就是净现值。因此，上式中分子、分母的现值计算与净现值法的现值计算相同。

如果获利能力指数大于1，表明方案报酬率超过期望报酬率。该指标越大，则投资效益越好。

如果获利能力指数小于1，表明方案不能实现期望报酬率。

如果获利能力指数等于1，表明方案正好能实现期望报酬率。

采用获利能力指数法评价投资方案时，只有当获利能力指数大于1时，投资方案才可行。如果有两个或两个以上投资方案的获利能力指数都大于1，应选择获利能力指数最大的方案。

【例7-9】某企业进行一项固定资产投资，现有一个投资方案，该方案建设期为2年，生产经营期为6年，设定的折现率为8%，投资方案各年现金净流量见表7-12。要求：采用获利能力指数法评价该方案是否可行。

表7-12　　　　　　　　　　　　**投资方案现金净流量**　　　　　　　　　单位：万元

项目 年份	投资额	利润	折旧	回收残值	现金净流量
0	600				−600
1	400				−400
2	0				0
3		100	160		260
4		110	160		270
5		120	160		280
6		110	160		270
7		100	160		260
8		100	160	40	300

生产经营期各年现金净流量不相等，只能采取求系列复利现值的方法折现为第1年年初的价值。第2年年初（即第1年年末）的投资额400万元也要采取求复利现值的方法折现为第1年年初的价值。折现计算见表7-13。

表7-13　　　　　　　　　　**折现的投资方案现金净流量**　　　　　　　单位：万元

项目 年份	现金净流量	复利现值系数	折现的现金净流量
0	−600	1	−600
1	−400	0.926	−370.40
2	0	0.857	0
3	260	0.794	206.44
4	270	0.735	198.45
5	280	0.681	190.68
6	270	0.630	170.10
7	260	0.584	151.84
8	300	0.540	162

$$获利能力指数 = \frac{206.44 + 198.45 + 190.68 + 170.10 + 151.84 + 162}{600 + 370.40} = \frac{1\,079.51}{970.40} \approx 1.11$$

该方案获利能力指数为 1.11，大于 1，所以，该方案可行。

【例 7-10】依【例 7-8】资料，要求：计算甲、乙方案的获利能力指数，并做出决策。

$$甲方案获利能力指数 = \frac{294.66}{291.7} \approx 1.01$$

$$乙方案获利能力指数 = \frac{318.62}{300} \approx 1.06$$

甲、乙方案的获利能力指数均大于 1，两个方案均可行，但乙方案获利能力指数较高，应选择乙方案。

获利能力指数是相对经济效益指标，它可以应用于投资额不相等的各备选方案决策分析。因此，获利能力指数法的应用范围比净现值法更为广泛。

（四）内含报酬率法

内含报酬率是指投资方案实际期望达到的报酬率，是在生产经营期现金净流量的现值正好等于投资额的现值的假设下所求出的折现率，也就是使投资方案的净现值等于零时的折现率。

企业进行投资所需的资金如果是借入资金，其贷款利息率就是资金成本；如果是用自有资金进行投资，也存在资金成本问题。贷款利息率作为投资方案的机会成本，也就是投资方案的资金成本。内含报酬率法的基本原理是：当一个投资方案的内含报酬率高于资金成本时，说明该方案在考虑货币时间价值的情况下，收回投资后还会产生剩余的现金净流量，此时，该投资方案的净现值为正值，投资实现期望报酬率后有剩余；若内含报酬率低于资金成本，说明该方案在考虑货币时间价值的情况下，投资不能全部收回，此时，该投资方案的净现值为负值，投资方案不可行；若内含报酬率等于资金成本，则该投资方案的净现值为零，投资正好达到期望报酬率。

在采用内含报酬率法进行决策分析时，应根据下列标准进行决策：当内含报酬率大于资金成本时，方案可行；当内含报酬率小于资金成本时，方案不可行。如果两个或两个以上方案的内含报酬率均大于资金成本时，应选取内含报酬率最高的（或选择内含报酬率与资金成本的差最大的）方案。

内含报酬率的计算方法有两种：一种是根据计算的年金现值系数求得内含报酬率；另一种是采用逐次测试的方法计算内含报酬率。

1. 根据计算的年金现值系数求得内含报酬率

当投资方案的全部投资均于建设起点一次投入、建设期为零、生产经营期每年年末现金净流量均相等时，生产经营期各年现金净流量就是普通年金，如果把投资额看成年金现值的话，能使净现值为零的折现率就是内含报酬率。在这种情况下，内含报酬率的计算步骤如下：

（1）计算年金现值系数。

年金现值 = 年金 × 年金现值系数

$$年金现值系数 = \frac{年金现值}{年金}$$

如果把投资额作为年金现值，各年年末现金净流量为普通年金的话，则有如下公式：

$$年金现值系数=\frac{投资额}{年金}$$

（2）查年金现值系数表，若能直接查到上面所计算的年金现值系数，其对应的折现率即为内含报酬率；如果不能直接查到对应的折现率，则查其相邻的两个年金现值系数，然后用插值法求得内含报酬率。

当生产经营期各年现金净流量不相等时，就只能采取逐次测试的方法计算内含报酬率。

【例7-11】某企业进行一项固定资产投资，投资于建设起点一次投入，无建设期，生产经营期为5年，该投资来源于银行贷款，贷款年利息率为6%，每年计一次复利。该投资方案现金净流量见表7-14。要求：采用内含报酬率法做出方案取舍的决策。

表7-14　　　　　　　　　　**投资方案现金净流量**　　　　　　　　　单位：万元

年　份	现金净流量
0	−8 000
1	2 000
2	2 000
3	2 000
4	2 000
5	2 000

该方案生产经营期各年年末现金净流量均相等，无建设期，每年现金净流量2 000万元属于普通年金，如果把投资额8 000万元看成普通年金现值，则可以按公式计算年金现值系数如下：

$$年金现值系数=\frac{8\ 000}{2\ 000}=4$$

查年金现值系数表，在n=5的一行中，找到最接近4的年金现值系数为3.993，其对应的折现率为8%，因此，该投资方案内含报酬率约等于8%。由于该投资方案的内含报酬率（8%）大于资金成本（6%），因此，该投资方案可行。

【例7-12】某企业进行一项固定资产投资，投资于建设起点一次投入，无建设期，生产经营期为8年，该投资方案资金成本为10%，各年现金净流量见表7-15。要求：采用内含报酬率法做出方案取舍的决策。

计算年金现值系数如下：

$$年金现值系数=\frac{1\ 500}{327.50}\approx4.58$$

查年金现值系数表，在n=8一行中，无法直接查到4.58，查得与其相邻的年金现值系数和对应的折现率见表7-16。

采用插值法计算内含报酬率：

$$投资方案的内含报酬率=14\%+\frac{4.639-4.58}{4.639-4.344}\times(16\%-14\%)=14.40\%$$

该投资方案的内含报酬率（14.40%）大于资金成本（10%），因此，该方案可行。

表7-15　　　　　　　　　　**投资方案现金净流量**　　　　　　　　　　单位：万元

年　份	现金净流量
0	−1 500
1	327.50
2	327.50
3	327.50
4	327.50
5	327.50
6	327.50
7	327.50
8	327.50

表7-16　　　　　　　　　　**年金现值系数及折现率**

年金现值系数	折现率
4.639	14%
4.58	?
4.344	16%

2.采用逐次测试的方法计算内含报酬率

【例7-13】某企业进行一项固定资产投资，资金成本为9%，投资分两次投入，建设期2年，生产经营期5年，各年现金净流量见表7-17。要求：采用内含报酬率法评价该方案是否可行。

表7-17　　　　　　　　　　**投资方案现金净流量**　　　　　　　　　　单位：万元

年　份	现金净流量
0	−200
1	−200
2	0
3	130
4	150
5	150
6	140
7	140

　　本例生产经营期各年的现金净流量不相等，不是年金，而且投资分两次投入，有建设期，不能采用计算年金现值系数再计算内含报酬率的方法，只能采取逐次测试法。所谓逐次测试法，就是先设定一个折现率，然后计算投资方案的净现值。如果净现值为正值，则应提高折现率，再重新计算净现值；如果净现值为负值，则应降低折现率，并重新计算净现值。上述步骤一再重复，直至找到净现值最接近于0的一个正值和一个负值，然后用插值法求得净现值等于0时的内含报酬率。

　　在本例中，先设折现率为10%，计算其净现值：

净现值＝130×0.751＋150×0.683＋150×0.621＋140×0.565＋140×0.513－（200＋200×0.909）

　　　　＝444.15－381.80

　　　　＝62.35（万元）

　　按折现率10%计算的净现值为62.35万元，是正值，为使净现值接近于0，应提高折现率。再设折现率为12%，计算其净现值：

净现值＝130×0.712＋150×0.636＋150×0.567＋140×0.507＋140×0.452－（200＋200×0.893）

　　　　＝407.27－378.60

　　　　＝28.67（万元）

　　按折现率12%计算的净现值为28.67万元，仍然是正值，应再提高折现率。再设折现率为15%，计算其净现值：

净现值＝130×0.658＋150×0.572＋150×0.497＋140×0.432＋140×0.376－（200＋200×0.87）

　　　　＝359.01－374

　　　　＝－14.99（万元）

　　经过三次测试，取得的测试资料见表7-18。

表7-18　　　　　　　　　　　　测试资料表

净现值	折现率
62.35万元	10%
28.67万元	12%
0	?
－14.99万元	15%

　　通过表7-18可知，该方案的内含报酬率在12%~15%之间。下面采用插值法计算具体的内含报酬率：

$$内含报酬率＝12\%＋\frac{28.67-0}{28.67-(-14.99)}×（15\%-12\%）=13.97\%$$

　　该投资方案的内含报酬率为13.97%，高于9%的资金成本，因此，该投资方案可行。

（五）净现值、获利能力指数和内含报酬率之间的关系

　　净现值、获利能力指数和内含报酬率三个指标均是贴现的投资决策评价指标，它们之间的关系如下：

　　若净现值>0，则获利能力指数>1，内含报酬率>资金成本；

　　若净现值=0，则获利能力指数=1，内含报酬率=资金成本；

　　若净现值<0，则获利能力指数<1，内含报酬率<资金成本。

第二节　　固定资产更新的决策

固定资产更新决策不同于一般的投资决策，一般来说，设备更换并不改变企业的生产能力，不增加企业的收入。更新决策的现金流量主要是现金流出。即使有少量的残值变价收入，也可视为支出的抵减，而非实质上的收入增加。由于只有现金流出，而没有现金流入，因此无法计算方案的净现值、获利能力指数、内含报酬率、回收期等决策指标，而且在一般情况下，新旧设备的未来使用年限不同，方案之间缺乏可比性，因而用第一节的知识很难对更新方案的优劣做出判断。因此，对于固定资产更新决策，普遍的分析方法是比较继续使用和更新的年成本，以其较低者作为较优方案。

一、固定资产的平均年成本

固定资产的平均年成本是与该资产相关的现金流出的年平均值。其计算公式如下：

如不考虑货币时间价值：

$$平均年成本 = \frac{设备投资额 - 残值}{使用年限} + 年均营运成本$$

如考虑货币时间价值：

$$平均年成本 = \frac{设备投资额 - 残值}{年金现值系数} + 年均营运成本 + 机会成本（残值占用的利息）$$

【例7-14】假设某工厂的机器 A 是 5 年前购入的，购价 3 000 元，预计可使用 10 年，使用期满时还有残值 100 元，年运行成本 600 元；新的机器 B 购价 2 500 元，预计可使用 10 年，使用期终了尚有残值 600 元，年营运成本 400 元。假定该厂决定购入机器 B，则机器 A 可以出售，作价 500 元。该企业要求设备上的报酬率至少达到 15%。问该企业是否应购入机器 B？

$$机器 A 的平均年成本 = \frac{500 - 100}{(P/A, 15\%, 5)} + 100 \times 15\% + 600 = 734.33（元）$$

$$机器 B 的平均年成本 = \frac{2\,500 - 600}{(P/A, 15\%, 10)} + 600 \times 15\% + 400 = 868.58（元）$$

因为机器 A 的平均年成本低于机器 B 的平均年成本，故企业不应购入机器 B。

从【例7-14】可以看出，使用平均年成本指标，投资者必须是站在"局外人"的角度进行观察，即从"局外人"角度出发，比较是用 500 元购买机器 A，还是用 2 500 元购买机器 B。计算结果表明，机器 A 的平均年成本比机器 B 的平均年成本低 134.25 元（868.58-734.33），5 年内可节约 671.25 元，因此应仍使用目前的机器 A，这在经济上是合算的。

二、不同原因的更新分析

固定资产更新的具体原因有许多种，主要有不宜大修、不适用以及陈旧引起的更新等。

（一）不宜大修引起的固定资产更新

固定资产可以通过大修理，无限延长其物理使用寿命，但是，这样做在经济上是否合算，需要进行分析。

【例7-15】某企业有一设备应该进行大修，预计修理费 3 000 元，修理后可使用 3

年，每年日常维护等运行费用240元。如果将其报废，购置同等能力的设备需要13 000元，预计可使用20年，每年运行费用40元。假设该企业的资金成本为8%，应选择哪个方案？如果该企业的资金成本为12%，应选择哪个方案？

（1）设资金成本为8%，两个方案比较如下：

$$大修方案平均年成本 = \frac{3\ 000}{(P/A,8\%,3)} + 240 = 1\ 404（元）$$

$$更新方案平均年成本 = \frac{13\ 000}{(P/A,8\%,20)} + 40 = 1\ 364（元）$$

因此，应选择购置新设备的方案。

（2）设资金成本为12%，两个方案比较如下：

$$大修方案平均年成本 = \frac{3\ 000}{(P/A,12\%,3)} + 240 = 1\ 489（元）$$

$$更新方案平均年成本 = \frac{13\ 000}{(P/A,12\%,20)} + 40 = 1\ 780（元）$$

因此，应选择修理旧设备的方案。

通过这个例子我们可以发现，资金成本越高，投资就越保守。银行提高利率，就会使更多的货币流向银行，抑制企业投资的总规模。与此相反，降低银行利率，就会刺激资金转向投资企业。

（二）不适用引起的固定资产更新

所谓不适用，在这里是指设备能力不足或不适应生产需要。也就是说，现有资产本身是良好的，只是由于情况变化，需要扩大生产能力或加以改造。

【例7-16】某企业现有设备能力不足，有两个可供选择的解决方案：（1）继续使用现有设备的同时添置一台能力较小的设备。现有设备现时重置成本2 700元，尚可使用8年，每年动力费300元、维修费75元，预计残值80元。新购置的小设备购价4 400元，预计使用年限10年，每年动力费320元、维修费45元，预计残值880元。（2）淘汰现有设备，购置一台较大的设备，满足全部生产需要。预计设备购价7 800元，可使用10年，每年动力费660元、维修费50元，预计残值1 560元。假设该企业投资要求的最低报酬率为6%，那么应选择哪个方案？

$$旧设备平均年成本 = \frac{2\ 700 - 80}{(P/A,6\%,8)} + 80 \times 6\% + （300 + 75）= 801.71（元）$$

$$新设备平均年成本 = \frac{4\ 400 - 880}{(P/A,6\%,10)} + 880 \times 6\% + （320 + 45）= 896.06（元）$$

$$第一方案平均年成本 = 801.71 + 896.06 = 1\ 697.77（元）$$

$$第二方案平均年成本 = \frac{7\ 800 - 1\ 560}{(P/A,6\%,10)} + 1\ 560 \times 6\% + （660 + 50）= 1\ 651.42（元）$$

通过比较两个方案的平均年成本可知，选择第二方案较好。

（三）陈旧引起的固定资产更新

固定资产的陈旧是相对于新的资产来说的。陈旧有两种情况：一种是旧资产在使用中性能衰退了，如能耗增加、故障时间加大、维修成本上升等，运行费用比最初购置时逐步提高；另一种是旧资产本身的性能没有显著变化，由于技术上更先进的同类资产出现，相比之下旧资产运行费用高、性能比较差。但是，不能因此认为使用新的资产总是有利的，新资产的购置需要投入较多的资金，需要权衡投资与运行成本的大小，才能做出正确决策。

【例 7-17】有一台旧设备，最初购置成本 8 000 元，预计使用 15 年，已经使用 5 年，尚可使用 10 年，每年运行费用 1 500 元，设备重置成本 4 500 元，报废时预计残值 150 元。目前市场上有一种新的同类设备，价格 10 000 元，预计可以使用 10 年，每年运行费用 500 元，预计残值 500 元。假设最低报酬率是 10%，问该设备是否应更新？

旧设备平均年成本 $=\dfrac{4\,500-150}{(P/A,10\%,10)}+150\times10\%+1\,500=708+15+1\,500=2\,223$（元）

新设备平均年成本 $=\dfrac{10\,000-500}{(P/A,10\%,10)}+500\times10\%+500=1\,546+50+500=2\,096$（元）

因此，应当进行更新。

这个问题属于设备未来使用年限相同的类型，故也可以根据实际差量现金流量来进行分析。

设备更新需要追加的投资额 $=10\,000-4\,500=5\,500$（元）

年成本节约额 $=1\,500-500=1\,000$（元）

残值差额 $=500-150=350$（元）

可以将年成本节约额视为年现金流入量，残值差额视为第 10 年现金流入量。因此，可计算净现值得：

净现值 $=1\,000\times(P/A,10\%,10)+350\times(P/F,10\%,10)-5\,500=780$（元）

因为净现值 >0，所以设备更新是可行的。

这种方法与前一种方法的结论是相同的。由第一种方法可知，设备更新可比不更新节约年成本 127 元（2 223-2 096），10 年共节约 780 元（127×6.145），与净现值正好相同。

第八章

全面预算

内容提要

全面预算具有计划、协调和控制三个职能。全面预算有多种编制方法和基本编制要求。本章主要介绍全面预算的基本编制方法、弹性预算的编制方法、零基预算的编制方法和滚动预算的编制方法。

第一节　生产经营全面预算的基本体系

一、全面预算的概念

一个企业通过长期决策和短期决策，确定了较优方案，为企业各有关方面的活动确定了具体目标。但是，为了达到并完成既定的目标，还必须研究实现目标的途径和方法，以保证目标在实际中贯彻执行，这就需要编制预算。所谓预算，就是用货币来计量，将决策的目标具体地、系统地反映出来。所以，预算是经营决策的具体化，经营决策的经济效益还要进一步体现、落实到有关的长、短期预算中。

长期预算主要是指1年以上的预算。此问题主要结合长期决策论述。本章主要阐述短期预算，亦即全面预算的主要内容及编制方法。全面预算又称总预算，是关于企业在一定时期内（一般不超过1年）经营、财务等方面的总体预算。全面预算是一种执行预算，数据要尽量具体化，以便各职能部门落实执行。

二、编制全面预算的意义

全面预算为企业整体及其各个方面确立了明确的目标和任务。它规划了每个职能部门的管理人员在计划期间的具体工作，从而保证了各部门和整个企业工作的顺利运行。举例来说，首先，由销售部门根据已确立的目标利润，预测目标销售量，再通过市场调查进行销售预测，并千方百计地增加花色品种、提高产品质量、降低产品成本，以保证目标销售量和目标利润的实现。其次，生产部门根据销售部门确定的预计销售量，结合产品的期初、期末存量，计算出计划期的预计产量。产量既不能过多，也不能过少。产量过多势必造成仓库积压，增加费用；过少则会造成市场脱销，减少企业的利润。同样，采购部门必须根据计划期的预计产量，考虑期初、期末材料存量，购进足够的合格材料，以满足产品生产的需要。人事部门必须根据计划期的生产任务配备足够的工人和技术力量。财务部门要根据以上各业务部门在计划期间的经济活动，很好地安排资金、调动资金，保证有足够的货币资金支付到期的贷款、工资和其他费用，以及偿还债务、购买固定资产、支付红利和股息等。可见，编制全面预算可以把以上所有经济活动协调起来，为实现总的战略目标而努力。

三、编制全面预算的作用

编制全面预算的作用概括起来主要有以下几个方面：

1.明确目标、控制业务

全面预算的编制就是把整个企业和各个职能部门在计划期间的工作分别定出目标，并将制定目标所依据的主要设想，以及达到目标所拟采取的方法和措施都详细列举出来，从而达到指导和控制业务的目的。

2.内部协调、综合平衡

现代化企业的各个职能部门的经济活动之间，存在着一个局部和整体的关系。各职能部门在安排计划时不能各自为政，否则难以实现总的战略目标。编制全面预算可以促使各部门管理人员了解本部门在全局中所处的地位、所起的作用，协调和平衡各职能部门的计划，从而实现最佳的经济效益。

3.分析比较、评价业绩

预算是目标的具体化，同时也是评价企业生产经营各个方面工作成果的基本尺度。在生产经营过程中，把实际成果同预算目标进行对比，考核和分析实际成果同预算之间的差异，既可以考核各部门或有关人员的工作业绩，同时也有助于促进各方面及时采取有效措施，消除薄弱环节，保证预定目标更好地完成。

四、全面预算的基本体系

为适应市场经济的要求，企业生产经营的全面预算是以对市场需求的研究和预测作为基础，以销售预算为主导，进而包括生产、成本和现金收支等各个方面，并特别重视生产经营活动对企业财务状况和财务成果的预期影响，最后以编制预计的财务报表作为终结的这样一种整体预算。其特点是以销定产，使预算的每一个部分、每一项指标都紧紧围绕着企业经营决策的目标利润来制定。全面预算的基本组成包括以下方面：

（1）销售预算，包括现金收入的预算。

（2）生产预算。

（3）直接材料采购预算，包括现金支出的预算。

（4）直接人工预算。

（5）制造费用预算。

（6）期末存货预算。

（7）销售及管理费用预算。

（8）现金预算。

（9）预计利润表。

（10）预计资产负债表。

各项预算之间的相互关系如图8-1所示。

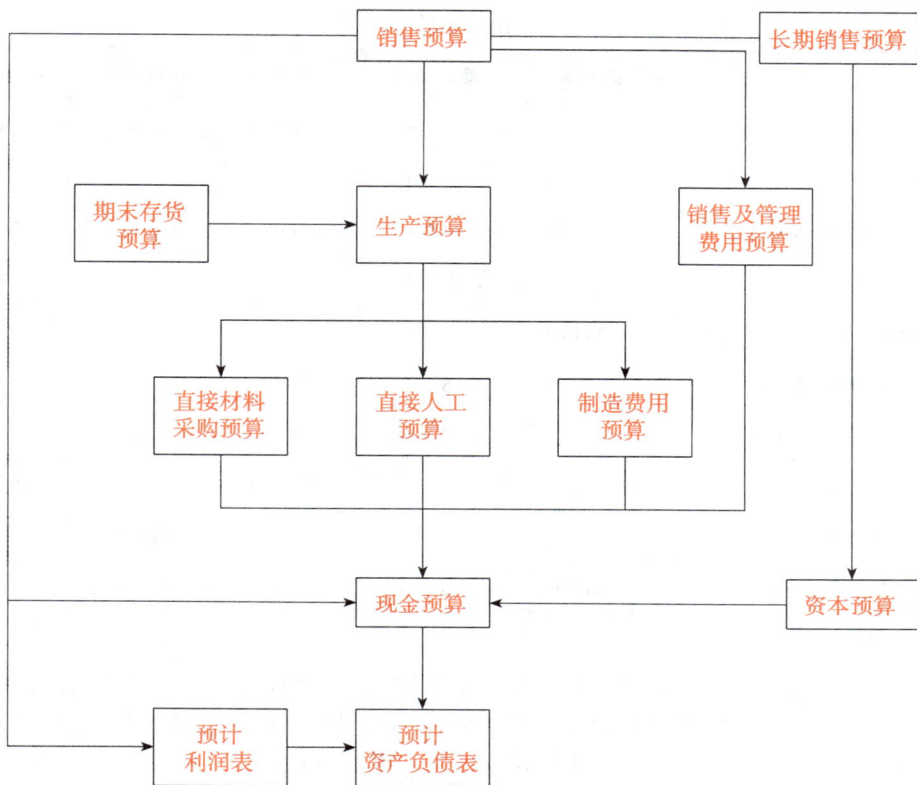

图8-1　各项预算之间的相互关系图

第二节　全面预算编制的基本方法

编制预算的方法有很多，如固定预算法、弹性预算法、零基预算法、滚动预算法等。其中，固定预算法为常用的传统方法，它是根据预算期间内计划预定的一种业务水平确定相应的数据，因此亦称静态预算。它适用于非营利组织和业务水平较为平稳的企业。本节具体介绍固定预算法下全面预算的编制。

一、销售预算

销售预算是规定预算期内销售目标和实施计划的一种预算。它是全面预算的出发点，也是全面预算的关键。因为现代企业都是以销定产的，举凡产品的生产数量、材料、人工、设备和资金需要量等，都由预期的商品销售量所决定。在编制过程中，要根据市场动态和销售历史资料分析、预测计划期销售收入。

在销售预算中通常还包括预期的现金收入的计算，包括上期销售将于本期收到的现金和本期销售可于本期收到的现金，为编制现金预算提供必要的资料。

【例8-1】假定达成机械制造厂于计划年度2017年只生产和销售一种产品，每季的商品销售在当季收到货款的占50%，其余的50%在下季收讫。基期（2016年）期末的应收账款余额为25 000元。该企业计划年度的分季销售预算见表8-1。

表 8-1   销售预算

2017 年度

	第一季度	第二季度	第三季度	第四季度	全年合计
预计销售量（件）	1 100	1 200	1 500	1 200	5 000
销售单价（元/件）	70	70	70	70	
预计销售收入（元）	77 000	84 000	105 000	84 000	350 000
预期的现金收入					单位：元
应收账款（2016年年末）	25 000				25 000
第一季度销售额	38 500	38 500			77 000
第二季度销售额		42 000	42 000		84 000
第三季度销售额			52 500	52 500	105 000
第四季度销售额				42 000	42 000
现金收入合计	63 500	80 500	94 500	94 500	333 000

二、生产预算

生产预算主要用来具体安排企业在预算期内的生产活动，确定预算期内有关产品的生产数量及其分布状况。根据销售预算的具体内容来编制生产预算，要注意计划期初、期末存货的预计水平。产品的生产量与销售量之间的关系按下式计算：

预计生产量＝预计销售量＋预计期末存货量－预计期初存货量

【例 8-2】依【例 8-1】资料，假定企业预算年度内每季季末产成品存货占其下季销售量的10%，预算年度末存货量预计为100件，预算年度初产成品存货量为110件，据此编制的生产预算见表8-2。

表 8-2   生产预算

2017 年度   单位：件

	第一季度	第二季度	第三季度	第四季度	全年合计
预计销售量	1 100	1 200	1 500	1 200	5 000
加：预计期末存货量	120	150	120	100	100
减：预计期初存货量	110	120	150	120	110
预计生产量	1 110	1 230	1 470	1 180	4 990

三、直接材料采购预算

确定了生产预算并安排好生产进度之后，就应据以编制直接材料采购预算。编制直接材料采购预算也要考虑计划期间的期初及期末存料水平。直接材料预计采购量按下式计算：

预计采购量＝预计生产需用量＋预计期末材料存货量－预计期初材料存货量

在直接材料采购预算中，通常还包括材料方面预期的现金支出的计算，为编制现金预算提供必要的资料。材料方面预期的现金支出包括上年度采购本期付款和本期采购本期支付的现金支出。

【例8-3】依【例8-2】资料，假定该企业直接材料消耗定额为2千克，每千克价格为5元，预算期内每季季末存料量占其下季生产需要量的20%，预算期末材料存量为500千克，预算期初材料存量为400千克，每季材料采购在当季付款的占60%，其余部分在下季付款。该企业预算期初应付款余额为7 000元。根据上述资料编制该企业的预算年度直接材料采购预算见表8-3。

表8-3　　　　　　　　　　　　　　　　**直接材料采购预算**　　　　　　　　　数量单位：千克

2017年度金额　　　　　　　　　　　　　　　　　　　　　单位：元

	第一季度	第二季度	第三季度	第四季度	全年合计
预计生产量（件）	1 110	1 230	1 470	1 180	4 990
单位产品材料消耗定额	2	2	2	2	2
预计生产需要量	2 220	2 460	2 940	2 360	9 980
加：预计期末存料量	492	588	472	500	500
减：预计期初存料量	400	492	588	472	400
预计材料采购量	2 312	2 556	2 824	2 388	10 080
材料计划单价	5	5	5	5	5
预计材料采购金额	11 560	12 780	14 120	11 940	50 400
预期的现金支出					单位：元
应付账款（2017年年末）	7 000				7 000
第一季度采购额	6 936	4 624			11 560
第二季度采购额		7 668	5 112		12 780
第三季度采购额			8 472	5 648	14 120
第四季度采购额				7 164	7 164
现金支出合计	13 936	12 292	13 584	12 812	52 624

四、直接人工预算

直接人工预算也是以生产预算为基础编制的，以各期完成的产成品数乘以生产单位产品需要的工时，再乘以小时工资率，得出直接人工成本。在通常情况下，企业生产产品耗用的直接人工工种往往不止一种，由于工种不同，小时工资率也不一样，这时直接人工预算则必须按工种类别分别计算，然后汇总求得直接人工成本总数。

【例8-4】依【例8-3】资料，假定达成机械制造厂计划期间所需直接人工只有一个工种，生产单位产品需用直接人工工时为5小时，每小时工资率为4元，该厂2017年度直接人工预算见表8-4。

表8-4　　　　　　　　　　　　　　**直接人工预算**

2017年度

	第一季度	第二季度	第三季度	第四季度	全年合计
预计生产量（件）	1 110	1 230	1 470	1 180	4 990
单位产品直接人工工时（小时）	5	5	5	5	5
预计各期需用的直接人工总工时（小时）	5 550	6 150	7 350	5 900	24 950
单位工时工资率（元）	4	4	4	4	4
预计直接人工成本总额（元）	22 200	24 600	29 400	23 600	99 800

五、制造费用预算

制造费用包括生产成本中除直接材料、直接人工以外的一切费用。这些费用可以按成本性态划分为变动费用和固定费用两类。在全部成本计算法下，变动费用和固定费用都包括在产品成本中。在变动成本计算法下，只有变动费用计入产品成本，固定费用直接列入利润表作为当期产品销售收入的一个扣除项目。编制制造费用预算时，应以预算期的各季生产量为基础来规划各个费用项目的具体预算数。

在制造费用预算中，通常还包括费用方面预期的现金支出的计算，为编制现金预算提供必要的资料。由于固定资产折旧无需现金支出的项目，计算预期现金支出时应予以扣除。

【例8-5】依【例8-4】资料，假定该企业预算年度的制造费用预算见表8-5。

表8-5　　　　　　　　　　　　　　**制造费用预算**

2017年度

成本明细项目		金额（元）	费用分配率
变动费用	间接人工	15 000	变动费用分配率 $= \dfrac{\text{变动费用合计}}{\text{直接人工工时}}$ $= \dfrac{49\,900}{24\,950}$ $= 2$（元/小时）
	间接材料	8 000	
	维修费	10 000	
	水电费	12 500	
	机物料消耗	4 400	
	合计	49 900	
固定费用	维修费	5 200	固定费用为期间费用，按季（月）分配每季固定费用支出 $\dfrac{28\,800}{4}$ $= 7\,200$（元）
	折旧费	7 400	
	管理费	7 500	
	保险费	6 600	
	财产税	2 100	
	合计	28 800	

续表

预期的现金支出				金额单位：元
	第一季度	第二季度	第三季度	第四季度	全年合计
直接人工工时（小时）	5 550	6 150	7 350	5 900	24 950
变动费用分配率	2	2	2	2	2
变动费用现金支出	11 100	12 300	14 700	11 800	49 900
固定费用现金支出	7 200	7 200	7 200	7 200	28 800
减：折旧费	1 850	1 850	1 850	1 850	7 400
现金支出合计	16 450	17 650	20 050	17 150	71 300

注：每季折旧费 $=\dfrac{\text{年折旧费总额}}{4}=\dfrac{7\ 400}{4}=1\ 850$（元）。

六、产品单位成本和期末产成品存货预算

为正确计量预计利润表中的产品销售成本和预计资产负债表中的期末产成品存货，要根据以上五种预算编制产品单位成本和期末产成品存货预算。

【例8-6】依【例8-1】至【例8-5】资料，编制该企业产品单位成本和期末产成品存货预算，见表8-6。

表8-6   **产品单位成本和期末存货预算**

2017年度

成本项目	单位消耗定额	单价标准	单位成本（元）
直接材料	2千克	5元/千克	10
直接人工	5小时	4元/小时	20
变动制造费用	5小时	2元/小时	10
单位变动生产成本（元）			40
期末	期末存货数量（件）		100
存货	单位变动成本（元）		40
预算	期末存货余额（元）		4 000

七、销售及管理费用预算

这项预算应包括制造业务范围以外预计发生的各种费用项目。变动费用与固定费用需分开列示。这项预算通常也包括计划期间预计销售与管理费用的现金支出计算，以便编制现金预算。

【例8-7】根据达成机械制造厂的有关资料，编制费用预算见表8-7。

表8-7   **销售及管理费用预算**
2017年度

费用明细项目		预算金额（元）	费用分配率
变动费用	销售人员工资及佣金	6 000	单位产品变动费用支出 = $\dfrac{\text{变动费用合计}}{\text{预计销售量}}$
	运输费	9 000	= $\dfrac{20\ 000}{5\ 000}$
	办公费	5 000	
	合计	20 000	= 4（元）
固定费用	管理人员工资	8 000	
	广告费	10 000	
	保险费	3 000	每季固定费用支出 = $\dfrac{24\ 000}{4}$
	财产税	3 000	= 6 000（元）
	合计	24 000	

预期的现金支出   金额单位：元

	第一季度	第二季度	第三季度	第四季度	全年合计
预计销售量（件）	1 100	1 200	1 500	1 200	5 000
单位变动销售及管理费用	4	4	4	4	4
变动销售及管理费用	4 400	4 800	6 000	4 800	20 000
固定销售及管理费用	6 000	6 000	6 000	6 000	24 000
现金支出合计	10 400	10 800	12 000	10 800	44 000

八、现金预算

现金预算是概括地反映企业在整个预算期内现金收支余缺及其筹集与运用情况的预算，编制现金预算的主要目的是为了测算企业在预算期间现金收入与现金支出的吻合程度及不吻合的时间与数额，以便采取措施，避免资金的积压或短缺。

现金预算一般包括四个组成部分：

（1）现金收入。它包括计划期间的期初现金余额，加上本期预计可能发生的现金收入。一般来说，现金收入的主要来源是销售收入和应收账款的收回。该项资料可从销售预算中获得。

（2）现金支出。它包括计划期内预计可能发生的一切现金支出，如支付购料款、直接人工、制造费用以及销售与管理费用等。此项资料可分别从直接材料采购预算、直接人工预算、制造费用预算、销售及管理费用预算中获得，此外还有缴纳所得税、购置固定资产、支付股利等事项。

（3）现金剩余或不足。将现金收入总额与现金支出总额进行轧抵，如收入大于支出即出现剩余，可用来归还以前借款，或进行短期投资；如收入小于支出即出现短缺，则应通过向银行或其他单位举债等方式筹措。

（4）融通资金（或投放资金）。这部分是以现金余缺为出发点，包括计划期间需要在期初向银行借款的数额，以及在期末归还借款和偿付利息等事项。

在完成了初步的现金预算以后，我们就可以知道企业在计划期间需要多少经营资金，财务主管人员就可以据以预先安排和筹措，来满足各个时期的资金需要。

由此可见，为了有计划地安排和筹措资金，编制期间愈短愈好。西方国家有不少企业以星期为单位，逐周编制预算，但最常见的还是按年度分季或季度分月进行编制。

【例8-8】假定达成机械制造厂预算期内现金余额最低限额为10 000元，最高限额为15 000元。预计每季度支付股利2 000元。专门决策计划第一季度购置设备支出5 000元，第二季度购置设备支出17 000元，第三季度购置设备支出5 000元，第四季度购置设备支出7 000元，预算期初现金余额为10 000元。编制现金预算见表8-8。

表8-8　　　　　　　　　　　　　　现金预算

2017年度　　　　　　　　　　　　　　　　　　　　　单位：元

	第一季度	第二季度	第三季度	第四季度	全年合计
期初现金余额	10 000	14 664	11 322	12 197.5	10 000
加：本期现金收入	63 500	80 500	94 500	94 500	333 000
合计	73 500	95 164	105 822	106 697.5	343 000
减：本期现金支出					
直接材料	13 936	12 292	13 584	12 812	52 624
直接人工	22 200	24 600	29 400	23 600	99 800
制造费用	16 450	17 650	20 050	17 150	71 300
销售及管理费用	10 400	10 800	12 000	10 800	44 000
预计所得税费用	3 850	4 500	6 403	4 328	19 081
预计设备购置	5 000	17 000	5 000	7 000	34 000
预计支付股利	2 000	2 000	2 000	2 000	8 000
合计	73 836	88 842	88 437	77 690	328 805
收支相抵结余（＋）不足（－）	－336	6 322	17 385	29 007.5	14 195
向银行借款	15 000	5 000			20 000
偿还借款			（5 000）	（15 000）	（20 000）
支付利息（年息率5%）			（187.5）	（687.5）	（875）
期末现金余额	14 664	11 322	12 197.5	13 320	13 320

注：向银行借款数除需抵补现金支出轧抵的不足数外，还要保证期末最低余额10 000元。另外，如果结余现金超过15 000元的最高限额，就需归还借款并注意支付利息。借款、还款数额须为5 000元的整数倍；借款、筹资在期初，还款、支付各种利息在期末。第三季度利息为187.5元（5 000×5%×3÷4），第四季度利息为687.5元（10 000×5%+50 000×5%×3÷4）。

九、预计利润表

预计利润表是用来综合反映企业在计划期间生产经营的财务情况，并作为预计企业经营活动最终成果的重要依据，是企业财务预算中最主要的预算表之一。它的编制依据是表8-1、表8-5、表8-6、表8-7、表8-8以及专门决策资料等。

【例 8-9】根据达成机械制造厂的有关预算资料，编制年度分季的预计利润表见表 8-9。

表8-9　　　　　　　　　　　　　**预计利润表**

2017年度　　　　　　　　　　　　　　　　　　　　　金额单位：元

	第一季度	第二季度	第三季度	第四季度	全年合计
销售数量（件）	1 100	1 200	1 500	1 200	5 000
销售收入	77 000	84 000	105 000	84 000	350 000
减：变动成本					
制造成本	44 000	48 000	60 000	48 000	200 000
销售及管理费用	4 400	4 800	6 000	4 800	20 000
边际贡献	28 600	31 200	39 000	31 200	130 000
减：固定成本					
制造费用	7 200	7 200	7 200	7 200	28 800
销售及管理费用	6 000	6 000	6 000	6 000	24 000
营业利润	15 400	18 000	25 800	18 000	77 200
减：利息支出			187.5	687.5	875
税前利润	15 400	18 000	25 612.5	17 312.5	76 325
减：所得税费用（25%）	3 850	4 500	6 403	4 328	19 081
税后利润	11 550	13 500	19 209.5	12 984.5	57 244

十、预计资产负债表

预计资产负债表用来反映企业在预算期末的财务状况。它是以预算期初的资产负债表为基础，然后根据计划期间各项预算的有关资料加以分析、计算而编制的。

【例 8-10】假定达成机械制造厂预算期初的资产负债表见表 8-10。

表8-10　　　　　　　　　　　　　**资产负债表**

2016 年 12 月 31 日　　　　　　　　　　　　　　　　　　　　　单位：元

资　产		负债及所有者权益	
流动资产		流动负债	
1.货币资金	10 000	8.应付账款	7 000
2.应收账款	25 000	合　计	7 000
3.材料存货	2 000		
4.产成品存货	4 400	所有者权益	
合　计	41 400	9.普通股	25 000
固定资产		10.留存收益	31 400
5.土地	20 000	合　计	56 400
6.房屋及设备	26 000		
7.累计折旧	24 000		
合　计	22 000		
资产总计	63 400	负债及所有者权益总计	63 400

根据期初的资产负债表及计划期间各项预算中的有关资料进行调整，编制计划期末的资产负债表见表8-11。

表8-11

资产负债表

2017年12月31日 单位：元

资　产		负债及所有者权益	
流动资产		流动负债	
1.货币资金	13 320	8.应付账款	4 776
2.应收账款	42 000	合　　计	4 776
3.材料存货	2 500		
4.产成品存货	4 000		
合　　计	61 820	所有者权益	
固定资产		9.普通股	25 000
5.土地	20 000	10.留存收益	80 644
6.房屋及设备	60 000	合　　计	105 644
7.累计折旧	31 400		
合　　计	48 600		
资产总计	110 420	负债及所有者权益总计	110 420

编表说明：

（1）见表8-8，预算期末现金余额为13 320元。

（2）见表8-1，预算期初应收账款余额为25 000元，预算期末应收账款余额为42 000元（84 000×50%）。

（3）见表8-3，预算期初材料余额为2 000元（400×5），预算期末余额为2 500元（500×5）。

（4）见表8-2和表8-6，预算期初产成品余额为4 400元（110×40），预算期末产成品余额为4 000元（100×40）。

（5）、（6）见表8-8，预算期初固定资产原值为26 000元，预算期末固定资产原值为60 000元（26 000+34 000）。

（7）见表8-5，预算期初累计折旧额为24 000元，预算期末累计折旧额为31 400元（24 000+7 400）。

（8）见表8-3，预算期初应付账款余额为7 000元，预算期末应付账款余额为4 776元（11 940×40%）。

（9）见表8-10，普通股股本期初数为25 000元，计划期股本数为25 000元。

（10）见表8-8和表8-9，计算如下：

留存收益预算期末余额=预算期初余额+预算期间所获净利润-计划期间支付股利

=31 400+57 244-8 000=80 644（元）

第三节　　全面预算编制的其他方法

一、弹性预算

上一节我们介绍全面预算的编制运用的是固定预算。这种传统方法有一个很大的缺点，那就是当实际发生的业务量与编制预算所根据的业务量发生差异时，各费用项目的实际数与预算数即无可比基础。而在实际工作中，由于市场形势变化或季节性原因，往往会使各月份的实际业务量水平起伏波动，致使实际的月份费用开支与原预算的平均每月开支不能相互比较。例如，企业预计生产量为 1 500 件，而实际生产量为 2 000 件。实际生产2 000 件所发生的费用与预计生产 1 500 件所发生的费用的差异，既包括费用水平变动的影响，亦包括产量变动的影响，这使实际生产 2 000 件的费用开支与预计生产 1 500 件的预计费用开支缺乏可比性。这样，原来的预算也就不能起到协调和控制的作用。为了弥补这种方法的缺陷，产生了弹性预算。

所谓弹性预算，就是根据收入、成本、利润同生产经营活动水平之间的数量关系，按照预算期内可预见的多种业务量水平分别确定相应的预算数，使编制的预算随着经营活动水平的变化而变化，因此也称变动预算。弹性预算适用于情况不断变化的企业，能够真实、准确地反映一系列特定生产经营规模和业务量水平上所应当发生的费用开支和取得的相应收入及利润。因此，弹性预算比固定预算更便于落实任务，区分责任，并使预算执行情况的评价和考核建立在更加客观而可比的基础上，在预算管理工作中能发挥更大的作用。

编制弹性预算，首先要将有关预算中的全部成本费用分为固定部分和变动部分。对于固定成本而言，由于它不随业务量的增减变化而变化，因此在编制弹性预算时，不论业务量为多少，都无需变动原固定预算数。对变动成本而言，由于它随着业务量的变化而成正比例增减变化，因此在编制弹性预算时，应按不同的业务量对原定预算数进行适当调整。

假定原费用预算总数为 y，其中固定费用总数为 a，原预计产量（按定额工时计算）为 x，则变动费用总数为 bx。

∴　单位产品应分摊的变动费用=bx÷x=b

∴　原预算中固定费用与变动费用的相互关系为：

$y=a+bx$

假定实际产量为 x_1，按实际产量调整后的费用预算总数为 y_1，则：

$y_1=a+bx_1$

应该注意，由于实际中有许多费用项目属于半变动和半固定性质，因此需要运用上述调整原理对每个费用子目甚至细目逐一进行分析计算，并据以编制出一套能适应多种不同业务量水平（一般每间隔 5%或 10%）的费用预算。

【例 8-11】以上节所举例的表 8-5"制造费用预算"的有关资料为依据（原预计产量为 4 990 件），分别制定出业务量每间隔10%，即 22 500 小时、24 950 小时、27 500 小时、30 000 小时的制造费用弹性预算见表 8-12。

表 8-12 制造费用弹性预算

2017 年度　　　　　　　　　金额单位：元

成本明细项目		每工时费用分配率	业务量			
			22 500 小时	24 950 小时	27 500 小时	30 000 小时
变动费用	间接人工	0.60	13 500	15 000	16 500	18 000
	间接材料	0.32	7 200	8 000	8 800	9 600
	维修费	0.40	9 000	10 000	11 000	12 000
	水电费	0.50	11 250	12 500	13 750	15 000
	机物料消耗	0.18	4 050	4 400	4 950	5 400
	小　计		45 000	49 900	55 000	60 000
固定费用	维修费		5 200	5 200	5 200	5 200
	折旧费		7 400	7 400	7 400	7 400
	管理费		7 500	7 500	7 500	7 500
	保险费		6 600	6 600	6 600	6 600
	财产税		2 100	2 100	2 100	2 100
	小　计		28 800	28 800	28 800	28 800
制造费用合计			73 800	78 700	83 800	88 800

注：①22 500 小时≈24 950−24 950×10%；②每工时费用分配率 $= \dfrac{\text{变动费用各子项金额}}{\text{直接人工工时}}$。

必须指出，弹性预算表中固定费用部分在整个相关范围内均保持不变，故这部分仍属固定预算性质，所谓弹性预算实际上仅对变动费用部分而言。

总之，编制弹性预算可以根据实际业务量水平，选用相应业务量水平费用预算数与实际支付数进行对比，这样就便于管理人员在事前据以严格控制费用开支，也有利于在事后细致分析各项费用节约或超支的原因。凡完成得好的，要总结经验，普及推广；完成得不好的，要采取有效措施，及时加以解决。

二、零基预算

零基预算全称"以零为基础的编制计划和预算的方法"，最初是由在美国德克萨斯仪器公司担任财务预算工作的彼得·派尔在 20 世纪 60 年代提出来的，在当时的美国风行一时，引人瞩目。现已成为西方发达国家管理间接费用的一种有效方法。

零基预算又称零底预算，是指在编制预算时，对于所有的预算支出均以零为基底，不考虑以往情况如何，从根本上研究、分析每项预算有无支出的必要性和支出数额的大小。这种预算方法不以历史数据为基础，而以零为出发点，零基预算法因此而得名。

编制费用预算的传统方法，是以原有的费用水平为基础进行差量分析。其基本程序是：以本期费用预算的执行情况为基础，按预算期内有关业务量预期的增减变化，对现有费用水平做出适当调整，以确定预算期的预算数。在指导思想上，是以承认现实的基本合理性作为出发点。传统的预算方法比较简便，但它以过去的水平为基础，实质上就是缺乏对过去的支出是否必要、支出数额是否合理的认识，缺乏必要的分析和判断，简单地沿袭下来，所以容易造成新预算的不足或浪费。

零基预算针对传统预算的特点进行了改革，在指导思想上是一种全新的预算控制法。采用零基预算法进行费用预算的编制，不是以现有的费用水平为基础，而是像新企业创立时那样，一切以"零"为起点，对每一项费用的发生都进行费用-效益分析，据以判定其开支的合理性和优先顺序，并依据企业现有资金的实际情况，在预算中对各个项目进行择优安排，有利于提高资金使用效益，节约费用开支，把预算控制建立在更加严密而健全的基础上，使之提高到一个新的水平。

零基预算的编制方法，大体上分为以下三个步骤：

1.提出预算项目

企业各部门的负责人和职工，首先应根据企业在预算期内的总体经营目标和本部门应完成的具体工作任务，在充分讨论研究的基础上，提出必须安排的预算项目，并对每一项目的性质、目的做出说明，同时以零为基础，详细提出各预算项目所需开支的数额。

2.进行成本-效益分析

由企业领导、总会计师等人组成的预算委员会应对各部门提出的预算方案进行成本-效益分析，将每一费用项目的所费与所得进行对比计算，对各个费用开支方案进行评价，然后把各个费用开支方案在权衡轻重缓急的基础上，分成若干层次，排出先后顺序。

3.分配资金、落实预算

根据成本-效益分析所确定的各费用项目的层次及先后顺序，将企业可动用的资金在各有关项目之间进行合理的分配。其原则是，既要优先保证重点预算项目的资金需要，又要使预算期内的各项生产经营活动得以均衡、协调发展。

【例8-12】假定达成机械制造厂在编制下年度销售及管理费用预算时，拟采用零基预算法。该企业预算年度计划可用于销售及管理方面的资金总额为30 000元。销售及管理费用零基预算编制方法如下：

首先，由销售及管理部门的负责人以及全体职工，根据预算年度的企业总体战略目标和本部门的具体工作任务，经过反复讨论研究，一致认为本部门预算期间需发生的费用项目及其预计的开支水平具体见表8-13。

表8-13　　　　　　　　　　　　　　费用预算表　　　　　　　　　　　单位：元

广告费	18 000
销售人员培训费	11 000
外地销售机构租金	7 000
差旅费	6 000
办公费	3 000

其次，对以上费用项目进行分析研究，一致认为外地销售机构租金、差旅费及办公费均属于预算期间不可缺少的费用开支，必须全额保证它们的需要。而其余两项费用，根据历史资料进行成本–效益分析，其结果见表8–14。

表8–14　　　　　　　　　**成本–效益分析结果**　　　　　　　　　单位：元

明细项目	每期平均费用发生额	每期平均收益额	成本收益比率
广告费	15 000	150 000	10
销售人员培训费	8 000	120 000	15

最后，把上述五个费用项目按照它们的具体性质和轻重缓急，排出如下的顺序和层次：

第一层次，外地销售机构租金、差旅费、办公费，属于约束性固定成本，在预算期间必不可少，需全额保证资金到位，故列为第一层次。

第二层次，销售人员培训费，属于酌量性固定成本，可根据预算期间企业可供应资金的多少酌情增减，由于它的成本收益率高于广告费的成本收益率，所以列为第二层次。

第三层次，广告费，亦属于酌量性固定成本，可根据预算期间企业可供应资金的多少酌情增减，同时由于它的成本收益率小于销售人员培训费的成本收益率，所以列为第三层次。

根据以上各项费用排列的层次和顺序，具体分配资金、落实预算见表8–15。

表8–15　　　　　　　　　　　　**资金分配表**　　　　　　　　　　单位：元

外地销售机构租金	7 000
差旅费	6 000
办公费	3 000
合　计	16 000

以上三项必须全部得到保证。

那么尚可分配的资金，满足上述三项费用开支后剩余14 000元（30 000–16 000），根据成本收益率的比例分配给销售人员作为培训费以及广告费。

销售人员培训费可分配的资金 $=14\ 000\times\dfrac{15}{15+10}=8\ 400$（元）

广告费可分配的资金 $=14\ 000\times\dfrac{10}{15+10}=5\ 600$（元）

应该指出，采用零基预算法，是以零为起点来观察和分析一切生产经营活动，不存在现成的费用预算开支项目。因此，编制零基预算的工作量是相当繁重的。但零基预算不受现行预算的束缚，不仅能充分发挥各级管理人员的积极性和创造性，而且能促使各基层单位精打细算，量力而行，合理使用资金，提高资金的使用效果。

目前，我国大多数国有企业经济效益还不好，在费用开支上浪费很大，这些问题亟待扭转，同时国家财政仍有赤字，如能采用此种方法编制预算肯定大有好处，值得借鉴和提倡。

三、滚动预算

传统的预算编制一般以 1 年为期，与会计年度相适应。它的优点是便于将实际数与预算数进行对比，也有利于对预算的执行情况进行分析和评价。但是，固定以 1 年为期的预算也存在一些缺陷：

首先，预算通常都是在预算期开始前 2、3 个月进行编制，那时人们对预算期的某些经济活动的情况还不够明确，特别是对后半期的经济业务更是模糊不清，往往只能提出一个大概的轮廓和笼统的数字，因而在执行预算时往往会遇到许多困难。

其次，固定以 1 年为期的预算，在执行了一段时间之后，往往会使管理人员只考虑剩下来的几个月的经济活动，而缺乏长远打算。

为了纠正以上缺陷，目前正在推广一种"滚动预算"方法。滚动预算又称连续预算，它是指预算随着时间的推移而自行延伸并始终保持在某一特定的期限（通常为 1 年）之内的一种连续性预算。它的基本精神就是使预算期永远保持 12 个月，每过 1 个月，立即在期末增列 1 个月的预算，逐期往后滚动，因而在任何一个时期都使预算保持有 12 个月的时间幅度，故亦称"永续预算"。

滚动预算的理论依据是：第一，企业的生产经营活动是连续不断的，因此，企业的预算也应该全面反映这一连续不断的过程，使预算方法与生产过程相适应。第二，企业的生产经营活动是复杂的，随着时间的变迁，它将产生各种难以预料的变化。此外，人们对未来客观事物的认识也是由粗到细、由简单到具体的过程。滚动预算期中头一个季度或头几个月的数字详细完整，后几个季度或后几个月份的数字可以粗略一些，能帮助人们克服预算的盲目性，避免预算与实际有较大的出入。

滚动预算具有以下一些优点：首先，保持预算的完整性、连续性，从动态预算中把握企业的未来。其次，能使各级管理人员始终保持对未来 12 个月的生产经营活动作周详的考虑和全盘的计划，保证企业的各项工作有条不紊地进行。再次，有利于外界对企业经营状况的持续性了解。最后，由于预算的不断调整与补充，使预算与实际更加适应，充分发挥了预算的指导和控制作用。

滚动预算的编制，主要采取长计划、短安排的方式进行。在基期编制预算时，先按年度分季，并将其中第一季度按月划分，建立各月的明细预算数字，以便监督预算的执行。至于其他三季度的预算数字可以粗一点，只列各季总数。到第一季度结束前，再将第二季度的预算按月细分，第三、第四季度以及增列的下一年度的第一季度，只需列出季度总数……如此类推。编制滚动预算的示意图如图 8-2 所示。

采用滚动预算的方法，预算编制工作比较繁重，所以企业应根据实际情况来决定是否有必要选择这种预算方法。

以上我们所介绍的几种预算编制方法各有其特点和适用性。至于企业选用哪种方法来编制预算，是采用一种方法，还是采用两种或两种以上的方法结合运用，应当视企业的实际情况和预算的目的和要求而定。

2017 年预算					
第一季度			第二季度 总数	第三季度 总数	第四季度 总数
1 月	2 月	3 月			

差异对比分析

第一季度实际数

2017 年预算					2018 年预算
第二季度			第三季度 总数	第四季度 总数	第一季度 总数
4 月	5 月	6 月			

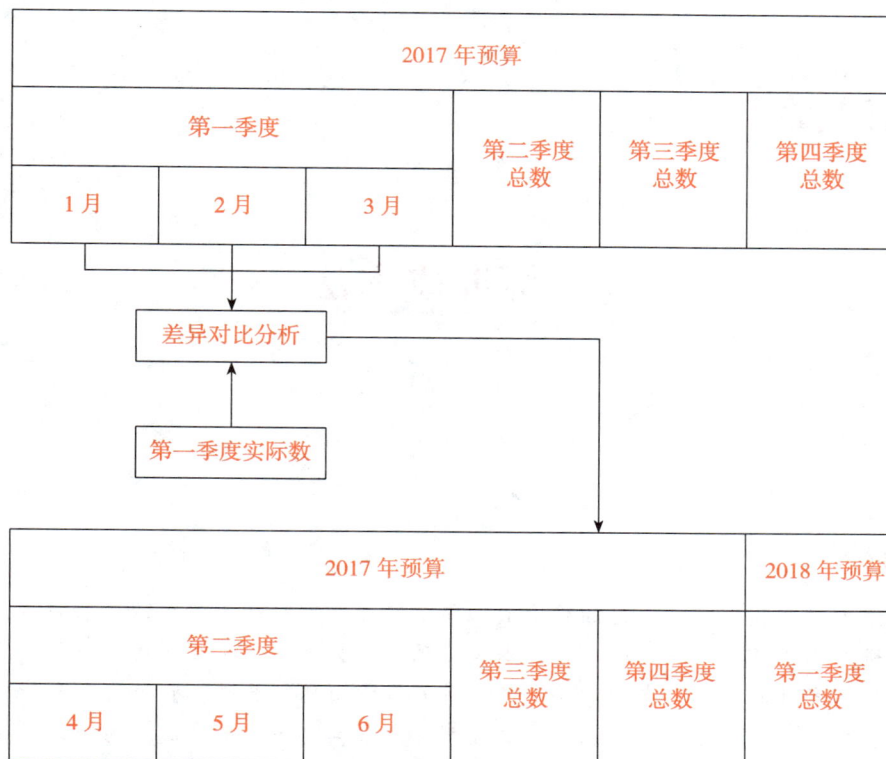

图 8-2　滚动预算示意图

第九章

标准成本法

内容提要

　　标准成本法是指将事先制定的标准成本与实际成本进行对比以揭示成本差异，进而对成本差异进行因素分析，并据此加强成本控制的一种会计信息系统和成本控制系统。标准成本法是管理会计的雏形，在管理会计的各种方法中出现得最早。它不仅是会计信息系统的一个分支，更重要的是被用来加强成本控制。本章主要介绍标准成本的制定、成本差异分析和成本差异的账务处理。

第一节　标准成本的制定

一、标准成本

　　标准成本是事先制定的、经过努力能达到的目标成本。根据标准成本达到的难易程度和修订的频率，可把标准成本分为以下几种：

　　1.基本标准成本

　　这类标准成本是根据正常的耗用水平、正常的价格和正常的生产经营能力利用程度而制定的。也就是根据过去一段时期实际成本的平均值，剔除其中生产经营活动中的异常因素，并考虑今后的变动趋势而制定的。在国内外经济形势稳定的条件下，可以使用基本标准成本。但由于它几年制定一次并保持不变，因此随着科学技术的日益发展，劳动生产率不断提高，原有标准成本将逐渐过时，难以在成本管理中发挥应有的作用。

　　2.理想标准成本

　　这类标准成本是根据最少的耗用量、最低的价格水平和可能实现的最高生产经营能力利用程度等条件而制定的，也就是在排除一切失误、浪费和耽搁的基础上制定的。由于这类标准成本要求过高，不考虑在生产中可能发生的上述实际情况，如果用它们来计算成本的话，就会挫伤职工的生产积极性。因此，这种标准成本在实际工作中很少采用。

　　3.现实标准成本

　　它是根据企业最可能发生的生产要素耗用量、生产要素价格和生产经营能力利用程度而制定的。由于这种标准成本包含企业一时还不能避免的某些不应有的低效、失误和超量消耗，因此它是一种经过努力可以达到的既先进又合理、最切实可行且接近实际的成本，因而被广泛采用。

二、标准成本法的作用

标准成本法的作用主要表现在以下几个方面：

1.便于成本控制

在标准成本法下，预先制定企业在一定时期内应达到的成本标准，及时反映和分析成本差异及其原因，使成本计算和成本控制有机结合起来。由于成本差异是按原因反映，并按责任单位归集，它不仅能说明成本升降的原因，而且能直接说明成本升降是由哪些责任单位的工作好坏所致。这就为正确评价各个责任单位的工作成绩提供了可靠的依据，既加强了经济责任制，又有利于成本控制。

2.为企业决策提供依据

标准成本法中制定的标准成本，是通过科学的分析、预测得到的企业成本目标，它剔除了很多不合理因素，因此不论是进行长期投资决策还是短期经营决策，都是衡量经济效益的一个重要参考和依据。

3.可以简化成本核算

一套完整的标准成本法通常伴有生产操作的标准化，这样就不需要对许多领料单和工作时间卡予以分类和汇总，因为标准数额已经记入汇总成本单。在生产通知单完工时，只需为差异额在标准工作单上做出分录。另外，在标准成本法下，将标准成本和成本差异分别列示，材料、在产品、产成品和产品销售成本都可以按标准成本入账，成本差异数额较小时可作为期间费用处理，这样就使核算工作量大为减少，既可以及时提供成本资料，又可以使会计人员从繁重的核算工作中解脱出来。

4.便于编制预算和考核

因为标准成本是一种预计成本，可以作为编制预算的依据，明确企业在预算期的目标。另外，标准成本是事先制定的、在正常生产经营条件下应当发生的成本，通过对实际成本背离标准成本的差异分析，可以评价各有关部门和工作人员的成绩，分清他们的管理责任，确定经济活动的效果，并进一步采取相应的改进措施。

三、标准成本的制定

产品成本是由直接材料、燃料和动力、直接人工和制造费用四个成本项目组成的，应按照这些项目的特点分别制定其标准成本。其基本形式是数量标准乘以价格标准得到各有关项目的标准成本。

（一）直接材料标准成本的制定

直接材料标准成本包括直接材料数量标准和价格标准两方面。

某产品的直接材料标准成本=该产品所需某材料的数量标准×该材料的价格标准

确定生产某一特定单位产品所耗用的材料数量，可根据产品的图纸等技术文件进行研究，还可以过去经验为根据科学地制定标准。在某些工业企业里，对材料数量标准的确定必须考虑关于废料、损耗和残料的数量。在对过去的记录进行分析时，可选择耗用材料的平均数作为标准：①某一期间相似各批产品的平均耗用量；②使用标准前最高、最低耗用量的平均数；③以前关于材料用量的最节省数量。

材料的价格标准可以采用现行或预期价格标准，也可采用正常价格标准。前者是最合乎需要和最有效的标准，后者往往是材料的统计或平均价格标准。当采用现行或预期价格标准时，要视有无长期购料合同、库存材料价格及市场预测等来确定，应包括运输途中损耗、挑选费等在内。另外，还应注意考虑以下几个方面的问题：确定最佳采购批量获得的价格优惠；实现最低成本所采用的装运和储藏的最佳方法；使用商业信用可能节约的成本和降低的价格。

（二）直接人工标准成本的制定

直接人工标准成本包括直接人工用量标准和直接人工价格标准两方面。直接人工用量标准即直接人工标准工时，直接人工价格标准即直接人工标准分配率。

某产品的直接人工标准成本＝该产品耗用的标准工时×工时标准工资率

在制定直接人工标准成本时，首先要对产品生产过程加以研究，研究有哪些工艺。其次要对企业的工资形式、制度进行研究，以便结合实际情况来制定标准。

标准工时的制定往往受工厂布局、生产计划、选购材料等因素的影响，它的制定通常采用下列程序中的一个或几个来完成：

（1）计算过去工时的平均值。

（2）对预期正常情况下的制造程序进行实验性测试。

（3）根据产品和制造过程中的过去经验和知识，进行一次合理的估计。

（4）对工作时间和动作进行研究以进行估计。

标准工资率往往受劳动力的平均经验、操作情况的变化、人工结构比例等因素的影响，采用不同的薪金制度同样影响标准工资率的制定。采用计时工资制，工资率在当期较少变动，标准较易制定。采用计件工资制，可以将计件工资的数额作为产品直接人工成本。

（三）制造费用标准成本的制定

制造费用标准成本包括制造费用价格标准和制造费用用量标准两方面。制造费用用量标准即标准工时，与上述直接人工用量标准的制定相同。制造费用价格标准即制造费用标准分配率，其公式为：

$$制造费用标准分配率＝\frac{制造费用预算总额}{生产量标准}$$

制造费用标准成本通常分变动制造费用和固定制造费用两部分。在全部成本法下，固定制造费用预算可参照历史资料并考虑预算期生产能力利用程度加以估算，相应的生产量标准通常应选择预算产量标准工时。在变动成本法下，固定制造费用属于期间成本，不存在分配率标准的问题。无论在哪种成本法下，变动制造费用分配率标准均可按上式计算，此外还可按历史资料考虑变动制造费用的变化趋势，估算确定。

标准成本一经确定就应编制标准成本卡。标准成本卡的内容与核算方法有关。在变动成本法下，标准成本卡只包括直接材料、直接人工和变动制造费用三项内容。在全部成本法下，标准成本卡还要包括固定制造费用。由于大多数企业在对外报告中仍使用全部成本法，所以，标准成本卡大都填写直接材料、直接人工、变动制造费用和固定制造费用四个项目的有关数字。

企业通常要为每一产品设置一张标准成本卡，并在该卡中分别列明各项成本的用量标准与价格标准，通过直接汇总的方法来求得单位产品的标准成本。

【例9-1】2017年年初某企业制定的甲产品的标准成本卡见表9-1。

表9-1　　　　　　　　　　　　　甲产品标准成本卡

项　目	单价标准	用量标准	标准成本
直接材料			
A材料	50元/千克	10千克/件	500元/件
B材料	20元/千克	30千克/件	600元/件
小计	—	—	1 100元/件
直接人工	1.5元/小时	200人工小时/件	300元/件
变动制造费用			
动力费	0.5元/小时	200台时/件	100元/件
间接人工费	0.5元/小时	200台时/件	100元/件
直接人工费	10元/千克	12千克/件	120元/件
小计	—	—	320元/件
固定制造费用	0.8元/小时	200台时/件	160元/件
单位甲产品标准成本			1 880元/件

第二节　成本差异分析

一、成本差异的种类

产品的标准成本是一种预定的目标成本，是用来控制实际成本的。但在成本发生的具体过程中，由于种种原因，产品的实际成本与预定的标准成本会发生偏差或差额，这种差额称为成本差异。

根据形成的原因及性质，成本差异可具体分为以下不同差异：

（一）价格差异与数量差异

对直接材料、直接人工和变动制造费用而言，成本差异分为价格差异和数量差异两个部分。

（1）价格差异。价格差异是指实际价格脱离标准价格所产生的成本差异。价格差异在直接材料成本差异中称材料价格差异，在直接人工成本差异中称工资率差异，在变动制造费用成本差异中称变动制造费用预算差异。

其基本计算公式为：

价格差异＝（实际价格－标准价格）×实际产量下的实际用量

　　　　　＝价格差×实际产量下的实际用量

在计算直接材料价格差异时，价格是指直接材料的单价，用量是指直接材料的耗用量；在计算直接人工价格差异——工资率差异时，价格是指直接人工工资率，用量是指生产产品所需人工小时；在计算变动制造费用价格差异——变动制造费用预算差异时，价格是指变动制造费用分配率，用量是指生产产品所需人工小时。

（2）数量差异。数量差异是指实际的单位耗用量脱离标准单位耗用量所产生的成本差异。数量差异在直接材料成本差异中称材料用量差异，在直接人工成本差异中称人工效率差异，在变动制造费用成本差异中称变动制造费用效率差异。

其计算基本公式为：

用量差异＝标准价格×（实际产量的实际用量－实际产量的标准用量）

　　　　＝标准价格×实际产量下的用量差

在分别计算材料用量差异、人工效率差异和变动制造费用效率差异时，公式中的价格和用量与计算价格差异公式中的含义相同。

（二）预算差异与能量差异

固定制造费用成本差异可分为预算差异与能量差异。

（1）预算差异。由于固定制造费用不随业务量的变动而变动，所以，只要实际发生的固定制造费用与固定制造费用预算额不同，就应该认为产生了固定制造费用成本差异。这种成本差异就是预算差异。

（2）能量差异。能量差异是指预算产量标准工时与实际产量标准工时不同所产生的成本差异，可进一步分解为能力差异和效率差异。能力差异是指预算产量标准工时与实际产量实际工时不同所产生的成本差异。效率差异是指实际耗用总工时与实际产量应耗用的标准工时不同所产生的成本差异。

（三）有利差异与不利差异

成本差异按其数量特征可分为有利差异与不利差异。有利差异是指因实际成本低于标准成本而形成的节约差，用 F 表示。不利差异则指因实际成本高于标准成本而形成的超支差，用 U 表示。企业应采取相应的措施，消除不利差异，发展有利差异，以实现对成本的有效控制，不断降低成本，提高经济效益。

二、成本差异的计算与分析

标准成本是分别按直接材料、直接人工和制造费用制定的，而制造费用又分为变动制造费用和固定制造费用，所以成本差异计算与分析也应从四个方面进行。根据成本差异的分类，分别计算与分析如下：

（一）直接材料成本差异的计算与分析

1. 直接材料成本差异的计算

直接材料成本差异是指在实际产量下直接材料实际总成本与其标准总成本之间的差额。它可分解为直接材料用量差异和直接材料价格差异两部分，有关计算公式如下：

直接材料成本差异＝实际产量直接材料实际成本－实际产量直接材料标准成本

　　　　　　　　＝直接材料用量差异＋直接材料价格差异

$$\frac{直接材料}{用量差异} = \frac{直接材料}{标准价格} \times \left(\frac{实际产量直接}{材料实际用量} - \frac{实际产量直接}{材料标准用量} \right)$$

$$\begin{array}{l}直接材料\\价格差异\end{array}=\left(\begin{array}{l}直接材料\\实际价格\end{array}-\begin{array}{l}直接材料\\标准价格\end{array}\right)\times\begin{array}{l}实际产量直接\\材料实际用量\end{array}$$

【例9-2】依【例9-1】资料，假设该企业2017年10月份生产甲产品100件，实际耗用A材料11千克/件，A材料实际单价为48元/千克。要求：计算A材料成本差异。

A材料成本差异=100×11×48-100×10×50=2 800（元）

进一步计算可得：

A材料用量差异=50×（100×11-100×10）=5 000（元）

A材料价格差异=（48-50）×11×100=-2 200（元）

显然：

A材料成本差异=A材料用量差异+A材料价格差异

=5 000+（-2 200）=2 800（元）

2.直接材料成本差异分析

影响直接材料消耗数量的因素是多种多样的，如工人的技术熟练程度和责任感、加工设备的完好程度、产品质量控制制度、材料的质量和规格、材料的安全保管工作等。一般来说，生产中直接材料用量差异应由生产部门负责，但有时也可能是采购部门的工作所引起的，如采购部门以较低的价格购进了质量较差的材料，由于不完全适合原定的生产需要，也会引起耗用量的增长，由此而形成的直接材料用量的不利差异，就应由采购部门负责。

影响直接材料价格变动的因素也是多方面的，如市场环境、价格变动状况、材料采购方式、运费、批量和运输方式，以及材料供应者的选择等。只要其中任何一个因素脱离了制定标准成本时的预定要求，就会影响价格差异。对价格变动的原因和责任，还需根据具体情况作进一步的分析。也就是说，其中某些差异可能是由采购工作所造成的，也可能是由生产上的原因所引起的，如为适应生产上的要求对某项材料进行小批量的紧急订货，并由陆运改为空运，因此而形成的不利差异，应由生产部门负责。

（二）直接人工成本差异的计算与分析

1.直接人工成本差异的计算

直接人工成本差异是指在实际产量下直接人工实际总成本与其标准成本总额的差额。它可分解为直接人工效率差异与直接人工工资率差异两部分，有关计算公式如下：

直接人工成本差异=实际产量直接人工实际成本-实际产量直接人工标准成本

=直接人工效率差异+直接人工工资率差异

其中：

$$\begin{array}{l}直接人工\\效率差异\end{array}=\begin{array}{l}直接人工\\标准工资率\end{array}\times\left(\begin{array}{l}实际产量直接\\人工实际工时\end{array}-\begin{array}{l}实际产量直接\\人工标准工时\end{array}\right)$$

$$\begin{array}{l}直接人工\\工资率差异\end{array}=\left(\begin{array}{l}直接人工\\实际工资率\end{array}-\begin{array}{l}直接人工\\标准工资率\end{array}\right)\times\begin{array}{l}实际产量直接\\人工实际工时\end{array}$$

【例9-3】依【例9-1】资料，假设该企业2017年10月份生产甲产品100件，实际工时用量为20 500小时，实际工资分配率为1.4元/小时。要求：计算直接人工成本差异。

直接人工成本差异=20 500×1.4-100×200×1.5=-1 300（元）

其中：

直接人工效率差异=1.5×（20 500-100×200）=750（元）

直接人工工资率差异＝（1.4－1.5）×20 500＝－2 050（元）

显然：

直接人工成本差异＝直接人工效率差异＋直接人工工资率差异＝750+（－2 050）＝－1 300（元）

2.直接人工成本差异分析

直接人工工资率通常较少变动，主要影响原因是工人工资结构和工资水平变动，如将技术熟练、工资级别较高的工人安排在不需要高技术的工作岗位上，就会出现工资率差异。

影响直接人工工时用量差异的因素包括工人的劳动生产率、加工设备的完好程度、动力供应情况、材料半成品供应保证程度、材质规格等。如果是由于生产部门安排不周，把技术不熟练的工人安排去进行复杂的工作，必然会造成实际工时超过标准工时，这应由生产部门负责。但如果由于采购了不适用的材料，加工时花了较多的工时，或由于生产工艺过程的改变、需延长或缩短加工时间等，这些都不是生产部门所能控制的因素，应由有关部门承担责任。

（三）变动制造费用成本差异的计算与分析

1.变动制造费用成本差异的计算

变动制造费用成本差异是指在实际产量下变动制造费用实际发生总额与其标准发生总额之间的差额。它又可分解为变动制造费用预算差异和变动制造费用效率差异两部分，有关计算公式如下：

变动制造费用成本差异＝实际产量实际变动制造费用－实际产量标准变动制造费用

＝变动制造费用预算差异＋变动制造费用效率差异

其中：

$$\text{变动制造费用预算差异}=\left(\text{变动制造费用实际分配率}-\text{变动制造费用标准分配率}\right)\times\text{实际产量实际工时}$$

$$\text{变动制造费用效率差异}=\text{变动制造费用标准分配率}\times\left(\text{实际产量实际工时}-\text{实际产量标准工时}\right)$$

【例9-4】依【例9-1】资料，假设该企业2017年10月份生产甲产品100件，实际工时20 500小时，实际动力费分配率为0.48元/小时。要求：计算动力费成本差异。

动力费成本差异＝20 500×0.48－100×200×0.5＝－160（元）

进一步计算可得：

动力费预算差异＝（0.48－0.50）×20 500＝－410（元）

动力费效率差异＝0.50×（20 500－100×200）＝250（元）

显然：

动力费成本差异＝动力费预算差异＋动力费效率差异

＝－410＋250＝－160（元）

变动制造费用成本差异计算可以按其费用项目分别计算再汇总，也可以按各项费用合计计算。但为便于成本差异分析，一般要按费用项目具体计算成本差异。其他项目成本差异计算同理（略）。

2.变动制造费用成本差异分析

在计算出全部变动制造费用成本差异的基础上应结合实际进行具体分析，以查清费用超支或节约的原因，并明确责任。

以上三项成本差异均属变动成本差异，其计算的归纳总结见表9-2。

表9-2　　　　　　　　　　　**变动成本差异计算**

项目	价格	用量	价格差异计算公式 ①材料价格差异 ②直接人工工资率差异 ③变动制造费用预算差异	用量差异计算公式 ①材料用量差异 ②直接人工效率差异 ③变动制造费用效率差异
①直接材料	直接材料单价	直接材料耗用量	（实际价格−标准价格）× 实际用量	（实际用量−标准用量）× 标准价格
②直接人工	直接人工工资率	工时用量		
③变动制造费用	变动制造费用 分配率	工时用量		

（四）固定制造费用成本差异的计算与分析

1.固定制造费用成本差异的计算

固定制造费用与变动制造费用不同，它主要是同生产能力的形成及正常维护相联系，具有在相关范围内固定不变的性质。因此，对于固定制造费用，通常编制固定预算而非弹性预算。按全部成本法制定标准成本时，标准的固定费用分配率是按下式进行计算的：

$$标准固定制造费用分配率=\frac{固定制造费用预算总额}{预算产量标准总工时}$$

固定制造费用成本差异是指在实际产量下固定制造费用实际发生总额与其标准发生总额之间的差额，用公式表示如下：

固定制造费用成本差异=实际产量实际固定制造费用−实际产量标准固定制造费用

$$=\frac{固定制造费用}{实际分配率}×\frac{实际产量}{实际工时}-\frac{固定制造费用}{标准分配率}×\frac{实际产量}{标准工时}$$

固定制造费用总差异的分解具体有两种方法：一种是两差异法；另一种是三差异法。

（1）两差异法。

两差异法是将总差异分解为预算差异和能量差异两部分，其计算公式分别是：

$$\frac{固定制造费用}{预算差异}=\frac{实际产量实际固定}{制造费用（即实际总额）}-\frac{预算产量标准固定}{制造费用（即预算总额）}$$

固定制造费用能量差异=固定制造费用标准分配率×（预算产量标准工时−实际产量标准工时）

（2）三差异法。

三差异法要求将固定制造费用成本总差异分解为预算差异、能力差异和效率差异三种，其计算公式分别是：

固定制造费用预算差异=实际产量实际固定制造费用−预算产量标准固定制造费用

固定制造费用能力差异=固定制造费用标准分配率×（预算产量标准工时−实际产量实际工时）

固定制造费用效率差异=固定制造费用标准分配率×（实际产量实际工时−实际产量标准工时）

显然，将两差异法中的能量差异进一步区分为能力差异和效率差异（即固定制造费用能力差异+固定制造费用效率差异=固定制造费用能量差异），就成为三差异法。

固定制造费用差异的计算公式中的各项指标计算的归纳总结见表9-3。

表9-3　　　　　　　　固定制造费用差异计算公式中各项指标计算

项　　目	产　　量	工　　时	分配率
固定制造费用实际总额 =①×②×③	①实际产量	②实际工时/件	③实际分配率
固定制造费用预算总额 =④×⑤×⑥	④预算产量	⑤标准工时/件	⑥标准分配率
标准固定制造费用总额 =①×⑤×⑥	①实际产量	⑤标准工时/件	⑥标准分配率

【例9-5】依【例9-1】资料，假设该企业2017年10月份生产甲产品100件，实际工时20 500小时，预算产量110件，固定制造费用预算总额17 600元，固定制造费用实际支付17 000元。要求：分别用两差异法和三差异法计算固定制造费用成本差异。

两差异法：

固定制造费用成本差异=17 000-100×160=1 000（元）

其中：

固定制造费用预算差异=17 000-110×200×0.8=-600（元）

固定制造费用能量差异=0.8×（110×200-100×200）=1 600（元）

显然：

固定制造费用成本差异=固定制造费用预算差异+固定制造费用能量差异

　　　　　　　　　　=-600+1 600=1 000（元）

三差异法：

固定制造费用成本差异=17 000-100×160=1 000（元）

其中：

固定制造费用预算差异=17 000-110×200×0.8=-600（元）

固定制造费用能力差异=0.8×（110×200-20 500）=1 200（元）

固定制造费用效率差异=0.8×（20 500-100×200）=400（元）

显然，在两差异法中：

固定制造费用能量差异=固定制造费用能力差异+固定制造费用效率差异

　　　　　　　　　　=1 200+400=1 600（元）

在三差异法中：

$$\text{固定制造费用}\atop\text{成本差异}=\text{固定制造费用}\atop\text{预算差异}+\text{固定制造费用}\atop\text{能力差异}+\text{固定制造费用}\atop\text{效率差异}$$

　　　　　　=-600+1 200+400=1 000（元）

即将能量差异分为能力差异和效率差异，便使两差异法进一步成为三差异法。

2.固定制造费用成本差异分析

对固定制造费用预算差异来说，其产生的原因可能是：资源价格的变动，如工资率增加或减少、税率变动等；某些酌量性固定成本，如职工培训费、差旅费等，因管理上的新决策而有所增减；资源的数量比预算增加或减少，如增加或减少职工，以及部门领导有的怕完不成预算而延缓酌量性成本的支出，有的怕实际支出过少会削减下期经费预算，而增加不必要的开支等。所有这些，应分别对具体情况采取相应的对策。

对于固定制造费用能量差异，从理论上说，只反映计划生产能量的利用程度，一般不能说明固定制造费用的超支或节约。故西方有些会计学家主张只用工时或机器小时表示。若预算产量标准总工时等于实际产量应耗标准工时，即反映该公司的生产能量已得到充分利用。若预算产量标准总工时大于实际产量应耗标准工时，即说明该公司的生产能量未被充分利用，应进一步查明原因，以便确定由谁负责；反之，若实际产量应耗标准工时大于预算产量标准总工时，即表示该公司的计划生产能量已得到超额利用，应总结经验，巩固成绩。

第三节　成本差异的账务处理

成本差异可为成本控制和考核提供必要的信息，管理人员在对差异进行分析的基础上，应分清并落实责任，采取相应的有效措施。对成本差异进行账务处理，也是标准成本制度的重要环节。

一、成本差异核算使用的账户

成本差异核算使用的账户既可以按大的成本项目设置，又可以按具体成本差异的内容设置。在全部成本法下，按大的成本项目设置的核算成本差异的会计科目包括"直接材料成本差异""直接人工成本差异""变动制造费用成本差异""固定制造费用成本差异"，每个科目下再按差异形成的原因分设明细科目。在变动成本法下，可以不设置"固定制造费用成本差异"科目。

按具体差异设置的会计科目应包括"直接材料用量差异""直接材料价格差异""直接人工效率差异""直接人工工资率差异""变动制造费用预算差异""变动制造费用效率差异""固定制造费用预算差异""固定制造费用能量差异"（或"固定制造费用预算差异""固定制造费用能力差异""固定制造费用效率差异"）等。

每月月末根据各种成本差异账户的借贷方余额，编制"成本差异汇总表"。另将各种成本差异相互轧抵后的净额列入当月利润表，作为"销售成本"或"销售毛利"的调整项目，以便将利润表上原列的标准数转换成实际数。

在年终决算时，如成本差异净额数字不大，可全部转入当月销售成本；若差异净额较大，或库存产品较多时，原则上应将差异净额按比例分配列入"在产品"和"产成品"账户，以便正确计算当年损益，并将有关存货账户的年终余额从原来的标准成本调整为实际成本。但在实际工作中，由于"在产品"和"产成品"账户的期末余额一般不会太大，为了简化核算手续，仍可将成本差异净额转入本期"销售成本"或"销售毛利"，不再进行分配。

二、应用举例

依【例9-1】资料，该企业制造甲产品的标准成本见表9-1，其本月实际发生业务综合以上各例如下：

（1）生产甲产品100件，已完工入库，定价2 100元/件。

（2）购进A材料1 100千克，单价48元/千克；B材料3 000千克，单价20元/千克。

全月共领用 A 材料 110 千克，B 材料 3 000 千克。

（3）直接人工的实际工时用量 20 500 小时，每小时工资率为 1.4 元。

（4）变动制造费用中动力费 9 840 元，间接人工 10 000 元，间接材料 12 000 元，共计 31 840 元。

（5）固定制造费用实际发生 17 000 元；销售费用实际发生 8 000 元，其中，变动销售费用 5 000 元，固定销售费用 3 000 元；财务及管理费用 4 000 元（全部为固定费用）。

（1）有关业务的账务处理如下：

①购入直接材料：

借：直接材料	112 800	
贷：银行存款		112 800

②耗用直接材料：

借：在产品	110 000	
直接材料用量差异	5 000	
贷：直接材料		112 800
直接材料价格差异		2 200

③发生直接人工成本：

借：直接人工	28 700	
贷：应付职工薪酬		28 700

④结转直接人工：

借：在产品	30 000	
直接人工效率差异	750	
贷：直接人工		28 700
直接人工工资率差异		2 050

⑤支付变动制造费用：

借：变动制造费用——动力费	9 840	
——间接人工	10 000	
——间接材料	12 000	
贷：银行存款		31 840

⑥结转变动制造费用成本：

借：在产品	32 000	
变动制造费用效率差异——动力费	250	
贷：变动制造费用预算差异——动力费		410
变动制造费用		31 840

⑦实际支付固定制造费用：

借：固定制造费用	17 000	
贷：银行存款		17 000

⑧分别在两差异法和三差异法下，结转固定制造费用（按全部成本法）：

两差异法：

借：在产品	16 000	

借：固定制造费用能量差异　　　　　　　　　　　　　　1 600
　　贷：固定制造费用预算差异　　　　　　　　　　　　　　　　600
　　　　固定制造费用　　　　　　　　　　　　　　　　　　17 000
三差异法：
借：在产品　　　　　　　　　　　　　　　　　　　　　16 000
　　固定制造费用能力差异　　　　　　　　　　　　　　　1 200
　　固定制造费用效率差异　　　　　　　　　　　　　　　　400
　　贷：固定制造费用预算差异　　　　　　　　　　　　　　　　600
　　　　固定制造费用　　　　　　　　　　　　　　　　　　17 000
若按变动成本法则将固定制造费用转入期间成本。
⑨结转本月制成甲产品成本：
a.按全部成本法：
借：产成品　　　　　　　　　　　　　　　　　　　　188 000
　　贷：在产品　　　　　　　　　　　　　　　　　　　188 000
b.按变动成本法：
借：产成品　　　　　　　　　　　　　　　　　　　　172 000
　　贷：在产品　　　　　　　　　　　　　　　　　　　172 000
⑩出售甲产品100件，并收到货款210 000元：
借：银行存款　　　　　　　　　　　　　　　　　　　210 000
　　贷：销售收入　　　　　　　　　　　　　　　　　　210 000
⑪结转销售甲产品100件的成本：
a.按全部成本法：
借：销售成本　　　　　　　　　　　　　　　　　　　188 000
　　贷：产成品　　　　　　　　　　　　　　　　　　　188 000
b.按变动成本法：
借：销售成本　　　　　　　　　　　　　　　　　　　172 000
　　贷：产成品　　　　　　　　　　　　　　　　　　　172 000
（2）月末编制成本差异汇总表见表9-4。

表9-4　　　　　　　　　　　成本差异汇总表　　　　　　　　　　单位：元

成本差异账户名称	借方余额（U）	贷方余额（F）
1.直接材料价格差异		2 200
2.直接材料用量差异	5 000	
3.直接人工工资率差异		2 050
4.直接人工效率差异	750	
5.变动制造费用效率差异	250	

成本差异账户名称	借方余额（U）	贷方余额（F）
6.变动制造费用预算差异		410
7.固定制造费用预算差异		600
8.固定制造费用能量差异	1 600	
其中：固定制造费用能力差异	1 200	
固定制造费用效率差异	400	
合　　计	7 600	5 260
成本差异净额	2 340（U）	

（3）分别按全部成本法和变动成本法编制利润表见表9-5。

表9-5　　　　　　　　　　　　　利润表

2017年10月　　　　　　　　　　　　　　单位：元

项　　目（按全部成本法）	金　　额
销售收入（100×2 100）	210 000
销售成本	
期初存货	0
加：本期生产成本（1 880×100）	188 000
减：期末存货	0
加：成本差异净额（U）	2 340
销售成本总额	190 340
销售毛利	19 660
减：营业费用	
销售费用	8 000
财务及管理费用	4 000
营业费用总额	12 000
税前净利	7 660
项　　目（按变动成本法）	金　　额
销售收入（100×2 100）	210 000
变动成本	
变动生产成本（100×1 720）	172 000
变动非生产成本	
变动销售费用	5 000
变动非生产成本总额	5 000
边际贡献总额	33 000

项　　目（按变动成本法）	金　　额
减：期间成本	
固定制造费用（100×160）	16 000
固定销售费用	3 000
固定财务及管理费用	4 000
期间成本总额	23 000
税前净利（标准）	10 000
减：成本差异净额（U）	2 340
税前净利（实际）	7 660

由于该企业本月期初、期末均无存货，使得按全部成本法与按变动成本法计算的税前净利相等。

第十章

责任会计

内容提要

责任会计是企业为了强化内部经济责任而实施的一种内部控制制度，是把会计资料同各有关责任单位紧密联系起来的信息控制系统。本章主要介绍建立责任会计制度的主要目的、原则和基本内容，责任中心的设置方法，对责任中心的评价与考核，内部转移价格的作用，制定内部转移价格的方法以及责任报告与业绩考核。

第一节　责任会计理论

一、责任会计概述

责任会计最早产生于19世纪末20世纪初。在这个时期，随着工业革命及资本主义经济的迅速发展，生产活动日益复杂，企业组织规模不断扩大，这些促使成本会计取得了引人瞩目的进展。成本会计的发展，尤其是以泰罗的"科学管理理论"为基础的标准成本制度的出现，使人们认识到，为控制成本必须将其作为各种责任赋予业务执行人员，充分地调动他们的积极性和创造性。与此同时，预算管理的出现使责任制度从成本控制领域扩展到利润和资金等管理领域，明确了对各部门预算建立责任制度的重要性。这些发展表明，会计数据与经济责任开始结合，责任会计的萌芽已经产生，尽管还不成熟，但为后来责任会计向业绩评价发展奠定了基础。

责任会计真正在实践中发挥作用，并且在理论和方法上日渐成熟，是20世纪40年代以后的事情。第二次世界大战以后，科学技术进步推动了生产力的发展，竞争日益加剧，强烈要求企业内部管理合理化。在这种形势下，许多大公司推行分权化管理，采用事业部制的公司组织体系。对事业部制的企业的管理控制，需要建立一套可以确定各责任层次工作成绩的考核和核算制度，以期达到控制成本、利润和资金的效果。这使责任会计受到普遍重视，并对其各种方法进行了细微的改进和新的应用，最终形成现代管理会计中的责任会计。

责任会计是一种管理制度，是管理会计的一个子系统。它是在分权管理的条件下，为适应经济责任制的要求，在企业内部建立若干责任单位，并对它们分工负责的经济活动进行规划与控制的一整套专门制度。责任会计的基本内容归纳起来有以下四个方面：

1. 建立责任中心

根据企业的具体情况和内部管理的实际需要，把所属的各部门、各单位划分为若干责任中心，规定这些中心的负责人，并赋予他们相应的经济权力，同时这些负责人要对所负责的成本、收入、边际贡献、税前利润与投资效益等重要指标向上级管理当局承担经济责任。

2. 确定各责任中心的目标

根据责任中心和责任范围的不同，在建立预算制度和实行标准成本计算的条件下，可为各责任中心确定目标。这种目标必须是某个责任中心能够控制的。

3. 建立各责任中心的记录和报告制度

这种记录和报告应能对各责任中心的实际工作成绩起到信息反馈作用，使管理当局能够据以控制和调节各责任中心的经济活动，督促他们迅速采取有效措施，纠正缺点，巩固成绩，不断降低成本，压缩资金占用，借以扩大利润，提高经济效益。

4. 通过记录和报告评价考核实际工作业绩

通过对各责任中心业绩报告的实际数与预算数的对比，来评价和考核各责任中心的工作成绩和经营效果，并分别揭示他们取得的成绩和存在的问题，以保证经济责任制的贯彻执行。

二、责任会计的原则

责任会计的原则是责任会计实质的体现，主要包括以下内容：

1. 责权利效相结合原则

当企业内部根据管理需要划分责任层次后，首先要明确其责任和权限，做到使责任者有责有权。在为每个责任单位制定考评标准时，一定要重视对人的行为激励，充分调动各责任单位的工作积极性。将经济效益同他们的经营成果直接挂钩，以经济手段促使职工积极完成责任目标。在责任会计中，责任、权力、利益、效果是统一的，缺一不可，必须做到以责定权，权责促效，以效分利。

2. 目标一致性原则

目标一致性是评价责任会计能否有效控制的重要标志。实行责任会计控制，首先必须保证企业的总目标与各责任目标一致。企业的总目标是制定各责任实体目标的依据，各责任实体目标是实现总目标的保证。

在责任会计中，目标一致性原则主要是通过选择恰当的考核和评价指标来体现的。也就是说，在为每个责任单位编制责任预算时，必须要求他们与企业的整体目标一致，然后通过一系列控制步骤，促使各责任单位自觉自愿地去实现目标。一般来说，单一的考核标准往往会导致各责任层次目标的不一致。因此，控制考核的标准必须具有综合性和完整性。各指标的计算口径、考核业绩的标准也要一致。

3. 可控性原则

责任会计的实质就是把会计资料同责任单位紧密联系起来的信息控制系统，这一内部控制制度的贯彻执行，要求各责任单位必须突出其相对独立的地位，避免出现职责不清、功过难分的局面。因此，在建立责任会计制度时，应首先明确划分各责任单位的职责范围，使他们在真正能行使控制权的区域内承担经营责任，即每个责任单位只能对其可控的成本、收入、利润和资金负责。在责任预算和责任报告中，也只应包括他们能控制的因素。

4.反馈性原则

有效控制需要有反馈机制，而反馈机制的作用在很大程度上取决于反馈的速度和反馈信息的质量。责任会计在衡量了各责任中心的业绩之后，应及时将信息反馈给责任者，以使他们了解自己取得了哪些成就，还存在哪些问题，从而据以调整自己的行为。另外，及时的反馈还有助于迅速发现和调整出现在责任报告中的不可控因素，进而保证期末对责任者业绩进行综合评价的正确性。

反馈性原则还要求建立经常和定期相结合的责任报告制度。一般来讲，责任报告有周报、月报等固定的时间长度。但如果出现特殊问题，如例外的生产决策或投资决策时，应为例外的决策编制特殊报告。

5.例外管理原则

在管理工作中，时常遇到许多的业务，在实际执行上和预计情况上出现差异问题。对于这些差异不可能一一进行分析和评价，只能选其中差异较大、性质较重要的项目实行重点管理。这种只抓主要的、突出的问题，对一般合乎常规或离轨很小的问题不予花费较多精力处理，把主要精力放在超乎常规的问题上的管理原则，称为例外管理原则。

三、责任会计的作用

健全的责任会计是分权型管理的产物。分权型管理具有许多优点，对大多数企业来说，某种程度上的分权是必不可少的。但是，当下级管理人员被赋予决策自主权时，会引起一些值得注意的问题。他们可能以牺牲公司整体的和长远的利益为代价，来使自己的业绩达到最大；也可能为了避免风险，放弃某些可能获取的利润，或是各内部单位之间相互冲突、推卸责任而争取利益等。为了发挥分权型管理的优点，抑制其缺点，必须利用责任会计来规定各内部单位的目标，测定其工作成绩，控制其活动，防止滥用职权。可见，实行责任会计的主要作用有以下四点：

（1）有利于贯彻责任制，促使每个责任中心关心自己所控制的各项指标，了解自己执行工作的情况，及时调整，不断完善。

（2）有利于企业高层管理人员及时掌握所管辖范围内的工作人员的业务控制和考核情况，以便做到奖励先进、鞭策后进，从而调动每个成员的积极性。

（3）有利于将各责任层次的经营目标统一到企业总体目标上来，使各级管理人员的目标上下一致，和谐统一。

（4）有利于企业在经营管理上采取机动灵活的原则，使企业的高层管理人员能够集中精力对最关键问题进行研究。

第二节　　　责任中心的划分

为了有效地进行企业内部控制，有必要将整个企业逐级划分为许多责任领域，即责任中心。所谓责任中心，就是指承担规定责任和行使相应职权的企业内部单位。责任中心按照控制范围的大小及业务活动特点，一般可分为成本中心、利润中心和投资中心。

一、成本中心

企业内部能够控制成本的任何一级责任中心都是成本中心。也就是说，凡是有成本发生的，因而对成本负责并能进行核算的责任中心，都可称为成本中心。成本中心适用的范围最广，因为企业中各级组织，不论层次高低、责任大小，总要发生成本。小至一个车间、一个作业小组甚至个人，大至一个企业、一个部门、一个地区机构，只要有成本发生，而且能够进行核算，都可成为成本中心。至于企业中不进行生产而只提供一定专业性服务的单位，如人事部门、总务部门、会计部门、财务部门等，则可称为"费用中心"，它们实质上也属于广义的成本中心。

成本中心所计算与考核的是"责任成本"，而不是"产品成本"。为了计算责任成本，必须先把成本按其可控性分为"可控成本"与"不可控成本"两类。所谓可控成本，通常应符合以下四个条件：（1）责任中心能够预计发生的成本；（2）责任中心能够计量的成本；（3）责任中心能够控制并调整的成本；（4）责任中心能够将所有成本的控制责任分解落实，并进行考核评价。

凡是不能同时具备以上四个条件的，即为不可控成本，而责任中心可控成本的合计就构成了责任中心的责任成本。这种责任成本可以按实际发生的数额随时进行登记。

这里应该指出，一个成本中心的不可控成本往往是另一个成本中心的可控成本。例如，直接用于生产的原材料、燃料和动力、生产工人工资，以及车间经费中的变动部分，对于生产班组来说是可控的。至于车间经费的固定部分，虽然对生产班组来说是不可控的，但对车间来说则是可控的。又如，在材料供应正常的情况下，由于材料质量不好而造成的超过消耗定额使用的材料成本，就生产车间来说是不可控成本，而对供应部门来说则是可控成本。

成本中心分为技术性成本中心和酌量性成本中心。技术性成本是指发生的数额通过技术分析可以相对可靠地估算出来的成本，如产品生产过程中发生的直接材料、直接人工、间接制造费用等。酌量性成本是否发生以及发生数额的多少是由管理人员的决策所决定的，主要包括各种管理费用和某些间接成本项目，如研究开发费用、广告宣传费用、职工培训费用等。

成本中心只考评可控的成本费用。考核指标主要采用相对指标和比较指标，包括成本（费用）变动额和变动率两个指标，其计算公式是：

成本（费用）变动额=实际责任成本（费用）－预算责任成本（费用）

$$成本（费用）变动率=\frac{成本（费用）变动额}{预算责任成本（费用）}\times100\%$$

二、利润中心

利润中心是指除了能够控制成本以外，还能控制销售和收益的责任中心。它不但有成本发生，而且还发生利润，因此它不但要对成本负责，还要对利润负责。这种中心一般适用于企业管理中具有独立收入来源的较高阶层。

利润中心有两种存在形式，即自然形成的利润中心和人为划分的利润中心。自然形成的利润中心是客观存在的，像一个独立的企业，可以在市场上进行销售活动。目前企业中具有一定生产经营管理权，能相对独立经营、核算盈亏的分厂、车间就属于这一类型。它们可以在市场上进行商品交换，同企业的外部单位发生经济关系。人为划分的利润中心主要是内部责任单位将制成品（指狭义的）按照内部转移价格，在各责任单位之间销售，形成内部利润。实际上，大多数成本中心都可成为人为划分的利润中心，因为它们总可以对其产品（零部件）制定出合适的内部转移价格。但需注意的是，在采用内部转移价格进行结转时，凡不属于本利润中心的收益和成本，尽管已由该中心收入和支付，仍应加以剔除，然后转移给相关的责任中心；相反地，凡属于本利润中心的收益和成本，尽管由其他中心收入和支付，还应由本利润中心核算。

利润中心的产品可能是物质产品，也可能是各种类型的劳务供应。为了计算和考核它们的经济效益，每个利润中心都必须进行独立的、完整的会计核算，以便提供必要的资料。

利润中心的考核指标为利润，通过比较一定期间实际实现的利润与责任预算所确定的利润，可以评价其责任中心的业绩。

当利润中心不计算共同成本或不可控成本时，其考核指标是利润中心边际贡献总额。该指标等于利润中心销售收入总额与可控成本总额（或变动成本总额）的差额。

当利润中心计算共同成本或不可控成本，并采取变动成本法计算成本时，其考核指标包括：利润中心边际贡献总额、利润中心负责人可控利润总额、利润中心可控利润总额等。

利润中心边际贡献总额＝该利润中心销售收入总额−该利润中心变动成本总额
利润中心负责人可控利润总额＝该利润中心边际贡献总额−该利润中心负责人可控固定成本
利润中心可控利润总额＝该利润中心负责人可控利润总额−该利润中心负责人不可控固定成本

三、投资中心

投资中心是既对成本、利润负责，又对投资负责的责任中心。也就是说，它不仅能够控制成本和收益，而且能够控制资金的占用。从某种意义上讲，一个完善的投资中心既是一个投资中心，又是一个成本中心和利润中心。

投资中心一般适用于规模和经营权力较大的部门，如事业部、分公司、分厂等。在分权管理下，企业内部的分厂、分公司拥有充分的经营决策权和投资决策权，其管理者需对投资的经济效益负责。为了避免这些管理者的短期行为，促使其从长远利益关心投资，就必须对其进行严格的考核。只有这样，才能符合责任会计的要求。

对投资中心的考核指标有"投资报酬率"与"剩余收益"。

（一）投资报酬率指标

投资报酬率是全面评价投资中心各项经营活动的综合性指标。它既能揭示投资中心的销售利润水平，又能反映资产的使用效果。它的计算公式如下：

投资报酬率＝销售利润率×投资周转率（资产周转率）

$$=\frac{营业利润}{销售收入}\times\frac{销售收入}{营业资产}$$

上述公式中的"营业资产"系指经营业务应用的全部资产的期初、期末平均余额。从公式的内容可以明显地看出，为了提高投资报酬率，不仅应千方百计地降低成本、增加销货、提高销售利润率，同时还应有效地、经济地使用营业资产，努力提高投资周转率。

【例10-1】假定镇宁公司有一投资中心，本年第一季度的有关资料见表10-1。要求：计算其投资报酬率。

表10-1 第一季度相关资料 单位：元

销售收入	150 000
营业资产（期初余额）	50 000
营业资产（期末余额）	60 000
长期负债（期初余额）	20 000
长期负债（期末余额）	30 000
营业净利	15 000

期初营业资产总额＝50 000＋20 000＝70 000（元）

期末营业资产总额＝60 000＋30 000＝90 000（元）

$$投资报酬率＝\frac{15\,000}{150\,000}\times\frac{150\,000}{\dfrac{70\,000+90\,000}{2}}\times100\%＝18.75\%$$

投资报酬率能综合反映一个投资中心、一个企业，甚至一个行业的各方面的全部经营成果。通过这项指标可以在同一企业不同投资中心之间，或者在同一行业不同企业之间进行比较，从而做出最优投资决策。因此，投资报酬率是投资导向的最佳指标。投资者可以根据投资报酬率的高低，做出由某一企业转入另一企业、某一行业转入另一行业、某一国家转入另一国家的资本转移决策。但是，这项指标并非完美无缺，也有一定的局限性。

第一，各投资中心所采取的措施往往只着眼于本身利益，可能会放弃对整个企业有利的投资项目或接受有损于整个企业的投资项目，造成投资中心的近期目标与整个企业的长远目标相背离。

第二，为了计算各投资中心的投资报酬率，联合使用的资产必须在各投资中心之间进行分配，这很难做到完全公平合理。

第三，如果按照固定资产的净值计算投资报酬率，投资中心只要不作新的投资或少投资，固定资产的净值就会下降。即使净利不变，投资报酬率也会随着时间的推移而不断上升，这样，投资中心的成绩会被夸大，而公司的长远利益就会受到损害。

第四，在通货膨胀的情况下，企业资产的账面价值过低而严重失实，并因此而少计折旧，虚增了净利。根据这种夸张了的净利和缩小了的资产价值所计算出来的投资报酬率，就不能反映真正的投资效果。

（二）剩余收益指标

由于投资报酬率有上述缺点，所以对投资中心的业绩考核指标又可以采用剩余收益。它的计算公式如下：

剩余收益＝营业利润－营业资产×预期最低报酬率

剩余收益是用以衡量投资中心所获利润超过按最低投资报酬率计算的收益额的部分。按预期最低投资报酬率计算的收益额通常等于或大于资本的成本。一般来说，采用剩余收益作为考核标准时，所得报酬与所需最低报酬之间的正差越大，则投资中心成绩越好。剩余收益与投资报酬率相比较，其优点主要表现在：可以防止投资中心的本位主义，促使它们从整体利益出发，来接受比较有利的投资，努力多创造营业利润，使各投资中心的目标与整个企业的总目标趋向一致。

【例10-2】假如某公司有甲、乙两个投资中心，其有关资料见表10-2。

表10-2　　　　　　　　　　**某公司投资中心资料之一**　　　　　　　　金额单位：元

投资中心	收益	投资	投资报酬率（%）
甲	11 250	75 000	15
乙	2 500	50 000	5
全公司	13 750	125 000	11

第一，设甲投资中心遇到一次投资机会，投资额为50 000元，可期望获得收益为7 250元。这个投资机会可使公司获利，提高全公司的投资报酬率，但甲投资中心的投资报酬率反而下降。因此，如果只用投资报酬率来进行考核，甲投资中心就可能从本单位的得失来考虑，而毅然放弃（见表10-3）。

表10-3　　　　　　　　　　**某公司投资中心资料之二**　　　　　　　　金额单位：元

投资中心	收益	投资	投资报酬率（%）
甲	18 500	125 000	14.8
乙	2 500	50 000	5
全公司	21 000	175 000	12

第二，又设乙投资中心接纳了一个投资机会，投资额为25 000元，可期望获得收益2 000元。乙投资中心投资报酬率上升，并会由此而获得好评，但这个投资将降低全公司的投资报酬率，而乙投资中心很可能不顾全公司利益，从本单位利益考虑而接受（见表10-4）。

表10-4　　　　　　　　　　**某公司投资中心资料之三**　　　　　　　　金额单位：元

投资中心	收益	投资	投资报酬率（%）
甲	11 250	75 000	15
乙	4 500	75 000	6
全公司	15 750	150 000	10.5

第三，如按剩余收益来考核甲投资中心，假设公司的预期最低投资报酬率为10%，则甲投资中心将不会拒绝对公司有利的那笔投资。因为这一投资机会也给它增加了剩余收益（见表10-5）。

表10-5 某公司投资中心资料之四
单位：元

项 目	未接纳新投资前的金额	接纳新投资后的金额
收益（a）	11 250	18 500
投资（b）	75 000	125 000
按预计最低投资报酬率 计算的收益额 （c）=（b）×10%	7 500	12 500
剩余收益 （d）=（a）-（c）	3 750	6 000

第四，若公司的预期最低投资报酬率为10%，乙投资中心不但没有剩余收益，反而蒙受损失。如果按照剩余收益指标来评价乙投资中心，它更不会接受对公司不利的投资机会，否则其所蒙受的损失将会更大（见表10-6）。

表10-6 某公司投资中心资料之五
单位：元

项 目	接纳新投资前的金额	接纳新投资后的金额
收益（a）	2 500	4 500
投资（b）	50 000	75 000
按预计最低投资报酬率 计算的收益额 （c）=（b）×10%	5 000	7 500
剩余收益 （d）=（a）-（c）	-2 500	-3 000

第三节　内部转移价格

　　企业内各利润中心或投资中心之间相互提供产品（半成品）或劳务时，应当按照适当的内部转移价格进行结算。一个成本中心向其他成本中心提供产品（半成品）或劳务时，也应当按适当的单位成本进行成本的结转或分配。这种单位成本可视同转移价格。

一、内部转移价格的意义及制定原则

　　在责任会计中，各责任中心相互结算所选用的计价标准称为"内部转移价格"。制定合理的内部转移价格，可以合理地划分各责任中心的责任，公正地评价责任业绩，并根据有关的数据，做出科学的决策，及时纠正各责任中心的生产经营活动，达到对生产经营的有效控制。

　　应该注意的是，企业制定内部转移价格通常需要遵守以下三条基本原则：

　　（1）内部转移价格必须是企业内部购销双方自愿接受的。也就是说，只要有一方不同意，那么所制定的价格也是难以成立的。因此，制定内部转移价格的前提是尊重各责任中心的主权。

（2）内部转移价格必须使购销双方都有利，即购销双方各责任中心都是从自己的利益出发来制定内部转移价格，剔除了利益的内部转移价格是根本不存在的。可见，确定内部转移价格必须以利益为基础。

（3）内部转移价格不能影响整个企业的利益。由于各责任中心大都是一个大企业或部门的组成部分，它经营得好与坏直接影响着企业全局的利益。因此，在制定内部转移价格时，必须以责任中心和整个企业的利益一致为条件，不能只顾一时的利益，而影响了企业全局的利益。

二、内部转移价格的制定方法

制定内部转移价格是一项复杂而细致的工作，它影响到各责任中心的责任和利益的划分。在实际工作中，内部转移价格的制定有以下四种方法：

（一）按市价制定转移价格

这种方法就是以产品或劳务的市场供应价格作为计价基础。在西方国家，通常认为市场价格是内部转移价格的最好依据，因为市价最能适应利润中心的基本要求，那就是在一个企业内部造成一种竞争性的市场形势，使其中每个利润中心都成为独立的机构，各自经营，相互竞争，最后再利用利润指标衡量它们的经营成果。如果制定的转移价格确能反映真正的市场情况，那么，利润中心的净利就能作为评价其经营成果高低的真正依据。

在采用市价为转移价格时，企业内部的买卖双方一般应遵守以下几条规则：

（1）若卖方愿意对内销售，且售价与市价相符时，买方应有购买的义务，不得拒绝。

（2）若卖方售价高于市价时，买方有改向外界市场购入的自由。

（3）若卖方宁愿对外界销售，则应有不对内销售的权利。

应该注意的是，凡属内部转让的产品或劳务，往往是专门生产的，或具有特定的规格。在这种情况下，就没有市价可作为准绳，这是采用这种方法的局限性。

（二）按议价制定转移价格

这种方法就是买卖双方以正常的市场价格为基础定期共同协商，确定出一个双方都愿接受的价格作为计价基础。一般情况下，议价可以比市价稍低一些，主要是由于：

（1）内部转移价格中所包含的推销和管理费用通常低于外购商品。

（2）内部转移的数量一般较大，因而其单位成本比较低。

（3）出售单位大多拥有多余的生产能力，因而议价只需略高于单位变动成本即可。

综上所述，市价一般只宜作为制定内部转移价格的上限，至于具体价格，应由买卖双方在参考市价的基础上协商议定。另外，在产品或劳务没有市价的情况下，也只能采用议价的方式来确定。

（三）按标准成本加成制定转移价格

这种方法就是根据产品或劳务的标准成本，再加一定的合理利润作为计价基础。它的优点是不仅简便易行，而且能分清买卖双方的经济责任，不会把供应单位的浪费和无效劳动转嫁给耗用单位负担，有利于激励双方降低成本的积极性。但是确定加成的利润率总难免带有一定的主观随意性，需要慎重研究，妥善制定。

（四）按实际成本加成制定转移价格

这种方法就是根据产品或劳务的实际成本，再加一定的合理利润作为计价基础。它的优点是能保证卖方单位有利可得，可调动其工作积极性。但这样做，必然会将卖方的功过全部转嫁给买方负担，削弱了双方降低成本的责任感，同时加成利润率的确定带有很大程度的主观随意性，它的偏高或偏低都会影响对双方业绩的正确评价。

上述方法各有千秋，企业可以根据自己的具体情况选用一种方法，或同时采用几种方法。如对材料采用市场价格，对自制半成品和备件采用标准成本加成的方法等。

另外，在制定内部转移价格时，可以根据管理的需要，人为提高或降低内部转移价格。如对生产需要量小、市场价格低的材料和半成品，内部转移价格可以定得高一些，以鼓励外购；对生产需要量大、市场价格高的材料和半成品，可以将价格定得低一些，鼓励自己生产，限制外部采购。

第四节　责任报告与业绩考核

一、责任报告的种类

企业内部的每一责任中心都应定期将执行业务的情况逐级上报，一则用以沟通情况，再则用以衡量业绩。根据每个责任中心可控的成本和收入编制反映责任预算执行情况的报告，称为责任报告或业绩报告。一项良好的责任报告制度必须满足一定的要求，能反映责任中心全部经济业务的指标体系。

责任报告主要有两类：一类用以报告个人成就；另一类用以报告经营成果。前者的目的是将一个责任中心的负责人的实际成就与当时条件下应该达到的成就作比较；后者是各责任中心作为一个经济实体所取得的经营成果的报告。另外，责任报告按其反映的经济业务内容来划分，可分为成本报告与财务报告；按其编报时间来划分，可分为日报、周报、月报、季报、年报；按其报告的形式来划分，可分为书面报告、图解报告和口头报告。

二、编制责任报告的原则

1.适用性

编制责任报告的原则，首先应要求适用。各级管理人员对所收受的报告要求不同，高级管理人员需要的报告多与决策有关，应扼要编一总表，将有些明细报告只随总表附送，而低层级管理人员就需要明细的报告。

在适用性方面还应考虑怎样才能使报告真正发挥作用。因此，必须根据管理的需要有选择地提供信息。同时，还应注意各个部门所需要的信息，如果是同样的，应设法避免重复选项报告，以节约在编制报表上的重复劳动。

2.适时性

所谓适时性原则，不仅指收到报告的日期要适时，而且报告内容所包括的期间也是要适时的。这样就能使管理人员尽快得到信息，而且报告所包括的期间与规划、控制相适应，适合日常管理的需要。

3.准确性

报告的数据应准确，能反映实际活动的真实情况，要妥善处理准确性与适时性的矛盾。即使是大概数、平均数和近似值，也应有一定根据。为取得可靠的数据来源，应不断改进有关信息的传递、整理、分类和记录工作。

4.相关性

责任报告的作用在于能将必要的信息反馈给各部门的责任者，以便对业绩进行评估。必要时，甚至要修正计划，改变行动。因此，各级管理部门的报告应该具有综合控制的职能。由于各级管理业务项目不同，其责任报告的内容也有所差别，但所有责任报告彼此相关，形成一个总的报告体系，以便反映每个部门所能控制的项目，指出管理当局应予注意的问题，以加强全面管理。

三、责任报告的内容与形式

遵照管理上的"例外原则"，责任报告应突出重点，以便引导人们把主要注意力集中在少数严重脱离预定目标的项目上。各类责任报告的基本内容、特点和形式应根据各个企业的组织结构、业务内容、业务性质、报告对象和使用情况而定。责任报告的组成内容，在垂直组织结构的企业，其成本由最基层的成本中心进行归集，逐级汇总。在横向组织结构的企业，各独立的分厂为一个利润中心，这些分厂应向总厂编制销售成本报告和利润报告。制造成本报告在各分厂各级成本中心另行逐级编报汇总。

成本责任中心编制的报告一般分为三级：班组、车间和全厂。

班组成本报告根据可控直接成本进行收集汇总，并与绩效预算对比，以确定差异。绩效预算是按照实际业务量，根据标准成本卡与弹性预算加以计算的，其公式如下：

绩效预算中原材料成本=原材料消耗定额×实际生产数量×计划单价

绩效预算中人工成本=劳动定额×实际生产数量×计划小时工资率

绩效预算中变动间接费=弹性预算中变动间接费率×实际工作时数

班组成本报告必须根据各个班组的具体情况，确定其成本项目的内容。班组责任报告还应有生产日报、工时日报、材料消耗日报，以及按周、旬、月的汇总报告。

车间成本报告按班组成本报告汇总，可按班组也可按成本项目进行汇总。除汇总各班组成本之外，还应将车间直接发生的变动成本和固定成本列入，集中为车间的责任成本。

全厂成本报告中的总成本由四部分组成：基本生产车间成本、材料价格差异、辅助生产和服务部门成本差异及全厂共同固定成本。

下面将分别用垂直组织成本报告示意表（见表10-7）和横向组织业绩报告示意表（见表10-8）来说明责任报告体系。

表10-7　　　　　　　　　　**班组成本报告（甲班）**　　　　　　　　单位：元

项　　目	预　　算	实　　际	差　　异
直接人工	1 200	1 400	+200
材　　料	1 600	1 500	−100
间接费用（分项）	1 000	1 200	+200
合　　计	3 800	4 100	+300

续表

车间成本报告（一车间）　　　　　　　　　　　单位：元

班　　组	预　　算	实　　际	差　　异
甲　　班	3 800	4 100	+300
乙　　班	4 000	4 200	+200
其他（分项）	6 600	6 300	−300
小　　计	14 400	14 600	+200
车间共同成本	3 000	2 900	−100
合　　计	17 400	17 500	+100

全厂成本报告　　　　　　　　　　　单位：元

车　　间	预　　算	实　　际	差　　异
一车间	17 400	17 500	+100
二车间	18 000	18 200	+200
三车间	20 000	19 600	−400
小　　计	55 400	55 300	−100
企业共同成本（分项）	21 500	21 200	−300
合　　计	76 900	76 500	−400

表10-8　　　　　　　　　　A分厂销货成本报告　　　　　　　　　　　单位：元

项　　目	预　　算	实　　际	差　　异
制造成本	80 000	80 070	+70
制造费用	13 000	12 800	−200
财务性支出	4 000	4 300	+300
合　　计	97 000	97 170	+170
产成品库存	0	200	+200
利润报告中成本	97 000	97 370	+370

A分厂利润报告　　　　　　　　　　　单位：元

项　　目	预　　算	实　　际	差　　异
销货收入	120 000	120 000	0
销货成本	97 000	97 370	+370
税前利润	23 000	22 630	−370
所得税（30%）	6 900	6 789	−111
税后利润	16 100	15 841	−259

责任报告实际上是对各责任中心过去一段期间生产经营活动情况的系统概括和总结。根据责任报告，可以进一步对差异形成的原因和责任进行具体分析，充分发挥信息的反馈作用，有助于实现有效的控制和调节，以最大限度地提高企业生产经营的经济效果。各类责任中心的责任报告具体内容见表10-9、表10-10和表10-11。

表10-9　　　　　　　**成本中心责任报告（某车间）**

2016年10月　　　　　　　　　　　　　　单位：元

摘　要	预　算	实　际	差　异
甲工段	14 000	14 800	+800
乙工段	12 000	11 900	-100
小　计	26 000	26 700	+700
本车间的可控成本			
间接人工	1 800	1 820	+20
管理人员工资	3 200	3 140	-60
设备折旧费	2 000	2 000	0
设备维修费	1 000	1 070	+70
物料费	900	1 080	+180
其他	500	600	+100
小　计	9 400	9 710	+310
本车间责任成本合计	35 400	36 410	+1 010

表10-10　　　　　　　**利润中心责任报告（某分厂）**

2016年10月　　　　　　　　　　　　　　单位：元

摘　要	预　算	实　际	差　异
销售收入	135 000	136 000	+1 000
变动成本			
变动生产成本	40 000	44 000	+4 000
变动销售成本	18 000	17 000	-1 000
变动管理成本	12 000	11 000	-1 000
小　计	70 000	72 000	+2 000
边际贡献	65 000	64 000	-1 000
减：期间成本			
直接发生的固定成本	7 000	8 000	+1 000
上级分配的固定成本	6 000	5 100	-900
小　计	13 000	13 100	+100
营业利润	52 000	50 900	-1 100

表 10-11　　　　　　　　**投资中心责任报告（某事业部）**

2016 年 10 月　　　　　　　　　　　　　　　　　金额单位：元

摘　要		预　算	实　际	差　异
销售收入		3 000 000	3 750 000	+750 000
销售成本		2 805 000	3 525 000	+720 000
营业利润		195 000	225 000	+30 000
投　资		750 000	900 000	+150 000
投资报酬率	销售利润率（%）	6.5	6	−0.5
	投资周转次数（次）	4	4.17	+0.17
	投资报酬率（%）	26	25	−1
剩余收益	营业利润	195 000	225 000	+30 000
	最低投资报酬（16%）	120 000	144 000	+24 000
	剩余收益	75 000	81 000	+6 000

四、业绩考核和评价

责任报告不仅可使管理人员通过对报告内容的比较、衡量与分析，预测未来的生产经营活动，而且可对责任中心的工作业绩进行考核与评价。

（一）业绩考核与评价的一般原则

（1）可控制原则。对责任中心的业绩考核应选择可控制的因素进行评价。

（2）例外管理原则。符合正常的指标项目应作一般评价，对于显然不正常的情况且离预定范围较大的事项应予以重点评价。

（3）客观原则。责任会计反映和衡量经济责任应力求客观，实事求是，防止人为偏差。

（4）可比性原则。进行业绩考核与评价应着重于比较的方法。以实际和预算相比说明预算执行情况；以实际与标准比较以发现脱离标准的偏差及原因；不同时间的比较可以发现生产经营活动的趋势及其规律性；不同部门的比较可以衡量部门管理水平和所取得成果的大小；不同产品的比较可以了解各种产品贡献的大小，有利于生产决策；同行业的比较可以从利害得失中取长补短。这些都需要比较双方具有可比的条件，必须消除一些不可比的因素。

（5）激励性原则。根据各责任中心确定的责权利，对于取得的成果按照贡献的大小给予不同的奖励。奖励的多少与工作优劣相适应，给予的奖励必须较为优厚且富有激励性，以促使全体成员努力争取。值得注意的是，金钱等物质方面的报酬并不是激励职工积极性的唯一手段，必须把物质激励和精神激励有机地结合起来，才能产生良好的效果。

（二）各责任中心的业绩考核与评价方法

（1）成本中心的业绩考核与评价方法。成本报告上的差异及分析，可以用来考核成本中心的短期成绩。应考虑差异是否应由成本中心来承担，考虑的因素包括：生产批量是否减少，服务水平是否提高，原料质量是否降级，有无意外变故等。这种分析每月应进行一次。对技术性部门的考核要着眼于生产效率、技术水平、职工干劲、新产品开发、科研成果等。

（2）利润中心的业绩考核与评价方法。利润中心的短期成绩考核可通过利润大小来进行，但这种方法的一个主要缺点是不看资产的多少。也可用投资利润率来考核，这种方法可弥补仅用利润大小考核的不足，但由于各利润中心的风险不同，不容易进行客观比较。此外，还可用投资利润减去资金成本来进行考核，这种方法除了利润的算法有问题外，资金成本怎样算也成问题。还有用差异的原因来考核，这种方法基于预算的数字较准确，而且预算所假定的外部环境全部实现时，差异可用来衡量短期成绩。但在一般的情况下，环境是会变化的，所以预算的数字就不能当做一个很精确的衡量标准。利润中心的长期考核主要是考核对企业长期利益有影响的经济活动成绩是怎样的。

（3）投资中心的业绩考核与评价方法。投资中心是企业内部业务规模和经营权限都比较大的责任层次，它通常拥有投资决策权，能对固定资产、存货等进行全面、直接的调节控制。投资中心是比利润中心高出一级的责任中心，它既要考核成本收益，又要考核资金，综合衡量投资报酬率的大小和投资经济效果的好坏。投资中心实质上包括利润中心，因而对投资中心的评价与考核，除成本、收入和利润等指标以外，重点要放在投资报酬率、投资周转率和剩余收益这些指标上。

附 表

复利终值系数表

n	1%	2%	3%	4%	5%	6%
1	1.010	1.020	1.030	1.040	1.050	1.060
2	1.020	1.040	1.061	1.082	1.102	1.124
3	1.030	1.061	1.093	1.125	1.158	1.191
4	1.041	1.082	1.126	1.170	1.216	1.262
5	1.051	1.104	1.159	1.217	1.276	1.338
6	1.062	1.126	1.194	1.265	1.340	1.419
7	1.072	1.149	1.230	1.316	1.407	1.504
8	1.083	1.172	1.267	1.369	1.477	1.594
9	1.094	1.195	1.305	1.423	1.551	1.689
10	1.105	1.219	1.344	1.480	1.629	1.791
11	1.116	1.243	1.384	1.539	1.710	1.898
12	1.127	1.268	1.426	1.601	1.796	2.012
13	1.138	1.294	1.469	1.665	1.886	2.133
14	1.149	1.319	1.513	1.732	1.980	2.261
15	1.161	1.346	1.558	1.801	2.079	2.397
16	1.173	1.373	1.605	1.873	2.183	2.540
17	1.184	1.400	1.653	1.948	2.292	2.693
18	1.196	1.428	1.702	2.026	2.407	2.584
19	1.208	1.457	1.754	2.107	2.527	3.026
20	1.220	1.486	1.806	2.191	2.653	3.207
25	1.282	1.641	2.094	2.666	3.386	4.292
30	1.348	1.811	2.427	3.243	4.322	5.743

n	7%	8%	9%	10%	12%	14%
1	1.070	1.080	1.090	1.100	1.120	1.140
2	1.145	1.166	1.188	1.210	1.254	1.300
3	1.225	1.260	1.295	1.331	1.405	1.482
4	1.311	1.360	1.412	1.464	1.574	1.689
5	1.403	1.469	1.539	1.611	1.762	1.925
6	1.501	1.587	1.677	1.772	1.974	2.195
7	1.606	1.714	1.828	1.949	2.211	2.502
8	1.718	1.851	1.993	2.144	2.476	2.853
9	1.838	1.999	2.172	2.358	2.773	3.252
10	1.967	2.159	2.367	2.594	3.106	3.707
11	2.105	2.332	2.580	2.853	3.479	4.226
12	2.252	2.518	2.813	3.138	3.896	4.418
13	2.410	2.720	3.066	3.452	4.363	5.492
14	2.579	2.937	3.342	3.797	4.887	6.261
15	2.759	3.172	3.642	4.177	5.474	7.138
16	2.952	3.426	3.970	4.595	6.130	8.137
17	3.159	3.700	4.328	5.054	6.866	9.276
18	3.380	3.996	4.717	5.560	7.690	10.575
19	3.617	4.316	5.142	6.116	8.613	12.056
20	3.870	4.661	5.604	6.728	9.646	13.743
25	4.427	6.848	8.623	10.835	17.000	26.462
30	7.612	10.063	13.268	17.449	29.960	50.950

n	15%	16%	18%	20%	24%
1	1.150	1.160	1.180	1.200	1.240
2	1.323	1.346	1.392	1.440	1.538
3	1.521	1.561	1.643	1.728	1.907
4	1.749	1.811	1.939	2.074	2.364
5	2.011	2.100	2.288	2.488	2.932
6	2.313	2.436	2.700	2.986	3.635
7	2.660	2.826	3.185	3.583	4.508
8	3.059	3.278	3.759	4.300	5.590
9	3.518	3.803	4.435	5.160	6.931
10	4.046	4.411	5.234	6.192	8.594
11	4.652	5.117	6.176	7.430	10.657
12	5.350	5.936	7.288	8.916	13.215
13	6.153	6.886	8.599	10.699	16.386
14	7.076	7.988	10.147	12.839	20.319
15	8.137	9.266	11.974	15.407	25.196
16	9.358	10.748	14.129	18.488	31.243
17	10.761	12.468	16.672	22.186	38.741
18	12.375	14.463	19.673	26.623	48.039
19	14.232	16.777	23.214	31.948	59.568
20	16.367	19.461	27.393	38.338	73.864
25	32.919	40.874	62.669	95.396	216.542
30	66.212	85.850	143.371	237.376	634.820

n	28%	32%	36%	40%	50%
1	1.280	1.320	1.360	1.400	1.500
2	1.638	1.742	1.850	1.960	2.250
3	2.097	2.300	2.515	2.744	3.375
4	2.684	3.036	3.421	3.842	5.062
5	3.436	4.007	4.653	5.378	7.594
6	4.398	5.290	6.328	7.530	11.391
7	5.630	6.983	8.605	10.541	17.086
8	7.206	9.217	11.703	14.758	25.629
9	9.223	12.166	15.917	20.661	38.443
10	11.806	16.060	21.647	28.925	57.665
11	15.112	21.199	29.439	40.496	86.498
12	19.343	27.983	40.037	56.694	129.746
13	24.759	36.937	54.451	79.371	194.620
14	31.691	48.757	74.053	111.120	291.929
15	40.565	64.359	100.712	155.568	437.894
16	51.923	84.954	136.690	217.795	656.840
17	66.461	112.139	186.277	304.913	985.260
18	85.071	148.024	253.338	426.879	1 477.890
19	108.890	195.391	344.540	597.630	2 216.800
20	139.380	257.916	468.574	836.683	3 325.260
25	478.905	1 033.590	2 180.080	4 499.880	25 251.000
30	1 645.504	4 142.070	10 143.000	24 201.400	191 750.000

附表二　　**复利现值系数表**

n	1%	2%	3%	4%	5%	6%	7%	8%	9%	10%	12%
1	.990	.980	.971	.962	.952	.943	.935	.926	.917	.909	.893
2	.980	.961	.943	.925	.907	.890	.872	.857	.842	.826	.797
3	.971	.942	.915	.889	.864	.840	.816	.794	.772	.751	.712
4	.961	.924	.889	.855	.823	.792	.763	.735	.708	.683	.636
5	.951	.906	.863	.822	.784	.747	.713	.681	.650	.621	.567
6	.942	.888	.838	.790	.746	.705	.666	.630	.596	.565	.507
7	.933	.871	.813	.760	.711	.665	.623	.584	.547	.513	.452
8	.924	.854	.789	.731	.677	.627	.582	.540	.502	.467	.404
9	.914	.837	.766	.703	.645	.592	.544	.500	.460	.424	.361
10	.905	.820	.744	.676	.614	.558	.508	.463	.422	.386	.322
11	.896	.804	.722	.650	.585	.527	.475	.429	.338	.351	.288
12	.887	.789	.701	.625	.557	.497	.444	.397	.356	.319	.257
13	.879	.773	.681	.601	.530	.469	.415	.368	.326	.290	.229
14	.870	.758	.661	.578	.505	.442	.388	.341	.299	.263	.205
15	.861	.743	.642	.555	.481	.417	.362	.315	.275	.239	.183
16	.853	.728	.623	.534	.458	.394	.339	.292	.252	.218	.163
17	.844	.714	.605	.513	.436	.371	.317	.270	.231	.198	.146
18	.836	.700	.587	.494	.416	.350	.296	.250	.212	.180	.130
19	.828	.686	.570	.475	.396	.331	.277	.232	.195	.164	.116
20	.820	.673	.554	.456	.377	.312	.258	.215	.178	.149	.104
25	.780	.610	.478	.375	.295	.233	.184	.146	.116	.092	.059
30	.742	.552	.412	.308	.231	.174	.131	.099	.075	.057	.033

n	14%	15%	16%	18%	20%	24%	28%	32%	36%	40%	50%
1	.877	.870	.862	.847	.833	.806	.781	.758	.735	.714	.667
2	.769	.756	.743	.718	.694	.650	.610	.574	.541	.510	.444
3	.675	.658	.641	.609	.579	.524	.477	.435	.398	.364	.296
4	.592	.572	.552	.516	.482	.423	.373	.329	.292	.260	.198
5	.519	.497	.476	.437	.402	.341	.291	.250	.215	.186	.132
6	.456	.432	.410	.370	.335	.275	.227	.189	.158	.133	.088
7	.400	.376	.354	.314	.279	.222	.178	.143	.116	.095	.059
8	.351	.327	.305	.266	.233	.179	.139	.108	.085	.068	.039
9	.308	.284	.263	.226	.194	.144	.108	.082	.063	.048	.026
10	.270	.247	.227	.191	.162	.116	.085	.062	.046	.035	.017
11	.237	.215	.195	.162	.135	.094	.066	.047	.034	.025	.012
12	.208	.187	.169	.137	.112	.076	.052	.036	.025	.018	.008
13	.182	.163	.145	.116	.093	.061	.040	.027	.018	.013	.005
14	.160	.141	.125	.099	.078	.049	.032	.021	.014	.009	.003
15	.140	.123	.108	.084	.065	.040	.025	.016	.010	.006	.002
16	.123	.107	.093	.071	.054	.032	.019	.012	.007	.005	.002
17	.108	.093	.080	.060	.045	.026	.015	.009	.005	.003	.001
18	.095	.081	.069	.051	.038	.021	.012	.007	.004	.002	.001
19	.083	.070	.060	.043	.031	.017	.009	.005	.003	.002	.000
20	.073	.061	.051	.037	.026	.014	.007	.004	.002	.001	.000
25	.038	.030	.024	.016	.010	.005	.002	.001	.000	.000	
30	.020	.015	.012	.007	.004	.002	.001	.000	.000		

年金终值系数表

n	1%	2%	3%	4%	5%	6%
1	1.000	1.000	1.000	1.000	1.000	1.000
2	2.010	2.020	2.030	2.040	2.050	2.060
3	3.030	3.060	3.091	3.122	3.152	3.184
4	4.060	4.122	4.184	4.246	4.310	4.375
5	5.101	5.204	5.809	5.416	5.526	5.637
6	6.152	6.308	6.468	6.633	6.802	6.975
7	7.214	7.434	7.662	7.898	8.142	8.394
8	8.286	8.583	8.892	9.214	9.549	9.897
9	9.369	9.755	10.159	10.583	11.027	11.491
10	10.462	10.950	11.464	12.006	12.578	13.181
11	11.567	12.169	12.808	13.486	14.207	14.972
12	12.683	13.412	14.192	15.026	15.917	16.870
13	13.809	14.680	15.618	16.627	17.713	18.882
14	14.947	15.974	17.086	18.292	19.599	21.051
15	16.097	17.293	18.599	20.204	21.579	23.276
16	17.258	18.639	20.157	21.825	23.675	25.673
17	18.430	20.012	21.762	23.698	25.840	28.213
18	19.615	21.412	23.414	25.645	28.132	30.906
19	20.811	22.841	25.117	27.671	30.539	33.760
20	22.019	24.297	36.870	29.778	33.066	36.786
25	28.243	32.030	36.459	41.646	47.727	54.865
30	34.785	40.568	47.575	56.085	66.439	79.058

n	7%	8%	9%	10%	12%	14%
1	1.000	1.000	1.000	1.000	1.000	1.000
2	2.070	2.080	2.090	2.100	2.120	2.140
3	3.215	3.246	3.278	3.310	3.374	3.440
4	4.440	4.506	4.573	4.641	4.779	4.921
5	5.751	5.867	5.985	6.105	6.353	6.610
6	7.153	7.336	7.523	7.716	8.115	8.536
7	8.654	8.923	9.200	9.487	10.089	10.730
8	10.260	10.637	11.028	11.436	12.300	13.233
9	11.978	12.488	13.021	13.579	14.776	16.085
10	13.816	14.487	15.193	15.937	15.549	19.337
11	15.784	16.645	17.560	18.531	20.655	23.044
12	17.888	18.977	20.141	21.384	24.133	27.271
13	20.141	21.495	22.953	24.523	28.029	32.089
14	22.550	24.215	26.019	27.975	32.393	37.581
15	25.129	27.152	29.361	31.772	37.280	43.842
16	27.888	30.324	33.003	35.950	42.753	50.980
17	30.840	33.750	36.974	40.545	48.884	59.118
18	33.999	37.450	41.301	45.599	55.750	68.394
19	37.379	41.446	46.018	51.159	63.440	78.969
20	40.995	45.762	51.160	57.275	72.052	91.025
25	63.249	73.106	84.701	98.347	133.334	181.871
30	94.461	113.283	136.308	164.494	241.333	356.787

n	16%	18%	20%	24%	28%	32%
1	1.000	1.000	1.000	1.000	1.000	1.000
2	2.160	2.180	2.200	2.240	2.280	2.320
3	3.506	3.572	3.640	3.778	3.918	4.062
4	5.066	5.215	5.368	5.634	6.016	6.362
5	6.877	7.154	7.442	8.048	8.700	9.398
6	8.977	9.442	9.930	10.980	12.136	13.406
7	11.414	12.142	12.916	14.615	16.534	18.696
8	14.240	15.327	16.499	19.123	22.163	25.678
9	17.518	19.086	20.799	24.712	29.369	34.895
10	21.321	23.521	25.595	31.643	38.592	47.062
11	25.733	28.755	32.150	40.238	50.399	63.122
12	30.850	34.931	39.580	50.895	65.510	84.320
13	36.786	42.219	48.497	64.110	84.853	112.300
14	43.672	50.818	59.196	80.496	109.610	149.240
15	51.660	60.965	72.035	100.815	141.310	197.990
16	60.925	72.939	87.442	126.011	181.870	262.360
17	71.673	87.068	105.931	157.253	233.790	247.310
18	84.141	103.740	128.117	195.994	300.250	459.450
19	98.603	123.414	154.740	244.033	385.320	607.470
20	115.380	146.628	186.688	303.601	494.210	802.860
25	249.214	342.603	471.981	898.092	1 706.800	3 226.800
30	530.312	790.948	1 181.882	2 640.916	5 873.200	12 941.000

n	36%	40%	50%
1	1.000	1.000	1.000
2	2.360	2.400	2.500
3	4.210	4.360	4.750
4	6.725	7.104	8.125
5	10.146	1.946	13.187
6	14.799	16.324	20.781
7	20.126	23.853	32.172
8	29.732	34.395	49.258
9	41.435	49.153	74.887
10	57.352	69.814	113.330
11	78.998	98.739	170.990
12	108.440	139.240	257.490
13	148.480	195.930	387.240
14	202.930	275.300	581.860
15	276.980	386.420	873.780
16	377.690	541.990	1 311.700
17	514.660	759.780	1 968.500
18	700.940	1 064.700	2 953.800
19	954.280	1 491.600	4 431.700
20	1 298.800	2 089.200	6 648.500
25	6 053.000	11 247.200	50 500.300
30	28 172.200	60 501.100	583 500.000

附表四　　年金现值系数表

n	1%	2%	3%	4%	5%	6%	7%
1	0.990	0.980	0.971	0.962	0.952	0.943	0.935
2	1.970	1.942	1.914	1.886	1.859	1.833	1.808
3	2.941	2.884	2.829	2.775	2.723	2.673	2.624
4	3.902	3.808	3.717	3.630	3.546	3.465	3.387
5	4.853	4.713	4.580	4.452	4.330	4.212	4.100
6	5.796	5.601	6.417	5.242	5.076	4.917	4.766
7	6.728	6.472	6.230	6.002	5.786	5.582	5.389
8	7.652	7.326	7.020	6.733	6.463	6.210	5.971
9	8.566	8.162	7.786	7.435	7.108	6.802	6.515
10	9.471	8.983	8.530	8.111	7.722	7.360	7.024
11	10.368	9.787	9.253	8.761	8.306	7.887	7.499
12	11.255	10.575	9.954	9.385	8.863	8.384	7.943
13	12.134	11.348	10.635	9.986	9.394	8.853	8.358
14	13.004	12.106	11.296	10.563	9.899	9.295	8.746
15	12.865	12.849	11.938	11.118	10.380	9.712	9.108
16	14.718	13.578	12.561	11.652	10.838	10.106	9.447
17	15.562	14.292	13.166	12.166	11.274	10.477	9.763
18	16.398	14.992	13.754	12.659	11.690	10.828	10.059
19	17.226	15.679	14.324	13.134	12.085	11.158	10.336
20	18.047	16.351	14.878	13.590	12.462	11.470	10.594
25	22.023	19.524	17.413	15.622	14.094	12.783	11.654
30	25.808	22.397	19.600	17.792	15.373	13.765	12.409

n	8%	9%	10%	12%	14%	16%	18%
1	0.926	0.917	0.909	0.893	0.877	0.862	0.847
2	1.783	1.759	1.736	1.690	1.647	1.605	1.566
3	2.577	2.531	2.487	2.402	2.322	2.246	2.174
4	3.312	3.240	3.170	3.037	2.914	2.798	2.690
5	3.993	3.890	3.791	3.605	3.433	3.274	3.127
6	4.623	4.486	4.355	4.111	3.889	3.685	3.498
7	5.206	5.033	4.868	4.564	4.288	4.039	3.812
8	5.747	5.535	5.335	4.968	4.639	4.344	4.078
9	6.247	5.995	5.759	5.328	4.946	4.607	4.303
10	6.710	6.418	6.145	5.650	5.216	4.833	4.494
11	7.139	6.805	6.495	5.938	5.453	5.029	4.656
12	7.536	7.161	6.814	6.194	5.660	5.197	4.793
13	7.904	7.487	7.103	6.424	5.842	5.342	4.910
14	8.244	7.786	7.367	6.628	6.002	5.468	5.008
15	8.559	8.060	7.606	6.811	6.142	5.576	5.092
16	8.851	8.313	7.824	6.974	6.625	5.669	5.162
17	9.122	8.544	8.022	7.120	6.373	5.749	5.222
18	9.372	8.756	8.201	7.250	6.467	5.818	5.273
19	9.604	8.950	8.365	7.366	6.550	5.878	5.316
20	9.818	9.129	8.514	7.469	6.623	5.929	5.353
25	10.675	9.823	9.077	7.843	6.873	6.097	5.467
30	11.258	10.274	9.427	8.055	7.003	6.177	5.517

n	20%	24%	28%	32%	36%	40%	50%
1	0.833	0.806	0.781	0.758	0.735	0.714	0.667
2	1.528	1.457	1.392	1.332	1.276	1.224	1.111
3	2.106	1.981	1.868	1.766	1.674	1.589	1.407
4	2.589	2.404	2.241	2.096	1.966	1.849	1.605
5	2.991	2.745	2.532	2.345	2.181	2.035	1.737
6	3.326	3.020	2.759	2.534	2.339	2.168	1.824
7	3.605	3.242	2.937	2.678	2.455	2.263	1.883
8	3.837	3.421	3.076	2.786	2.540	2.331	1.922
9	4.031	3.566	3.184	2.868	2.603	2.379	1.948
10	4.193	3.682	3.269	2.930	2.650	2.414	1.965
11	4.327	3.776	3.335	2.978	2.683	2.438	1.977
12	4.439	3.851	3.387	3.013	2.708	2.456	1.985
13	4.533	3.912	3.427	3.040	2.727	2.469	1.990
14	4.611	3.962	3.459	3.061	2.740	2.478	1.993
15	4.675	4.001	3.483	3.076	2.750	2.484	1.995
16	4.730	4.033	3.503	3.088	2.758	2.489	1.997
17	4.775	4.059	3.518	3.097	2.763	2.492	1.998
18	4.812	4.080	3.529	3.104	2.767	2.494	1.999
19	4.844	4.097	3.539	3.109	2.770	2.496	1.999
20	4.870	4.110	3.546	3.113	2.772	2.497	1.999
25	4.948	4.147	3.564	3.122	2.776	2.499	2.000
30	4.979	4.160	3.569	3.124	2.778	2.500	2.000

主要参考文献

［1］莫尔斯 W J，戴维斯 J R，哈特格雷夫斯 A L.管理会计：侧重于战略管理［M］. 3版. 张鸣，译. 上海：上海财经大学出版社，2005.

［2］王积田，仪秀琴. 管理会计［M］. 北京：科学出版社，2009.

［3］余绪缨. 管理会计［M］. 北京：对外经济贸易大学出版社，2004.

［4］李天民. 现代管理会计学［M］. 上海，立信会计出版社，1996.

［5］朱海芳. 管理会计学［M］. 北京：中国财政经济出版社，2000.

［6］张华伦. 管理会计［M］. 西安：西安交通大学出版社，2009.

［7］谢琨. 管理会计［M］. 北京：清华大学出版社、北京交通大学出版社，2008.

［8］曹中. 管理会计学［M］. 上海：立信会计出版社，2007.

［9］王福胜. 管理会计学［M］. 北京：机械工业出版社，2009.

［10］盛明泉. 管理会计［M］. 上海：格致出版社、上海人民出版社，2008.

［11］孙茂竹，王艳茹，李朝晖. 成本管理会计［M］. 3版. 大连：东北财经大学出版社，2017.

［12］杨公遂，何敏，高玉荣. 战略成本管理会计理论与实务［M］. 大连：东北财经大学出版社，2013.

［13］奥利弗. 管理会计［M］. 王满，译. 大连：东北财经大学出版社，2012.

［14］徐哲，李贺，路萍. 管理会计基础［M］. 上海：上海财经大学出版社，2017.

［15］吴大军，牛彦秀. 管理会计［M］. 4版. 大连：东北财经大学出版社，2017.

［16］钱逢胜，徐锐.管理会计［M］. 上海：上海财经大学出版社，2016.

［17］牛彦秀. 管理会计［M］. 北京：经济科学出版社，2015.

［18］李敏.管理会计学［M］. 上海：上海财经大学出版社，2014.

［19］潘飞，陈振婷，文东华. 管理会计［M］. 上海：上海财经大学出版社，2014.

［20］蒋占华. 管理会计［M］. 北京：中国财政经济出版社，2014.

［21］张一贞. 管理会计［M］. 北京：中国财政经济出版社，2014.

［22］陶丘山. 管理会计［M］. 上海：立信会计出版社，2013.

［23］余恕莲，李相志，吴革. 管理会计［M］. 北京：对外经济贸易大学出版社，2013.